아이폰 Core Data 데이터베이스 앱 프로그래밍

홍동권 저

계명대학교 출판부

아이폰 Core Data
데이터베이스 앱 프로그래밍

초판 1쇄 발행 2013년 2월 28일
초판 2쇄 발행 2014년 7월 10일

지 은 이 홍동권
펴 낸 이 신일희

펴 낸 곳 계명대학교출판부
출판등록 제347-1998-1호(1970. 9. 1)
주 소 대구광역시 달서구 달구벌대로 1095
대표전화 053-580-6233
팩 스 053-580-6235
홈페이지 www.kmupress.com

ISBN 978-89-7585-619-8 93560 정가 18,000원

본 교재는 교육과학기술부의 재원으로 한국연구재단의 지원을 받아 수행된 산학협력 선도대학(LINC) 육성사업의 연구결과입니다.

머리말

IT분야는 다른 분야에 비해서 매우 급속도로 변화하는 분야입니다. 특히 이런 변화 속에서 꾸준히 중요한 역할을 하는 분야가 데이터베이스이며 Oracle, IBM DB2, MS SQL Server 등과 같이 대용량의 데이터를 다루는 DBMS부터 SQLite와 같이 스마트폰과 같은 개인 단말기의 데이터를 다루는 DBMS까지 데이터베이스의 영역은 IT 분야의 변화와 함께 계속 확장되고 있습니다.

최근 아이폰이 일으킨 스마폰의 혁명으로 인하여 아이폰에서의 데이터베이스 관리가 많은 관심을 받고 있습니다. 하지만 근래 쏟아지고 있는 많은 아이폰 프로그래밍 저서들은 스마트폰에서의 데이터베이스 프로그래밍의 중요성을 간과하고 이 부분에 많은 시간을 할애하지 못했습니다. 대부분의 아이폰 프로그래밍 관련 저서에서 겨우 한 챕터 정도 데이터베이스 내용을 다루는 정도였습니다. 이런 문제를 해결하기 위하여 데이터 위주의 앱 개발을 위한 저서의 필요성을 느끼고 본 저서를 구성하였습니다.

본 저서는 아이폰에서 데이터베이스를 다루는 기술을 중심으로 전체를 구성하였습니다. 아이폰에서 데이터베이스 프로그래밍은 Core Data 기술이 가장 핵심 부분입니다. 따라서 본 저서는 Core Data의 설명과 Core Data를 이용한 앱 개발을 주제로 구성되어 있습니다. Core Data를 이용한 앱 개발을 위하여 저서의 앞부분에는 오브젝티브-C 언어와 아이폰 프로그래밍의 기본이 되는 부분을 먼저 설명하고 관계형 데이터베이스에 관한 기본 이론을 포함하였습니다. 그 다음 SQLite를 이용한 아이폰 데이터베이스 프로그래밍에 대한 설명을 시작으로 Core Data를 사용하는 방법을 후반부에 배치하였습니다.

프로그래밍에 대한 기본 지식을 가진 많은 독자들이 이 책에서 설명한 오브젝티브-C와 Core Data를 이용하여 아이폰에서 실질적인 DB 응용 앱을 작성하는 방법을 익힐 수 있기를 바랍니다. 많은 실질적인 내용을 실으려고 했으나 여전히 많은 점이 부족하며 이를 계속 수정, 보완하여 아이폰에서 데이터베이스 응용 앱 개발 방법을 배우려고 하는 많은 독자들에게 이 책이 좋은 가이드가 될 수 있게 노력하고자 합니다.

끝으로 이 책이 나오기까지 많은 지원을 아끼지 않은 관계자 모두에게 감사를 드립니다.

2013년 2월

지은이

***저자약력**

홍동권

1985~1990 한국전자통신연구원(ETRI)

1992 University of Florida 컴퓨터공학 석사

1995 University of Florida 컴퓨터공학 박사

1996~1997 한국전자통신연구원(ETRI)

1997~현재 계명대학교 컴퓨터공학과 교수

CONTENTS

Chapter 1 iOS 앱 개발 소개

Chapter 2 오브젝티브 C (Objective-C) 프로그래밍 언어

Chapter 3 아이폰 앱 프로그래밍 소개

Chapter 4 계산기 앱

Chapter 5 뷰(View)와 제스처(Gesture)

Chapter 6 Table View

Chapter 1

iOS 앱 개발 소개

1. 애플 iOS 장비
2. 애플 iOS 운영체제
3. 앱 개발도구 Xcode

애플 (Apple Inc.)의 iOS, 구글의 안드로이드 (Google Android), 마이크로소프트 (Microsoft)의 윈도우폰 (window phone)은 스마트폰 환경에서 가장 대표적인 운영체제 (Operating System)로 앱 개발 환경을 주도하고 있다. 특히 iOS 운영체제는 아이폰, 아이패드, 아이팟 터치 시리즈에서 사용되는 모바일 운영체제로 iOS5, iOS6 등으로 계속 그 기능을 업그레이드하면서 당분간 안드로이드와 함께 가장 중요한 모바일 운영체제가 될 것으로 예측되고 있다. 다음은 우리 주변에서 자주 볼 수 있는 거대 모바일 기업을 상징하는 대표 로고들이다. 이들 각각이 어떤 기업을 나타내는지 그림으로 쉽게 알 수 있다.

그림 1. 애플, 구글, 마이크로소프트

지금부터 스마트폰 혁명을 일으킨 아이폰, 그리고 태블릿의 대표인 아이패드와 같이 애플의 iOS를 사용하는 장비와 운영체제 iOS의 개략적인 특성에 대해 소개한다. 그리고 iOS에서 앱을 개발하기 위한 필수 도구 Xcode에 대해 알아본다.

1. 애플 iOS 장비

애플 컴퓨터가 세상에 처음 나온 것은 1976년 스티브 잡스 (Steve Jobs)와 스티브 워즈니악 (Steve Wozniak)이 미국 캘리포니아 쿠퍼티노에서 애플1을 소개하면서 시작되었다. 이후 [그림 2]와 같은 맥 컴퓨터가 출시되기 시작했다. 맥 컴퓨터는 운영체제 Mac OS에 의해 운용된다.

그림 2. 애플 맥 컴퓨터들

하지만 우리에게 애플 회사가 널리 알려지기 시작한 것은 청바지에 검은 터틀넥 셔츠를 입은 '스티브 잡스'가 2007년 아이팟과 전화기 기능이 함께 있는 아이폰을 WWDC(애플 세계 개발자 회의)에서 처음으로 소개한 시점이다. 이때 소개한 제품이 지금 현재 스마트폰 혁명을 불러온 아이폰이다. 아이폰은 Mac OS가 아니라 스마트폰을 위해 만들어진 운영체제 iOS를 사용한다. 아이폰 외에 아이팟 터치 (ipod touch), 아이패드도 애플의 iOS를 사용하는 장비이다.

아이패드, 아이폰, 아이팟 터치

그림 3. 애플의 iOS 장비들

MP3 플레이어로 대표되는 아이팟에서 시작한 아이팟 터치 (ipod touch)도 2007년 9월 처음으로 1세대가 발표되면서 2012년 9월 5세대가 발표되었다. 아이팟 터치는 아이폰에서 전화기 기능만 빠진 것으로 보면 된다. 아이팟 터치도 역시 아이폰과 마찬가지로 iOS로 구동된다. 아이폰과는 달리 큰 화면을 가진 아이패드는 2010년 4월에 처음 소개되었으며, 2011년에 아이패드2가 발표되었다. 아이패드 미니도 역시 아이패드로 분류되며 아이패드도 역시 iOS로 구동된다.

2. 애플 iOS 운영체제

2007년 애플은 아이폰과 함께 iOS 운영체제의 첫 번째 버전을 발표했으며 그 다음 2008년 iOS2가 발표되었다. 아이폰에만 사용되던 iOS는 2009년 iOS3부터 아이폰과 아이팟 터치에 동시에 설치되었으며, 2010년 iOS4, 2011년 iOS5, 그리고 iOS6로 계속 진행되고 있다. 계속 새로운 기능이 추가되겠지만 기본적인 아이폰 운영체제 iOS의 구조는 다음의 [그림 4]와 같다. iOS는 유닉스 (UNIX) 기반의 Mac OS X를 기반으로 만들어진 모바일 OS이다. iOS는 [그림 4]의 계층적 구조를 가지며 각각의 기능은 [표 1]과 같다.

표 1. iOS 계층의 기능

계층	기능
Cocoa Touch	Multi-touch, Core Motion, Web view, map Kit, Image Picker 등 대부분의 사용자 인터페이스에 관련된 기능을 제공
Media	Core Audio, Core Image, OpenGL, Quartz, Core Animation 등의 멀티미디어 관련 기능을 제공
Core Services	컬렉션 클래스 (array, dictionary,..), Core Location, 쓰레드, SQLite, File Access 등의 기능을 제공하며 대부분 객체 지향 프로그래밍 형태로 제공한다.
Core OS	iOS의 가장 기본이 되는 하위 계층으로 C 기반의 API를 제공하며, 시스템의 기본이 되는 핵심 기능을 포함하고 있다. 파일 시스템, 보안, Power Management등의 기능을 포함

그림 4. iOS의 계층

2.1 코코아 터치 (Cocoa Touch)

[그림 4]에서 보는 것과 같이 코코아 터치는 아이폰 및 아이팟 터치에 사용되는 iOS 소프트웨어 계층 중 가장 상위 계층이다. 대부분의 아이폰 응용 소프트웨어는 코코아 터치 계층에 기반하여 작성된다. 이런 계층 구조는 개발자로 하여금 하위 계층에 대해 자세히 몰라도 효과적인 앱을 작성할 수 있게 해준다. 코코아 터치는 아이폰 및 아이팟 터치의 운영 체제인 iOS에 대한 일종의 추상화 계층을 제공하며, 코코아 터치에 기반한 응용 소프트웨어를 개발하기 위한 도구들은 아이폰 SDK에 포함되어 있다.

코코아 터치 계층은 아이폰 개발의 기본이 되는 계층으로 사용자 인터페이스, 이벤트 처리등과 함께 하위 레벨의 기능을 쉽게 사용할 수 있는 프레임워크를 제공한다. 이 계층에는 오브젝티브-C (Objective-C)를 기반으로 만들어진 핵심적인 두개의 프레임워크 Foundation 프레임워크, UIKit 프레임워크가 포함되어 있다.

- Foundation 프레임워크 (Foundation Framework) - 배열, 스트링, 날짜, 그리고 하위 레벨의 데이터 등에 관련된 클래스를 제공하는 기본적인 프레임워크이다. Core Services 레벨의 코어 파운데이션 프레임워크의 기능을 오브젝티브-C로 랩핑한 프레임워크이다. Foundation 프레임워크는 아래의 기능들을 지원하며, 클래스 계층구조의 자세한 내용은 부록 A.와 같다.

  * 데이터 컬렉션(배열, 집합, 사전 등)
  * 번들
  * 날짜 및 시간 연산
  * 원시 데이터 블록(Raw data block) 처리
  * 환경 설정 관리
  * URL 및 스트림 처리
  * 스레드와 런루프
  * 통신 포트 관리
  * 국제화
  * 정규 표현식 매칭
  * 캐쉬 지원

- UIKit 프레임워크 -각종 컨트롤, 윈도우등의 UI, 이벤트 처리 등 아이폰 어플리케이션의 사용자 인터페이스와 관련된 API를 제공하는 프레임워크이다. UIKit 프레임워크 클래스 계층구조는 부록 B.와 같다. (맥 OS에는 UIKit이 아니라 AppKit 프레임워크가 있다.)

3. 앱 개발도구 Xcode

컴퓨터에서 프로그램을 개발할 때는 문서 에디터, 컴파일러, 디버거 등의 도구가 필요하다. 이들 도구들을 각각 가지고 있으면서 사용하는 것보다는 한꺼번에 이들을 포함하고 있는 통합 개발도구 (IDE)는 프로그램 개발을 매우 편하게 해준다. 마이크로소프트는 비쥬얼 스튜디오 (Visual Studio), 자바 개발에는 이클립스 (Eclipse)와 넷빈스 (NetBeans), 그리고 애플 앱 개발에는 Xcode가 그 대표적인 통합 개발도구이다.

3.1 Xcode의 시작

아이폰 (모든 iOS 장비를 포함) 앱 개발을 위해서는 객체지향 프로그래밍 언어인 오브젝티브-C와 프로그램 개발을 위한 통합 개발도구로 Xcode를 사용한다. 현재 Xcode는 맥(Mac OS) 운영체제가 설치되어 있는 애플 컴퓨터에만 설치 가능하므로 아이폰 앱 개발을 위해서는 Xcode가 설치되어 있는 맥 컴퓨터가 필요하다. [그림 5]는 맥 컴퓨터에 설치되어 있는 애플 앱 통합 개발도구 Xcode의 모양이다.

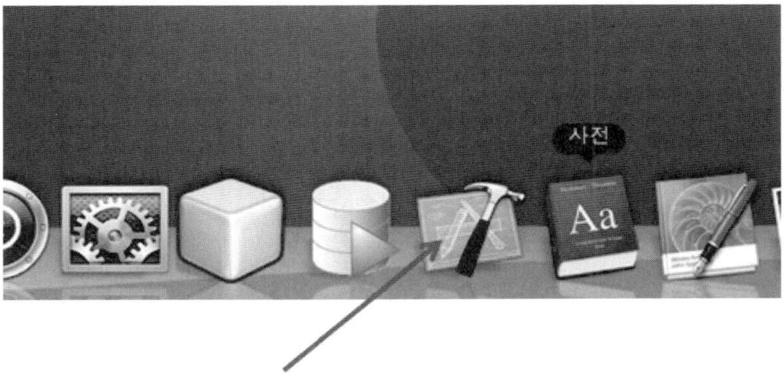

그림 5. 통합 개발도구 Xcode

Xcode를 실행하면 [그림 6]과 같은 초기화면이 나타난다. 초기화면에는 현재 설치된 Xcode의 버전, 새로운 프로젝트의 생성 메뉴와 최근 사용한 프로젝트의 리스트 등이 나타난다. 새로운 프로젝트의 생성은 [그림 6]에서 [Create a new Xcode project]를 선택하여 시작한다.

그림 6. Xcode 실행 시 초기화면

새로운 프로젝트를 생성할 경우, Xcode는 [그림 7]의 화면 왼쪽에서 아이폰, 아이패드 등에서 사용할 iOS 앱을 개발할 것인지, 아니면 OS X 운영체제가 실행되는 맥 컴퓨터에서 응용을 개발 할 것인지를 선택하게 한다. 아이폰 앱을 개발 할 경우 [iOS]-[Application]을 선택한다. 그리고 오른쪽 화면에 나타난 템플릿에서 적절한 것을 선택한다. 일반적인 앱은 1개의 화면으로 구성된 [Single View Application]을 선택한다.

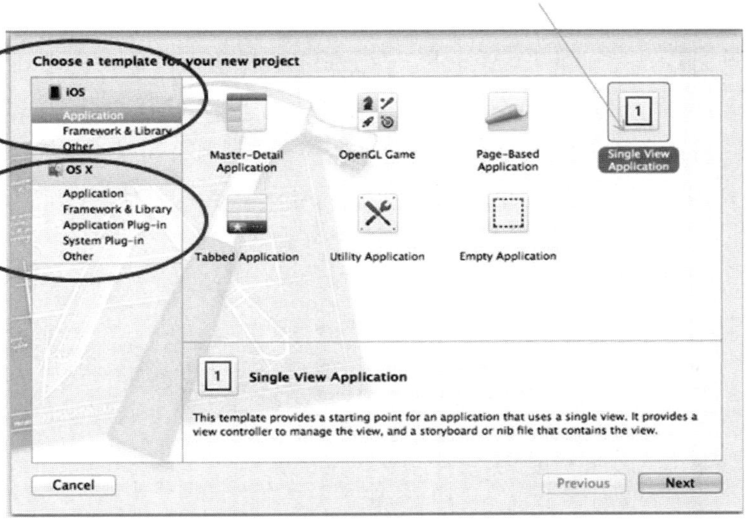

그림 7. Xcode 템플릿 화면

iOS 어플리케이션 템플릿과 그 설명은 다음의 [표 2]와 같다.

표 2. iOS 어플리케이션 템플릿 종류

iOS Application 템플릿 종류	템플릿 내용
Master-Detail Application	Navigation controller를 사용하는 형식을 만든다. 아이패드와 같이 큰 화면을 가진 경우 split view 형식으로 만들어진다.
OpenGL Game	게임과 같은 OpenGL 그래픽 응용을 만드는 형식을 제공한다.
Page-Based Application	책과 같은 페이지 뷰 형식의 응용을 위한 page view controller를 사용하는 형식을 제공한다.
Single-View Application	1개의 뷰를 가진 응용을 위한 형식을 제공한다. 가장 많이 사용되는 형식이다.
Tabbed Application	Music 앱처럼 tab bar를 사용하는 형식을 제공한다.
Utility Application	Stock Quote처럼 flipside 뷰의 형식을 제공한다. 앞뒤 화면이 전환되는 앱을 만들 때 사용된다.
Empty Application	기본적인 아이폰 윈도우만을 제공하는 앱의 형식을 제공한다. 모든 종류의 앱 개발에서 시작점으로 사용할 수 있다.

[그림 8]에서는 프로젝트의 이름과 앱이 사용될 장치 (iphone, ipad, universal) 즉 어떤 장치를 위해서 앱을 개발 할 것인지를 결정한다. 그리고 스토리보드의 사용

여부와 메모리 관리를 위한 메모리 관리 ARC기법을 사용할 것인지를 선택하게 한다. 만약 개발하는 앱이 iOS5 이상을 타겟으로 한다면 이전에 사용한 xib 파일을 사용하는 방식이 아니라 스토리보드를 사용하는 방법을 선택하는 것이 더 편리한 방법이며, 메모리 관리를 프로그래머가 직접 프로그램에서 수동으로 하는 것보다는 ARC 기법이 더 편리한 방법이다. [그림 8]에서는 프로젝트 이름을 first_app로 결정하였다.

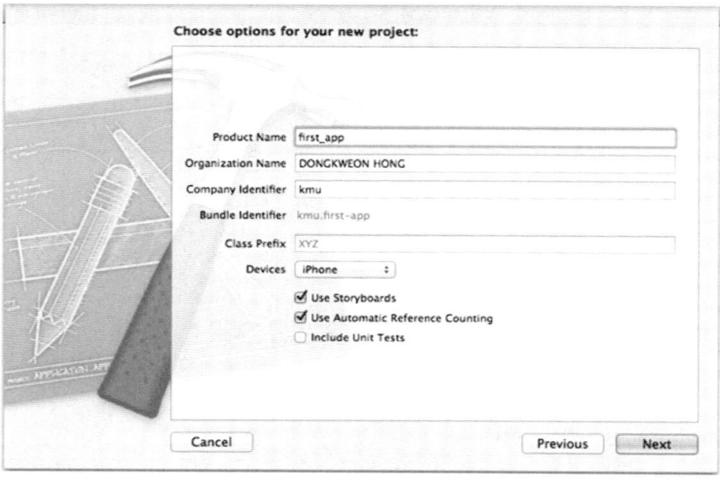

그림 8. 프로젝트 이름 및 장치 선택

[그림 8]에서 [Next]를 선택해서 생성된 프로젝트의 개발 시작 부분의 모양은 다음의 [그림 9]와 같다. 템플릿에서 자동으로 생성된 프로젝트 파일들과, 프로젝트 기본 설정 속성, 그리고 도구의 모양을 결정하는 화면으로 구성되어 있다.

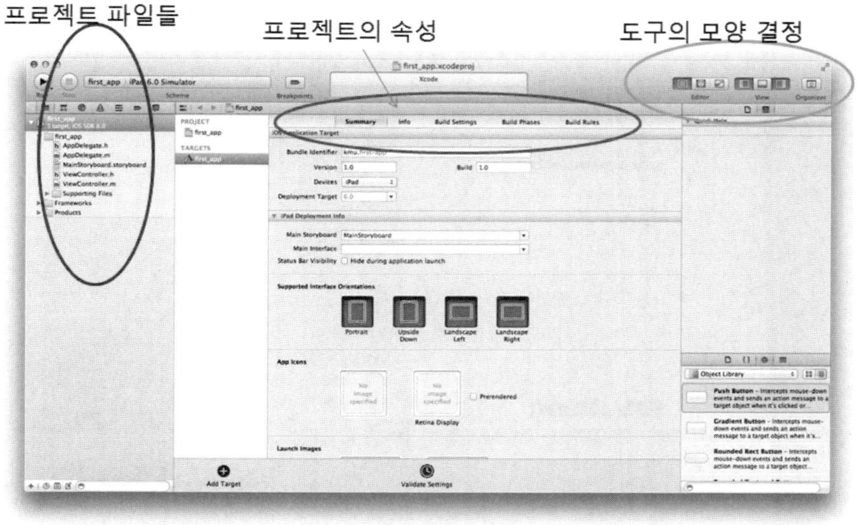

그림 9. 프로젝트 개발 시작 화면

3.2 Xcode 화면 모양 결정

프로젝트를 생성할 때 'Use Storyboard'를 선택했으므로 프로젝트의 화면은 스토리보드에서 구성한다. 템플릿에서 생성된 파일 중에서 화면 왼쪽의 프로젝트 파일에서 확장자가 storyboard인 파일을 (여기서는 MainStoryboard.storyboard) 선택하면 [그림 10]과 같이 Xcode에 앱의 인터페이스를 개발할 수 있는 스토리보드 화면이 나타난다. 템플릿에서 [Single View Application]을 선택했으므로 Xcode의 스토리보드에는 아이폰의 화면을 나타내는 1개의 뷰가 초기화면으로 선택된 상태에서 기본적으로 나타난다. 화면의 오른쪽 상단에는 Editor, View, Organizer로 구성된 화면 조절 버튼들이 있다. 그리고 유틸리티 영역의 위쪽에는 객체들의 속성을 결정하거나 보여주는 Inspector, 아래쪽에는 인터페이스에 사용할 수 있는 오브젝트들을 모아둔 오브젝트 라이브러리 등의 화면들이 나타난다.

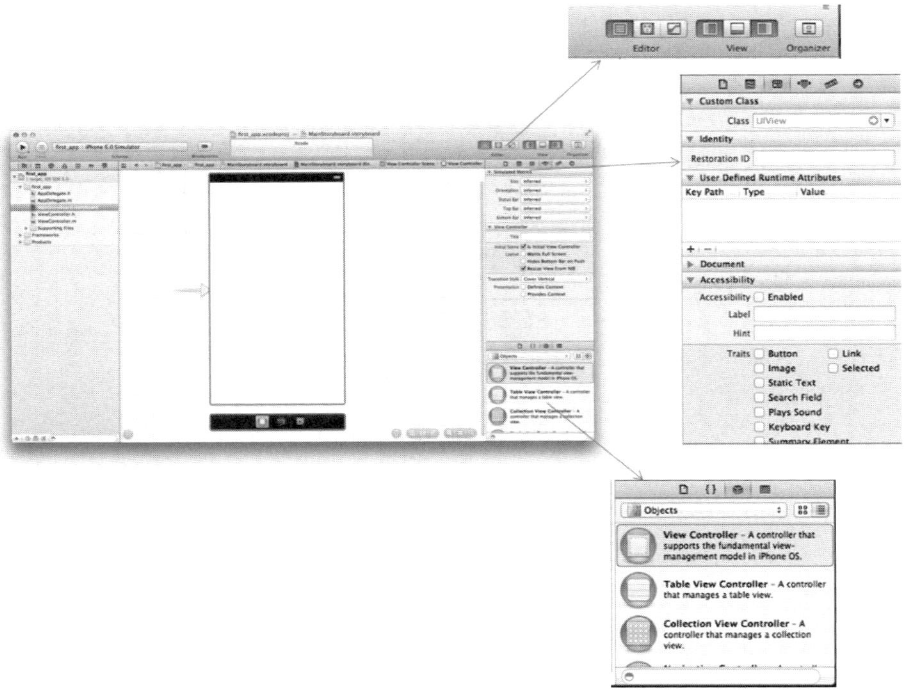

그림 10. Xcode 화면의 기능별 분할

Xcode에서 화면의 모습을 결정하는 것은 Xcode 화면의 오른쪽 위에 나타나는 다음의 [그림 11]이다.

그림 11. Xcode의 편집기 및 모양 결정

[Hide or show the Navigator] 화면 가장 왼쪽에 있는 Navigator를 숨기고 또 보여준다.
[Hide or show the Debug area] 화면 하단에 있는 디버거 영역을 숨기거나 보여준다.

[Hide or show the Utilities] 화면 오른쪽에서 객체의 속성과 도구 모음을 보여주는 Utilities를 숨기거나 보여준다.
가장 오른쪽의 [Open the Organizer]는 Organizer 화면을 보여준다.

3.3. Xcode에서 생성한 앱 실행

Xcode로 만든 앱은 연회비를 지불하고 등록된 개발자에 한해서 iOS 장치로 직접 다운로드해서 실행할 수 있다. 따라서 개발자로 등록되어 있지 않은 사람들을 위하여 Xcode에는 아이폰과 아이패드 시뮬레이터가 제공된다. 개발된 프로그램의 테스트는 Xcode 화면에서 먼저 장치를 지정하고, 그 다음 실행 버튼을 눌러 시뮬레이터를 실행한다.

그림 12. 장치 지정 및 시뮬레이터 실행

[그림 13]은 Xcode에서 실행한 아이폰 시뮬레이터의 실행 결과이다. 뷰에 아무 내용을 추가하지 않은 경우 빈 화면이 출력된다. 그리고 시뮬레이터의 홈 버튼을 누르면 실제 아이폰처럼 동작하며 설정 앱에서 한글 키보드와 같은 설정을 할 수 있다.

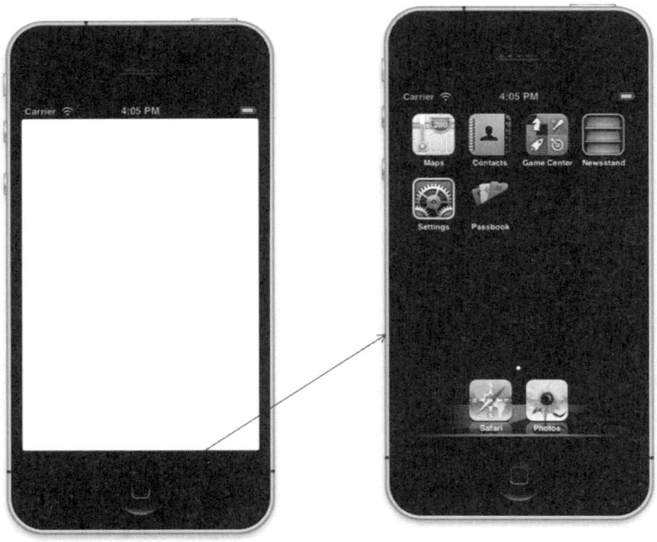

그림 13. Xcode에서 실행한 아이폰 시뮬레이터

3.4. Xcode에서 생성된 파일들

Xcode에서 기본적으로 생성된 파일들을 살펴보면 먼저 [first_app] 폴더에는 프로젝트 "first_app"을 위해 생성된 파일들이 있으며, [Supporting Files]에는 main.m과 앱에서 사용할 설정, 앱의 아이콘 등의 파일들이 있다. 그리고 [Frameworks]에는 현재 개발하는 앱이 사용하는 프레임워크가 (다른 언어에서의 라이브러리와 같은 개념) 있다.

프로그래머의 대부분 작업은 앱의 화면 디자인을 위해서는 뷰의 디자인을 결정하는 MainStoryboard.stiryboard 파일에서 작업이 이루어지며, 뷰에 대한 다양한 동작은 뷰를 컨트롤하는 view controller의 역할을 하는 ViewController.[hm] 파일에서 결정된다. 따라서 템플릿에서 생성된 파일 중 대부분의 시간을 MainStoryboard.storyboard 파일과 ViewController.[hm]을 사용하여 프로그램 개발 과정이 이루어진다.

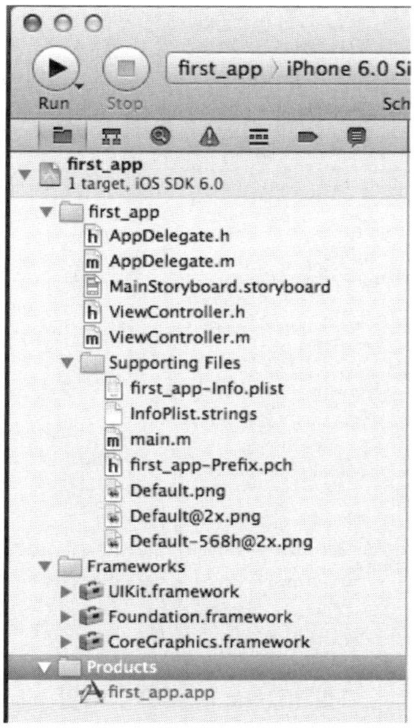

그림 14. Xcode Navigator 화면

3.4.1 Info.plist 파일

모든 아이폰 애플리케이션은 앱 실행 시점의 구성파일인 info.plist 파일을 가지고 있다. info.plist 파일은 'Supporting Files'에 '프로젝트명-info.plist' 란 이름으로 되어 있는 것을 볼 수 있다. Info.plist 파일에는 다음과 같은 정보가 들어 있다. (지역화와 관계되는 infoPlist.strings와 다르다)

* 번들의 이름
* 실행 시점에 번들을 고유하게 식별할 수 있는 번들 스트링
* 번들의 종류 (application, framework, plug-in)
* 번들의 버전 정보
* 번들을 메모리에서 로드할 때 필요한 정보
* 번들의 실행 환경
* 기타 정보

```
<?xml version="1.0" encoding="UTF-8"?>
<!DOCTYPE plist PUBLIC "-//Apple//DTD PLIST 1.0//EN" "http://
    www.apple.com/DTDs/PropertyList-1.0.dtd">
<plist version="1.0">
<dict>
    <key>CFBundleDevelopmentRegion</key>
    <string>en</string>
    <key>CFBundleDisplayName</key>
    <string>${PRODUCT_NAME}</string>
    <key>CFBundleExecutable</key>
    <string>${EXECUTABLE_NAME}</string>
    <key>CFBundleIdentifier</key>
    <string>kmu.${PRODUCT_NAME:rfc1034identifier}</string>
    <key>CFBundleInfoDictionaryVersion</key>
    <string>6.0</string>
    <key>CFBundleName</key>
    <string>${PRODUCT_NAME}</string>
    <key>CFBundlePackageType</key>
    <string>APPL</string>
    <key>CFBundleShortVersionString</key>
    <string>1.0</string>
    <key>CFBundleSignature</key>
    <string>????</string>
    <key>CFBundleVersion</key>
    <string>1.0</string>
    <key>LSRequiresIPhoneOS</key>
    <true/>
    <key>UIMainStoryboardFile</key>
    <string>MainStoryboard</string>
    <key>UIRequiredDeviceCapabilities</key>
    <array>
        <string>armv7</string>
    </array>
    <key>UISupportedInterfaceOrientations</key>
    <array>
        <string>UIInterfaceOrientationLandscapeRight</string>
        <string>UIInterfaceOrientationLandscapeLeft</string>
        <string>UIInterfaceOrientationPortrait</string>
```

그림 15. info.plist XML 파일

Key	Type	Value
▼ Information Property List	Dictionary	(15 items)
Localization native development reg	String	en
Bundle display name	String	${PRODUCT_NAME}
Executable file	String	${EXECUTABLE_NAME}
Bundle identifier	String	kmu.${PRODUCT_NAME:rfc1034identifier}
InfoDictionary version	String	6.0
Bundle name	String	${PRODUCT_NAME}
Bundle OS Type code	String	APPL
Bundle versions string, short	String	1.0
Bundle creator OS Type code	String	????
Bundle version	String	1.0
Application requires iPhone environr	Boolean	YES
Main storyboard file base name	String	MainStoryboard
▶ Required device capabilities	Array	(1 item)
▶ Status bar tinting parameters	Dictionary	(1 item)
▶ Supported interface orientations	Array	(1 item)

그림 16. 예제 앱의 info.plist 파일 내용

앞의 설명에서 번들 (Bundle)이라는 용어가 자주 나온다. 애플의 문서에서 번들의 의미는 다음과 같다.

bundle : 번들은 파일 시스템의 폴더로 앱의 실행 코드와 이미지, 사운드 등의 리소스를 묶어서 보관하고 있다. iOS에서 applications, frameworks, plugins 등은 번들로 만들어진다. 번들은 코드와 그 코드가 사용하는 리소스를 표준화된 구조로 가지고 있다. 뿐만 아니라 information property list 또는 Info.plist라고 하는 실행 시점의 구성파일 (runtime-configuration file)을 가지고 있다. 이렇게 번들로 유지함으로써 앱의 설치가 쉽고 또 앱을 다른 곳으로 이동시키기도 쉽다.

infoPlist.strings는 앞의 info.plist와는 달리 지역화에 관계된 정보를 저장하는 파일이다.

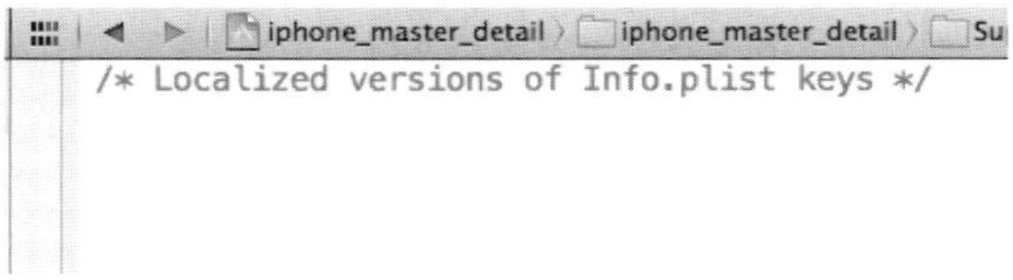

그림 17. infoPlist.strings 지역화 파일

3.4.2 Default.png 파일

시스템이 처음 앱을 시동할 때 아이폰의 화면에 임시로 launch 이미지를 보여준다. 그리고 앱이 실행할 준비가 되면 그 이미지를 지우고 화면에 앱의 뷰를 보여준다. 이때 임시 화면에서 사용하는 아이폰의 디폴트 launch 이미지가 Default.png 파일에 있다. 아이폰3의 디스플레이는 320X480의 해상도를 가지며, 아이폰3에 적합한 이미지는 image_name.png 형식을 가진다. 그와는 달리 아이폰4, 아이팟 터치 등의 레티나 디스플레이 화면 (3.5인치 레티나)은 아이폰3의 2배인 640X960의 해상도를 가진다. 따라서 해상도에 맞는 이미지를 자동으로 선택할 수 있게 레티나 디스플레이에 적합한 이미지는 image_name@2x.png 형식의 파일을 가진다. 아이폰5가 되면서 화면이 세로로 길어져 (4인치 레티나) 320X568의 2배 해상도인 '640x1136' 레티나 디스플레이를 가지게 되어 아이폰5에 적합한 이미지는 image_name-568@2x.png 형식의 파일을 가지게 된다.
일반 디스플레이 : image_name.png
Retina(3.5인치) : image_name@2X.png

Retina(4인치) : image_name-568@2X.png

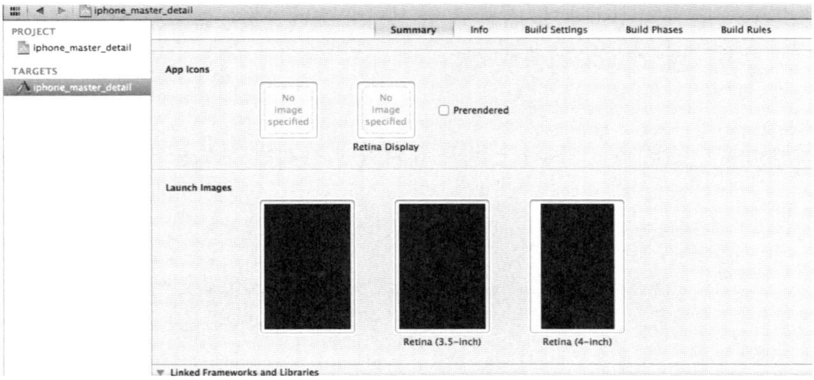

그림 18. Launch 이미지 Default.png 파일

3.4.3 main.m과 AppDelegate 파일

앱 템플릿에서 자동으로 만들어진 파일에서 앱의 시작은 main.m 파일에 있는 다음의 main() 함수를 호출함으로써 시작된다.

```
//main.m 파일
#import <UIKit/UIKit.h>
 int main(int argc, char *argv[])
{
    @autoreleasepool {
        return UIApplicationMain(argc, argv, nil,
                NSStringFromClass([MyAppDelegate class]));
    }
}
```

main() 함수는 다시 UIKit 함수인 UIApplicationMain()을 호출하여 앱 델리게이트를 실행하면서 앱의 라이프 사이클을 실행한다. 앱 실행 과정을 그림으로 표현하면 다음의 [그림 19]와 같다.

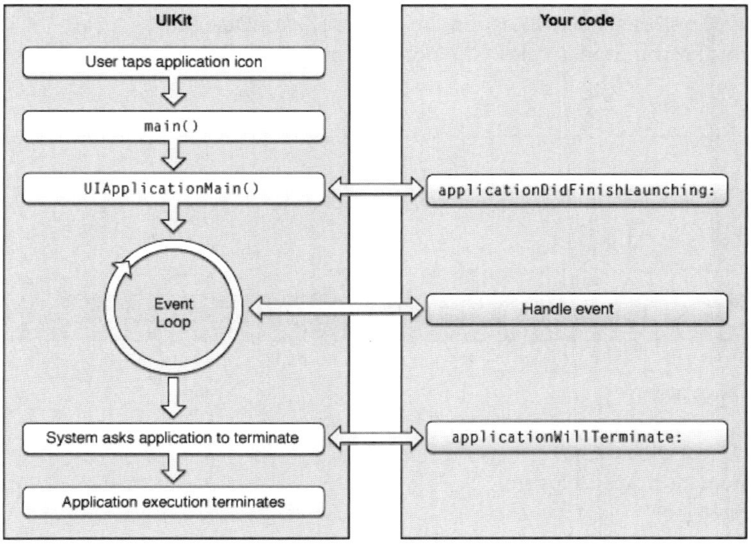

그림 19. 앱 실행 과정 (출처: iOS Developer library)

앱 델리게이트 클래스 AppDelegate는 다음과 같이 구성되어 있다. 앱델리게이트는 2장에서 설명할 프로토콜 기법을 이용하여 UIApplicationDelegate 프로토콜에 정의되어 있는 메소드를 구현하여 앱의 라이프 사이클이 진행된다. 앱델리게이트의 헤드 파일인 AppDelegate.h파일의 형식은 다음과 같다.

AppDelegate.h

```
//
// AppDelegate.h

#import <UIKit/UIKit.h>

@interface AppDelegate : UIResponder <UIApplicationDelegate>
@property (strong, nonatomic) UIWindow *window;
@end
```

앞에서 <UIApplicationDelegate>로 표현된 프로토콜의 메소드는 AppDelegate.m 파일에서 구현하여 사용한다.

AppDelegate.m의 메소드

```
//
// AppDelegate.m

#import "AppDelegate.h"
@implementation AppDelegate

- (BOOL)application:(UIApplication *)application
   didFinishLaunchingWithOptions:(NSDictionary *)launchOptions

- (void)applicationWillResignActive:(UIApplication *)application

- (void)applicationDidEnterBackground:(UIApplication *)application

- (void)applicationWillEnterForeground:(UIApplication *)application

- (void)applicationDidBecomeActive:(UIApplication *)application

- (void)applicationWillTerminate:(UIApplication *)application

@end
```

AppDelegate에 있는 어플리케이션 라이프 사이클을 간략히 설명하면 다음과 같다.

```
- (BOOL)application:(UIApplication *)application
        didFinishLaunchingWithOptions:(NSDictionary *)launchOptions
```

delegate에게 launch 과정이 거의 끝났으며 앱이 실행 준비가 끝났을 때

- (void)applicationDidBecomeActive:(UIApplication *)application
  어플리케이션이 활성화 될 때 호출. didFinishLaunchingWithOption 호출 직후 어플리케이션이 백그라운드로 돌아갔다가 다시 불러질 때 호출

- (void)applicationWillResignActive:(UIApplication *)application
  어플리케이션이 백그라운드로 들어가기 직전 (홈버튼을 누른 직후)에 호출 됨

- (void)applicationDidEnterBackground:(UIApplication *)application
  어플리케이션이 백그라운드로 완전히 들어갔을 때 호출됨

- (void)applicationWillEnterForeground:(UIApplication *)application
  어플리케이션이 다시 활성화되기 직전에 호출. 백그라운드 상태에서 다시 어플리케이션이 활성화되면 willEnterForeground 호출 후 applicationDidBecomeActive 호출

- (void)applicationWillTerminate:(UIApplication *)application
  어플리케이션이 완전히 종료되기 직전에 호출 됨

* iOS6에는 다음의 메소드가 추가 (자세한 내용은 iOS Developer library 참조)
- (BOOL)application:(UIApplication *)application
  willFinishLaunchingWithOptions:(NSDictionary *)launchOptions

3.4.4 Prefix.pch 파일

프로젝트의 모든 소스파일이 임포트 (#import)하는 헤드 파일을 포함하고 있다. 따라서 소스파일들이 UIKit.h와 Foundation.h를 포함하지 않아도 자동으로 포함이 되게 한다.

Prefix.pch 파일 내용

```
//
// Prefix header for all source files of the 'my_app' target in the 'my_app' project
//
#import <Availability.h>
#ifndef __IPHONE_5_0
#warning "This project uses features only available in iOS SDK 5.0 and later."
#endif
#ifdef __OBJC__
#import <UIKit/UIKit.h>
#import <Foundation/Foundation.h>
#endif
```

Chapter 2

오브젝티브 C (Objective-C) 프로그래밍 언어

1. 오브젝티브-C 프로그램 개발 과정
2. 오브젝티브-C 기본 데이터 타입 및 연산
3. 반복문
4. 조건문
5. 클래스, 오브젝트, 메소드
6. 클래스 정의와 구현의 분리
7. 오브젝티브-C의 category와 protocol
8. 오브젝티브-C 블록 (Block)
9. Foundation의 Number, String, Collections
10. 메모리 관리 및 ARC (Automatic Reference Counting)
11. 파일 처리

아이폰 앱 개발에 사용되는 프로그래밍 언어는 오브젝티브-C 언어이다. 오브젝티브-C 언어는 C 프로그래밍 언어를 포함하고 있는 C 언어의 슈퍼셋 (superset)이다. 오브젝티브-C 프로그램 파일의 확장자를 보면 헤드파일은 .h 로 구성되어 있으며, 구현 파일은 .m으로 되어 있다. 뿐만 아니라 앱 개발 프로젝트는 오브젝티브-C 언어 파일 이외에 C 프로그램 파일인 .c 파일도 포함할 수 있다. 본 장에서는 오브젝티브-C 언어에 대해서 간력히 설명한다.

1. 오브젝티브-C 프로그램 개발 과정

오브젝티브-C 프로그램의 개발과 컴파일, 디버깅은 Xcode를 사용하는 것이 가장 편리한 방법이다. Xcode를 이용하여 오브젝티브-C 프로그램을 개발하는 과정을 알아보자.

1.1 오브젝티브-C 프로그래밍 시작

오브젝티브-C 프로그래밍은 다음의 [그림 1]과 같이 맥 컴퓨터의 OS X 운영체제에서 [Application]-[Command Line Tool]에서 이루어진다. (그래픽 UI를 가진 아이폰 앱은 1장에서 보여준 것과 같이 다른 템플릿을 사용하며) 2장에서는 오브젝티브-C 언어에 대한 내용만을 위하여 콘솔 모드에서 동작하는 과정을 보여준다. 그 다음 본격적인 아이폰 앱 개발은 챕터 3부터 시작한다)

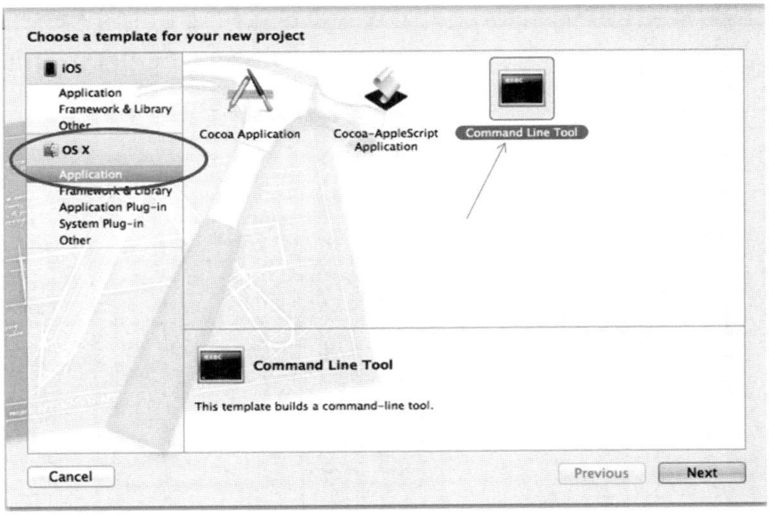

그림 1. 오브젝티브-C 프로그래밍의 시작

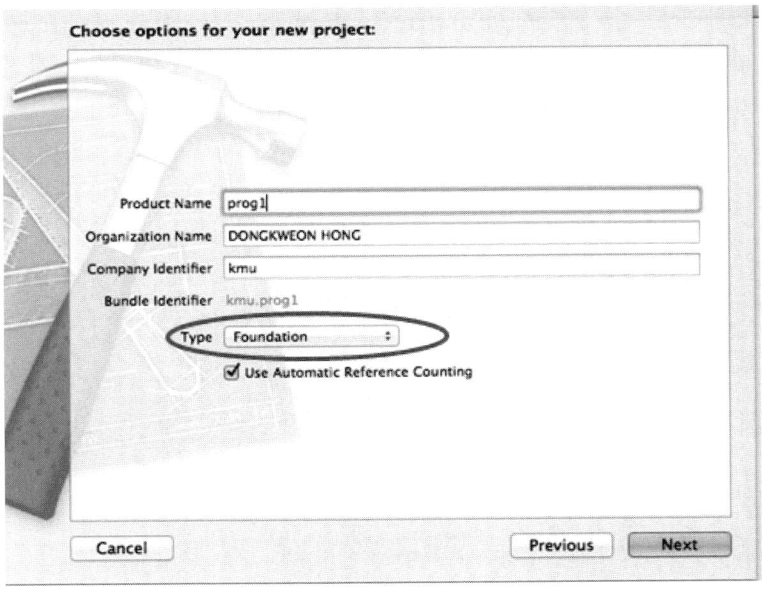

그림 2. 프로젝트 이름과 타입 지정

[그림 2]에서와 같이 어플리케이션의 이름을 Product Name에 지정하고, Type을 반드시 Foundation으로 지정한다. 어플리케이션의 폴더를 지정하고 나면 다음의 [그림 3]과 같이 프로젝트가 생성되며, 프로젝트 구성화면이 나타난다.

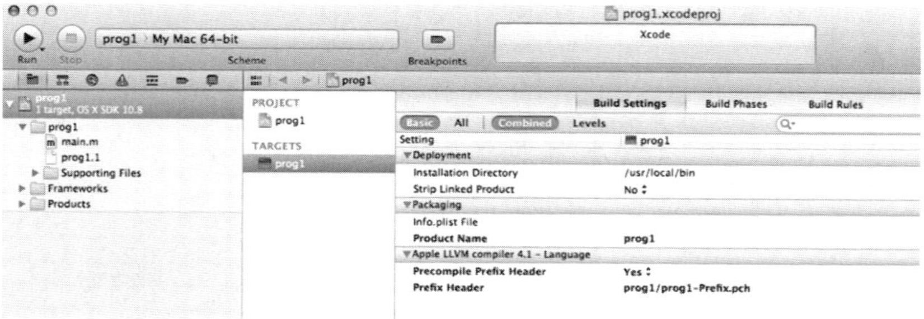

그림 3. prog1 프로젝트 화면

프로젝트 화면 왼쪽의 파일에서 main.m을 선택하면 [그림 4]와 같이 main.m의 프로그램 코드가 보인다. 프로그램의 템플릿이 이미 만들어져 있으므로 화면 왼쪽의 'Run'을 눌러 만들어진 프로그램을 컴파일, 실행 해보자.

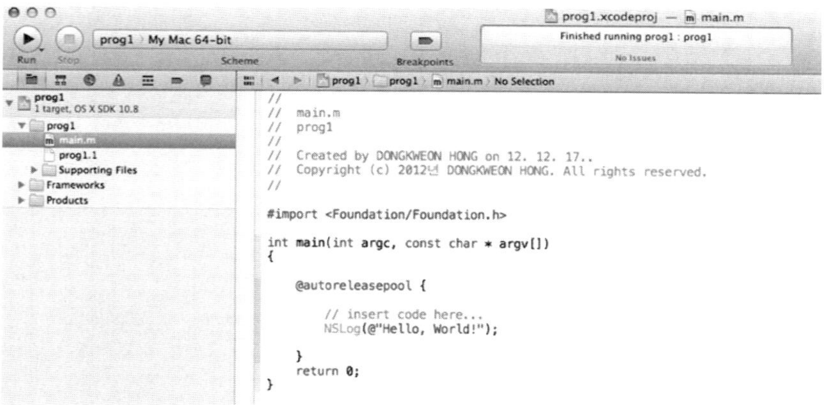

그림 4. main.m 프로그램 코드

프로그램의 실행 결과는 화면 하단에 있는 [그림 5]의 'Output' 창에 나타난다.

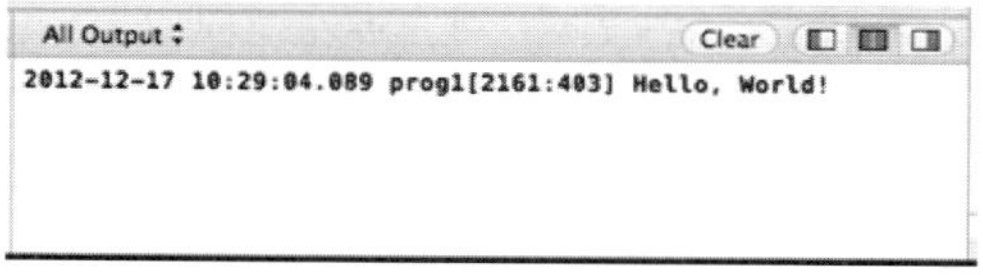

그림 5. Output창에 나타난 프로그램 결과

1.2 템플릿 프로그램 설명

Xcode에서 만든 [그림 6]의 오브젝티브-C 템플릿 프로그램을 살펴보자.

```
//
//  main.m
//  prog1
//
//  Created by DONGKWEON HONG on 12. 12. 17..
//  Copyright (c) 2012년 DONGKWEON HONG. All rights reserved.
//

#import <Foundation/Foundation.h>

int main(int argc, const char * argv[])
{

    @autoreleasepool {

        // insert code here...
        NSLog(@"Hello, World!");

    }
    return 0;
}
```

그림 6. 템플릿 프로그램 코드

오브젝티브-C는 기존의 C 프로그래밍 언어와 같이 영어의 대문자, 소문자를 구분한다. 따라서 Main과 main은 서로 다른 키워드로 간주한다. 그리고 각 프로그램 구문의 끝은 세미콜론(;)으로 나타낸다. 주석 부분도 한줄 주석 // 기호와 여러 줄 주석을 나타내는 /* */ 기호를 모두 사용할 수 있다. 즉 기본적인 형식은 C 프로그래밍 언어와 같다. main 함수의 시작 부분은 일반 C 프로그램과 같은 방식을 사용한다. main 함수는 실행이 끝나면 int 타입의 숫자를 반환하며 main 함수의 실행 시작시 매개변수를 사용하여 실행될 수 있다 (예, prog1 para1 para2) 이때 전달되는 매개변수의 개수는 argc에 전달되며, 매개변수들은 argv에 전달된다.

```
int main(int argc, const char * argv[])
```

다음은 오브젝티브-C에서 사용하는 Foundation 프레임워크의 시스템 헤드 파일을 포함하는 부분이다. 프로그램에서 많이 사용할 Foundation 프레임워크의 클래스와 함수들에 대한 정보를 포함하기 위하여 다음의 과정이 필요하다.

```
#import <Foundation/Foundation.h>
```

그 외에 main에 포함되어 있는 @autoreleasepool 문장은 메모리 관리 기능을 제공하며, NSLog는 오브젝티브-C 라이브러리에서 제공하는 함수로 C 언어의 printf와 같은 역할을 한다. 따라서 NSLog는 파라미터로 제공된 내용을 출력하는 역할을 한다. NSLog에서 사용하는 @" " 스트링은 C 언어 형식의 스트링이 아니라 오브젝티브-C의 NSString 오브젝트이다.

2. 오브젝티브-C 기본 데이터 타입 및 연산

오브젝티브-C에서 제공하는 기본 데이터 형식과 연산들을 살펴보자.

2.1 기본 데이터 타입

오브젝티브-C는 기본적인 데이터 타입으로 C언어에서 제공하고 있는 int, float, double, char 타입을 제공한다.
int 정수 (NSLog에서 %i 또는 %d를 사용)
float 실수 (NSLog에서 %f 또는 %g를 사용)
double 실수 (float보다 표현 영역이 약 2배)

char 문자 1개 (예, 'a', NSLog에서 %c를 사용하여 출력)

오브젝티브-C 기본 데이터 타입

```
#import <Foundation/Foundation.h>

int main(int argc, char * argv[])
{
   @autoreleasepool {
     int intValue = 100;
     float floatValue = 122.34
     char oneChar = 'A';

     NSLog (@"정수값 %i", intValue);
     NSLog (@"실수값 %f", floatValue);
     NSLog (@"문자 %i", oneChar);
 }
 return 0;
}
```

뿐만 아니라 int, float, double, char 등의 기본 데이터 타입 이외에 기본적으로 C 언어에서 제공하는 배열, 구조체, 문자배열 등도 지원한다.

2.2 오브젝티브-C 산술 연산

+(더하기), -(빼기), *(곱하기), /(나누기)의 기본적인 산술 연산과 나머지 연산 %의 의미는 C 언어와 같으며 우선순위에 따라 그 연산이 실행된다.

3. 반복문

오브젝티브-C에는 for, while, do-while의 3가지 반복문이 지원된다. 반복적 제어문들은 일정한 범위의 명령문들을 특정한 조건이 만족될 때 까지 계속 실행할 수 있게 하며 반복해서 실행되는 프로그램의 일부분을 루프(loop)라고 한다.

3.1 for 반복문

정수 1부터 10까지를 모두 더하는 프로그램을 작성해보자. 만약 반복문이 없다면 다음과 같은 프로그램으로 그 기능을 수행할 것이다.

1부터 10까지의 정수의 합

```
#import <Foundation/Foundation.h>

 int main(int argc, char * argv[])
 {
    @autoreleasepool {
         int sum, n;

           sum = 0;
           sum = sum +1;
           sum = sum +2;
           ...
           sum = sum +10;

         NSLog (@"정수 합 %i", sum);
  }
  return 0;
 }
```

이와 같은 반복 기능을 for 반복문을 사용하면 효과적으로 수행할 수 있다.

1부터 10까지의 정수의 합

```
#import <Foundation/Foundation.h>

 int main(int argc, char * argv[])
 {
    @autoreleasepool {
         int sum, n;

           sum = 0;
           for (n = 1; n <= 10; n++)
                   sum = sum + n;

         NSLog (@"정수 합 %i", sum);
  }
  return 0;
 }
```

3.2 중첩된 for 루프

for 반복문의 본체에 다른 for 반복문을 넣어 반복의 횟수를 조절할 수 있다. 다음 프로그램은 구구단의 2단부터 5단까지의 결과를 출력하는 프로그램이다.

중첩 for 루프

```
#import <Foundation/Foundation.h>

int main(int argc, char * argv[])
{
    @autoreleasepool {
        int i, j;

          for (i = 2; i <= 5; i++)
          {
                NSLog(@"구구단의 %i단 결과입니다", i);
                for (j = 1; j < 10; j++)
                      NSLog(@"%2i 곱하기 %2i = %2i", i, j, i * j);
          }
    }
    return 0;
}
```

바깥쪽의 for 반복문이 2부터 5까지 반복될 때 내부의 안쪽 for 반복문은 1부터 10까지 반복하게 된다. 즉 i의 값이 2일때 j의 값은 1부터 9까지를 반복하며 2단을 출력하고, i의 값이 3일때 j의 값은 1부터 9까지를 반복하며 3단을 출력하는 방식으로 이중 for 반복문이 실행된다.

3.3 while 문

오브젝티브-C 언어에서 제공하는 또 다른 반복문으로 while 반복문이 있다. while 반복문은 조건이 참이면 계속 실행된다. 다음의 프로그램은 처음에 변수 n의 값을 1로 설정한 후 while 루프의 실행이 시작된다. 먼저 n의 값이 5 이하인지를 검사하고 그 값이 TRUE이면 뒤에 나오는 몸체 부분을 실행한다. 중괄호로 둘러싸인 NSLog와 n의 값을 증가시키는 문장들이 루프의 몸체가 된다. while 루프는 정확히 5번 실행되고 n의 값이 6이 될 때 조건식을 거짓으로 만들어 루프를 빠져나온다.

while 구문

```
#import <Foundation/Foundation.h>

int main(int argc, char * argv[])
{
    @autoreleasepool {
        int n;

        n = 1;
        while ( n <= 5 )
        {
                NSLog(@"%i", n);
                ++n;
        }
    }
    return 0;
}
```

3.4 do-while 구문

for와 while 반복문은 루프를 실행하기 전에 실행 조건을 먼저 검사한다. 따라서 조건을 만족하지 못하면 루프의 내용은 전혀 실행되지 않을 수도 있다. 하지만 프로그램을 개발하다 보면 루프가 끝날 때 검사를 하고 싶을 때가 있을 수 있다. do 문은 먼저 루프 내부의 명령문을 실행하고 그 다음 괄호 안의 조건식을 계산한다. 이 계산 결과가 참이면 루프는 계속되어서 명령문이 다시 실행된다. 명령문이 실행된 후 조건식이 다시 검사되며 조건식이 참이면 명령문이 다시 실행된다. 만약 조건식이 거짓이 되면 루프를 종료하고 그 다음에 있는 문장을 수행한다. 반복문 for 나 while 루프와는 달리 do 문은 루프의 반복 조건을 처음이 아니라 제일 뒤에 가져다 놓음으로서 루프 몸체가 최소한 1번은 수행되도록 보장한다.

do-while 구문

```
#import <Foundation/Foundation.h>

 int main(int argc, char * argv[])
 {
     @autoreleasepool {
         int  i, n, sum;
           sum = 0;
           i = 1;
           n = 10;  do
           {
                     sum = sum + i;
                     ++i;
           } while ( i <= n)
          NSLog(@"sum = %i", sum);
     }
  return 0;
 }
```

3.5 break

루프를 실행하다 보면 여러 가지 이유로 루프를 즉시 빠져 나가야 하는 경우가 있다. 이때 사용하는 명령문이 break 문이다. 실행 중이던 반복문이 for, while, do 어느 것이든지 루프의 본문에서 break 문이 실행되면 프로그램은 즉시 그 루프를 벗어난다. 루프 내부에서 그 뒤에 따라오는 문장들은 모두 무시되고 루프 뒤의 문장부터 실행된다. 다음 반복문은 sum의 값이 100을 넘어서면 반복문을 벗어난다. 중첩된 루프들에 대해서 break 문이 실행되면, break 문이 실행된 가장 안쪽의 루프만 종료된다.

break 예제

```
#import <Foundation/Foundation.h>

 int main(int argc, char * argv[])
 {
     @autoreleasepool {
         int  i, sum;
           sum = 0;
           i = 1;
           while(1)
           {
                       sum = sum + i;
                       if (sum > 100) break;
                       ++i;
           }
           NSLog(@"%i", i);
     }
  return 0;
 }
```

3.6 continue 문

반복문의 내부에서 continue 문을 실행하면 루프 내에서 continue 뒤에 있는 문장들은 모두 무시되고 루프는 계속해서 정상적으로 수행된다. continue 문은 특정한 상황에서 루프 내의 일부 문장들은 무시하되 루프는 계속 수행되도록 하기위해서 사용된다.

4. 조건문

일반적으로 프로그램의 각 문장들은 특별한 명령이 없으면 순차적으로 실행된다. 즉 프로그램이 시작되면 프로그램의 시작 부분부터 프로그램의 문장이 차례대로 1개씩 실행된다. 그렇지만 다양한 응용을 지원하기 위해서는 경우에 따라서는 어떤 조건에 따라 프로그램의 여러 개의 실행 경로 가운데서 하나를 선택해야 하는 경우가 발생한다. 여러 개의 경로 가운데서 한 개를 선택할 수 있게 하는 명령문을 조건문이라 한다.

오브젝티브-C 언어에서 제공하는 조건 명령문들은 다음과 같다.
- if 문장
- switch 문장

4.1 if 구문

오브젝티브-C 프로그램은 영어에서 사용하는 일반적인 관점에서의 if 형식의 구조를 제공하고 있다. 일반적인 if 형식은 다음과 같다. 만약 조건식의 결과가 참이면 명령문을 실행한다.

```
if ( 조건식 )
        명령문;
```

"만약 비가 오면, 나는 우산을 가지고 학교에 간다" 라는 문장을 if 문장의 형식으로 바꾸면 다음과 같다.

```
if ( 비가 오면 )
        나는 우산을 가지고 학교에 간다.
```

다음 프로그램은 정수를 입력 받아서 number 변수에 저장한다. number 변수에 저장된 값을 검사하고 그 값이 0보다 크면 "양의 정수입니다." 메시지를 출력하고 프로그램이 종료된다. 만약 그 값이 0보다 작으면 "음의 정수입니다" 메시지를 출력하고 프로그램은 종료된다.

if 구문 예제

```
#import <Foundation/Foundation.h>

 int main(int argc, char * argv[])
 {
     @autoreleasepool {
         int number;

           scanf ("%i", &number);
           if ( number > 0 )
             NSLog(@"%i는 양의 정수입니다.", number);
           if (number < 0)
             NSLog(@"%i는 음의 정수입니다.", number);
     }
  return 0;
 }
```

4.2 if-else

조건을 이용한 논리에서 "그렇지 않으면" 이라는 논리는 자주 사용된다. 예를 들어서 "만약 비가 오면 실내 테니스장에 가고, 그렇지 않으면 골프를 치겠다" 라는 논리를 조건문으로 표현하는 경우 다음과 같이 표현할 수 있다.

if (비가 오면) 실내 테니스장에 간다
else 골프를 치겠다.

if-else 문장에서 "비가 오면"이라는 조건을 만족했을 때 실행되는 "실내 테니스장에 간다"라는 부분을 then 절(then clause)이라 하고, 비가 오지 않을 경우 실행되는 else 다음의 부분인 "골프를 치겠다."를 else 절 (else clause)이라 한다.

if-else 조건문을 이용하여 정수 값을 입력으로 받아서 70점 이상이면 "합격"을, 그렇지 않으면 "불합격"을 출력하는 프로그램을 작성하는 경우를 살펴보자.

if-else 구문 예제

```
#import <Foundation/Foundation.h>

int main(int argc, char * argv[])
{
    @autoreleasepool {
        int number;

          scanf ("%i", &number);
          if ( number >= 70 )
           NSLog(@"합격입니다.");
        else
           NSLog(@"불합격입니다.");
    }
 return 0;
}
```

4.3 복잡한 조건식 사용

지금까지 앞에서 사용한 if 문장은 두개의 수의 단순 관계를 검사하는 계산식을 사용하였다. 하지만 응용에 따라서는 좀 더 복잡한 관계의 검사가 필요한 경우가 있다. 오브젝티브-C 프로그램에서는 if 조건식에 복잡한 조건을 사용하는 기능을 제공한다. 복잡한 조건식은 여러 개의 단순 관계 연산을 논리곱 (logical AND)과 논리합(logical OR)을 사용하여 만들 수 있다.

조건에서 AND, OR 사용

```
#import <Foundation/Foundation.h>

int main(int argc, char * argv[])
{
    @autoreleasepool {
        int kor, math;

          scanf ("%i %i", &kor, &math);
          if ( kor >= 80 && math >= 80)
           NSLog(@"당신은 매우 우수한 학생입니다.");
     }
 return 0;
}
```

4.4 중첩 if 문장

중첩 if 문장은 복잡한 조건을 표현하기 위하여 if 문장 속에 다시 if 문장이 포함되는 경우를 나타내는 반복문이다. 중첩 if 문장에는 then 절에 새로운 if 문장이 포함되는 경우와 반대로 else 절에 if 문장이 포함되는 경우가 있다. 좀 더 복잡한 예제를 살펴보자. 90점 이상이면 "매우 우수", 89 ~ 80점이면 "우수", 79 ~ 70점이면 "보통", 69점 이하이면 "노력"으로 판단하는 프로그램을 작성해보자.

중첩 if 구문

```
#import <Foundation/Foundation.h>

int main(int argc, char * argv[])
{
    @autoreleasepool {
        int score;
          scanf ("%i", &score);

          if ( score >= 90 )
                   NSLog(@"당신은 매우 우수한 학생입니다.");
          else if (score >= 80)
                   NSLog(@"당신은 우수한 학생입니다.");
          else if (score >= 70)
                   NSLog(@"당신은 보통의 학생입니다.");
          else
                   NSLog(@"좀 더 노력하셔야겠습니다.");
    }
 return 0;
}
```

if 구문이 중복되어 있어서 프로그램이 매우 어렵게 느껴진다. 오브젝티브-C 언어에는 if 구문이 중복되어 있는 것을 다음에 설명하는 switch 문장으로 더 쉽게 표현할 수 있다.

4.5 switch

어떤 조건이 참, 거짓의 2가지가 넘는 복잡한 경우 if 문장을 반복하여 사용하는 것보다 switch 문장을 사용하는 것이 편리한 경우가 많다. 오브젝티브-C 언어에서 switch 문장의 형식은 다음과 같다.

```
switch (조건식)
{
          case c1:
            문장1;
            break;
          case c2:
            문장2;
            break;
          ....
          case cn:
            문장 n;
            break;
          default:
           문장m;
           break;
}
```

switch 문장에서는 조건식을 계산하여 그 값을 각 case 절의 c1, c2 등과 비교한다. case 절의 c1, c2 등은 단순한 상수형 이거나 또는 상수 계산식이어야 한다. 조건식의 결과가 case 절의 조건인 c1, c2 등과 같은 값이 있는지 차례대로 검사하다가 일치하는 값이 있으면 그 case 절의 문장을 실행하고 그 절의 break 구문을 만나면 switch 문장이 종료된다. 만약 조건식의 결과가 case 절에 사용되는 조건에 해당하는 것이 없으면 default 절이 실행된다.

switch 구문

```
#import <Foundation/Foundation.h>

int main(int argc, char * argv[])
{
    @autoreleasepool {
        int number;

        scanf ("%i", &number);
        switch (number)
        {
                case 0:
                        NSLog(@"zero");
                        break;
                case 1:
                        NSLog(@"one");
                        break;
                case 2:
                        NSLog(@"two");
                        break;
                default:
                        NSLog(@"many");
                        break;
        }
    }
  return 0;
}
```

앞의 예제에서 각각의 case 절에는 break 구문이 사용되었다. break 구문은 case 절에 해당되는 명령문을 실행하고 switch 문장을 빠져나가는 기능을 수행한다. 만약 case 절에 break 문장이 없으면 break 만날 때까지 case 절을 건너서 실행된다. 다음은 break 구문이 없는 case 절을 포함하고 있는 예제이다.

switch 구문에서 break의 역할

```
#import <Foundation/Foundation.h>

int main(int argc, char * argv[])
{
    @autoreleasepool {
        int number;

          scanf ("%i", &number);
          switch (number)
          {
                  case 0:
                  case 1:
                  case 2:
                          NSLog(@"little");
                          break;
                  default:
                          NSLog(@"many");
                          break;
          }
    }
  return 0;
}
```

4.6 불리언 데이터

오브젝티브-C 언어에서는 0은 거짓, 1을 포함한 그 나머지 값은 참을 나타낸다. (1이 참의 대표적 역할을 한다) 그러나 오브젝티브-C에서는 불리언 데이터의 처리를 조금 더 보기에 편하게 참, 거짓을 가지는 BOOL 타입을 지원한다. 또 참을 나타내는 YES와, 거짓을 나타내는 NO를 제공하여 다음과 같이 프로그램할 수 있게 해준다.

BOOL 데이터 타입

```
#import <Foundation/Foundation.h>

 int main(int argc, char * argv[])
 {
     @autoreleasepool {
         BOOL isTrue;

         isTrue = NO;
         if (isTrue == YES)
            NSLog(@"It is true");
         else
            NSLog(@"It is false");
  }
   return 0;
 }
```

5. 클래스, 오브젝트, 메소드

오브젝티브-C 프로그래밍 언어에서 가장 중요한 부분은 클래스를 중심으로 하는 객체지향 개념이다. 직각 삼각형에 대한 프로그램을 예제로 하여 클래스, 오브젝트, 메소드에 대하여 설명한다. 다음은 클래스를 사용하지 않는 직각 삼각형을 다루는 프로그램의 일부이다.

직각 삼각형

```
#import <Foundation/Foundation.h>

int main(int argc, char * argv[])
{
  @autoreleasepool {
       int base = 4; //밑변
       int side = 3; // 높이
       NSLog (@"직각 삼각형 %i %i", base, side);
  }
  return 0;
}
```

프로그램에서 다양한 크기의 여러 개의 직각삼각형을 계속해서 다루어야 하는 경우 앞의 프로그램은 다양한 개수의 직각삼각형의 밑변과 높이를 효율적으로 다루는데 문제점을 보이게 된다. 또 각 직각삼각형의 밑변과 높이를 같이 묶어서 사용하지 않아 불편을 느끼게 한다.

5.1 오브젝티브-C에서 클래스 생성

객체 지향 프로그램의 개념을 도입하여 직각삼각형을 1개의 클래스로 만들고, 그 클래스 이름을 Ra_triangle라 한 후 클래스의 인스턴스 (객체)를 만들어 사용해보자. Ra_triangle 클래스는 직각삼각형을 표현하는 속성과 직각삼각형의 내용을 출력하는 메소드로 구성되어 있다.

직각 삼각형 Ra_triangle 클래스

```
#import <Foundation/Foundation.h>
// 클래스의 정의
@interface Ra_triangle: NSObject
- (void) print_triangle;
@property int base;
@property int side;
@end
//클래스의 구현
@implementation Ra_triangle
@synthesize base = _base;
@synthesize side = _side;
- (void) print_triangle {
  NSLog(@"triangle %i_%i", self.base, self.side);
}
@end

int main(int argc, char * argv[])
{
  @autoreleasepool {
      Ra_triangle *myTriangle;

      myTriangle = [[Ra_triangle alloc] init]; // 객체 생성

      [myTriangle setBase:3];
      [myTriangle setSide:4];
      [myTriangle print_angle];
  }
  return 0;
}
```

앞의 프로그램은 논리적으로 3개의 부분으로 되어 있다. 3개의 부분은 현재 같은 파일에 있지만 서로 다른 파일에 존재할 수도 있다.

1) @interface 부분 - 클래스의 정의

2) @implementation 부분 - 클래스의 구현

3) 프로그램 부분

앞의 프로그램을 Xcode에서 직접 구현하여 실행한 결과는 다음의 [그림 7]과 같다. 프로그램의 실행 결과는 [그림 7]의 오른쪽 하단에 있는 Output 화면에 있다.

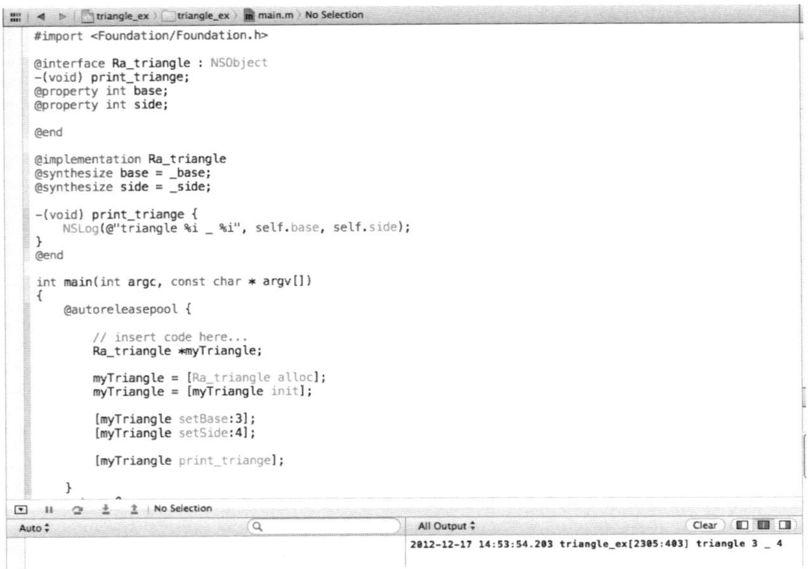

그림 7. 직각삼각형 실행 결과

5.2 메소드 호출

오브젝티브-C에서 객체 메소드 호출은 다음과 같이 대괄호를 사용하여 표현한다.

```
[myTriangle init];
```

[myTriangle setBase:3];

메소드의 반환값이 있는 경우 다음과 같이 배정문 (assignment)의 형식으로 사용한다.

myTriangle = [myTriangle init];

클래스 메소드의 호출은 객체 메소드의 호출과 같은 방법으로 이루어진다. 다음은 Ra_Triangle 클래스 메소드를 이용하여 새로운 객체를 생성하는 과정이다.

myTriangle = [Ra_triangle alloc]; // 객체 생성

뿐만 아니라 메소드의 호출은 다음과 같이 임베디드 될 수 있다.
myTriangle = [[Ra_triangle alloc] init]; // 객체 생성 및 초기화

모든 오브젝티브-C 객체 변수들은 heap에 만들어지므로 포인터 타입이다. 따라서 C 언어와 같이 객체 타입의 오른쪽에 별표(*)를 사용하여 포인터임을 나타낸다. (id 타입은 포인터 타입으로 미리 정의)

Ra_triangle *myTriangle;

5.3 메소드의 형식

Objective-C 에서는 메소드 이름이 여러 부분으로 나누어질 수 있는 특징이 있다. 앞에 '-' 기호가 있는 것은 객체 메소드임을 나타낸다.

```
- (void) print_triangle {
  NSLog(@"triangle %i_%i", self.base, self.side);
}
```

매개 변수가 있는 경우 콜론 (:)을 사용하여 메소드 이름을 나타낸다. 따라서 다음에 정의된 메소드의 완전한 이름은 tableView:cellForRowAtIndexPath이다.

```
- (UITableViewCell *) tableView:(UITableView *)tableView
                              cellForRowAtIndexPath:(NSIndexPath *)
indexPath
{
}
```

클래스 메소드는 객체 메소드와는 달리 다음과 같이 + 기호를 사용한다.

```
+ (Photo *)photoWithFlickrInfo:(NSDictionary *)flickrInfo
      inManagedObjectContext:(NSManagedObjectContext *)context
{
}
```

5.4 접근자 (Accessors)

객체에 포함된 데이터는 객체에 정의된 메소드에 의해서만 접근이 가능하며, 그 외 다른 방법에 의해서는 접근할 수 없게 하는 객체 지향 프로그래밍 언어의 특성을 데이터 은닉 (Data Encapsulation)이라 한다. 오브젝티브-C에서 객체의 인스턴스 변수를 얻어오거나 설정하기 위한 accessor(이하 접근자, 또는 setter와 getter)는 다음의 방식으로 사용된다.

```
[myTriangle setBase:3]; // setter 사용
[yourTriangle setBase:[myTriangle Base]; // setter와 getter 사용
```

또는 다음과 같이 dot 문법을 사용하여 표현할 수도 있다. 오브젝티브-C에서는 setter와 getter는 많은 경우 다음과 같이 dot 형식을 사용한다. 다음의 형식은 직접 배정문을 사용하여 인스턴스 변수에 직접 값을 설정하는 것처럼 보이지만 실제는 setter를 호출한다.

```
myTriangle.base = 3;
```

마찬가지로 다음의 문장도 getter를 호출하여 값을 가져오고, 그 다음 다시 setter를 호출하여 값을 배정한다.

yourTriangle.base = myTriangle.base;

Objective-C에는 accessor 메소드를 자동으로 생성하는 기능이 있다. 이 기능을 synthesized accessor method 기능이라 하며 @property와 @synthesize를 사용하여 구현한다.

```
@property int base; // 프로퍼티 생성

@synthesize base = _base; // 프로퍼티에 대한 setter와 getter 생성
```

"_base"는 인스턴스 변수이며 "base"는 프로퍼티이다. 오브젝티브-C 프로그램에서 어떤 상태를 저장하기 위해서는 프로퍼티를 사용한다. 직접 인스턴스 변수를 억세스 하지 않게 setter와 getter를 만들어 사용한다. 그러면 "_base"와 같은 인스턴스 변수를 직접 사용하는 곳은 어디인가? init 메소드의 경우와 다음과 같은 커스텀 setter, getter에서 사용한다.

```
-(void) setBase :(int) n
{
    _base = n;
}

- (void)setPhotoDatabase:(UIManagedDocument *)photoDatabase
{
   if (_photoDatabase != photoDatabase) {
      _photoDatabase = photoDatabase;
}
```

그리고 프로그램에서 result = [myTriangle base] 또는 result = myTriangle.base 등으로 값을 읽어올 경우 직접 인스턴스 변수를 억세스하는 것이 아니라 다음의 getter를 호출하게 된다.

```
-(int) base
{
   return _base;
}
```

따라서 오브젝티브-C에서는 data encapsulation 개념을 사용하여 프로퍼티를 사용하며 직접 인스턴스 변수를 억세스하지 않는다.

2개의 Ra_triangle 클래스 오브젝트 생성

```
// 앞의 5.1에서 정의한 Ra_triangle 클래스를 이용하여

int main(int argc, char * argv[])
{
  @autoreleasepool {
      Ra_triangle *myTriangle;
      Ra_triangle *yourTriangle;

      myTriangle = [[Ra_triangle alloc] init]; // 객체 생성
      yourTriangle = [[Ra_triangle alloc] init];
     // yourTriangle = [Ra_triangle new]; 같은 의미

      [myTriangle setBase:3];
      [myTriangle setSide:4];
      [myTriangle print_angle];
      // dot 형식으로
      yourTriangle.base = 5;
      yourTriangle.side = myTriangle.side;
      // yourTriangle.side = [myTriangle side];와 같이 혼합 사용은 금지
      //[yourTriangle setSide:[myTriangle side]];와 같이 사용

      [myTriangle print_triangle];
      [yourTriangle print_triangle];
  }
  return 0;
}
```

Ra_triangle 클래스를 사용함으로써 다양한 크기의 직각삼각형을 쉽게 만들 수 있고, 각 삼각형의 밑변과 높이가 한 덩어리로 움직이는 장점이 있다.

6. 클래스 정의와 구현의 분리

앞에서 사용한 오브젝티브-C 프로그램은 클래스의 정의와 구현이 같은 파일에 존재한다. @interface를 사용하는 클래스의 정의는 어떤 프로퍼티를 사용하고, 어떤 메소드가 있는지에 대하여 공개하기 위함이고, @implementation을 사용하는 클래스의 구현 부분에는 공개할 필요가 없는 자세한 부분이 들어 있다. 따라서 iOS의 앱 프로그램들을 살펴보면 클래스의 정의는 Class.h 파일에, 클래스의 구현은 Class.m 파일에서 수행한다.

6.1 새로운 클래스 파일의 생성

클래스의 정의와 구현을 분리하여 앞에서 사용한 직각삼각형 Ra_triangle 클래스를 만들어 사용해보자.

[단계 1] 새로운 프로젝트의 생성

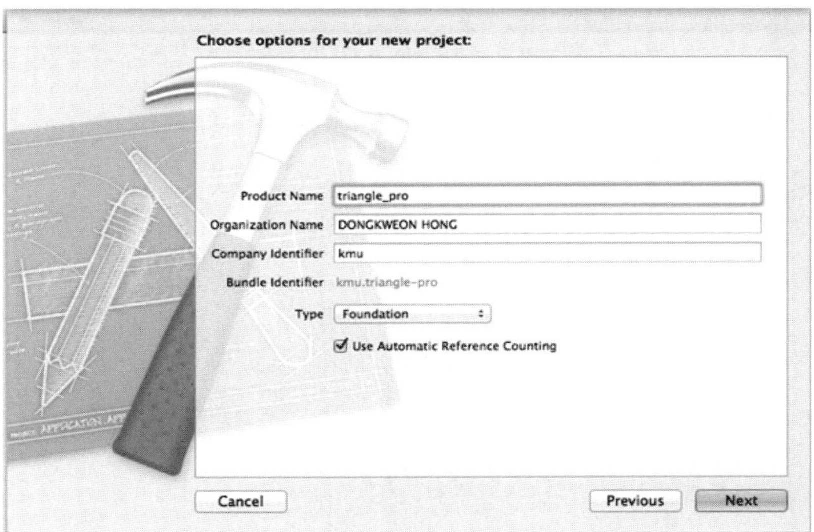

그림 8. 새로운 프로젝트의 생성

[단계 2] 프로젝트에 새로운 클래스를 추가하기 위하여 새로운 클래스 파일을 생성한다. 생성하는 방법은 [File]-[New]-[File...]-[Objective-C class]로 생성한다. 이때 생성되는 클래스는 다음의 [그림 9]와 같이 NSObject의 서브클래스로 생성한다. 클래스 이름을 Ra_triangle로 지정한다.

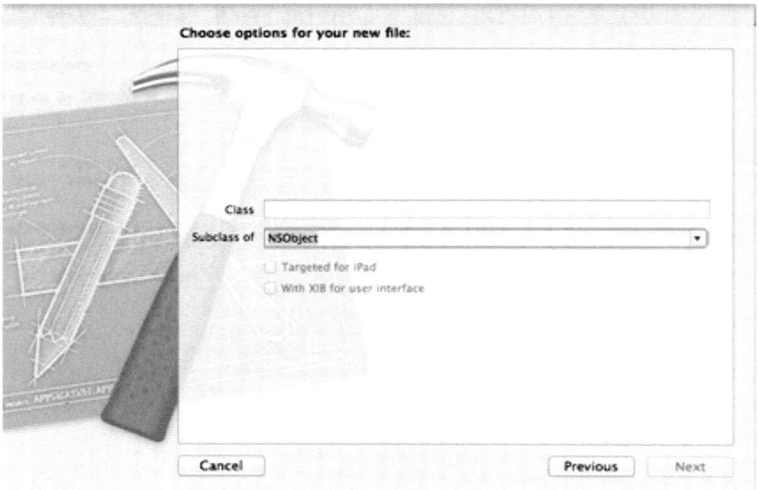

그림 9. 새로운 클래스 파일의 생성

[단계 3]생성된 클래스 파일의 폴더를 지정한다.

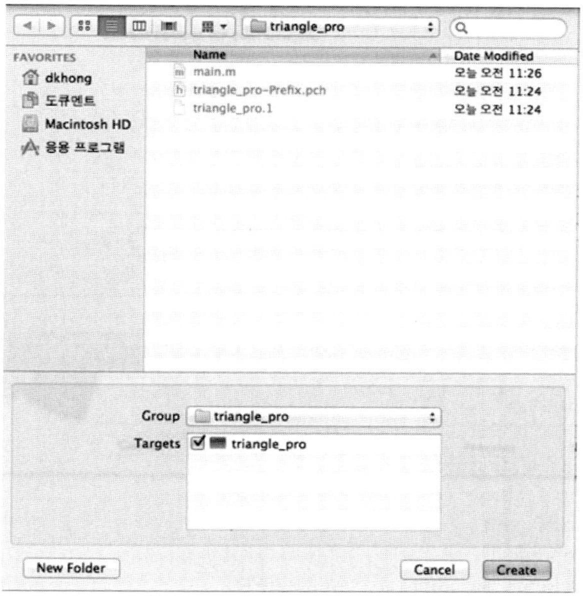

그림 10. 생성된 클래스 파일의 폴더 지정

[단계 4] 앞에서 클래스 이름을 Ra_triangle로 지정하였으므로 Ra_triangle.[hm] 파일이 생성된 것을 확인할 수 있다.

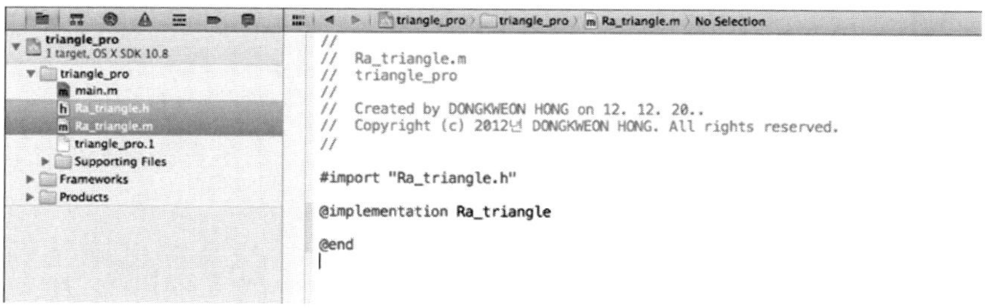

그림 11. 생성된 클래스 파일 (.m)

[단계 5] 생성된 파일에 다음과 같은 코드 내용을 구현한다.

Ra_triangle.h 파일에 클래스의 정의

```
#import <Foundation/Foundation.h>

@interface Ra_triangle: NSObject
- (void) print_triangle;
@property int base;
@property int side;
@end
```

Ra_triangle.m 파일에 클래스의 구현

```
#import "Ra_triangle.h"

@implementation Ra_triangle
@synthesize base = _base;
@synthesize side = _side;
- (void) print_triangle {
  NSLog(@"triangle %i_%i", self.base, self.side);
}
@end
```

클래스를 사용하는 main.m 파일

```
#import "Ra_triangle.h"
int main(int argc, char * argv[])
{
  @autoreleasepool {
      Ra_triangle *myTriangle;

      myTriangle = [[Ra_triangle alloc] init]; // 객체 생성

      [myTriangle setBase:3];
      [myTriangle setSide:4];
      [myTriangle print_angle];
  }
  return 0;
}
```

새로 생성된 클래스 파일은 다음과 같이 2개의 부분으로 나누어진다. 이때 .h 파일에 정의된 메소드와 프로퍼티는 public의 의미를 가지게 되며 반면 .m에 정의된 (다음 그림에서 @interface Ra_triangle ()와 @end 사이에 정의된 프로퍼티와 메소드) 것은 private의 의미를 가지게 된다.

.h 파일

```
#import <Foundation/Foundation.h>

@interface Ra_triangle: NSObject
- (void) print_triangle;
@property int base;
@property int side;
@end
```

.m 파일

```
#import "Ra_triangle.h"

@interface Ra_triangle()
// 여기는 private 선언 부분
@end

@implementation Ra_triangle
@synthesize base = _base;
@synthesize side = _side;

- (void) print_triangle {
NSLog(@"triangle %i_%i", self.base,
                            self.side);
}
@end
```

그림 12. 오브젝티브-C 클래스 정의 및 구현

6.2 로컬 변수 (Local variable)

Ra_triangle 클래스에 새로운 메소드 print_triangleArea를 추가해보자.

```
-(void) print_triangleArea {
   float area;

   area = (self.base * self.side) / 2.0;
   NSLog(@"triangle %i_%i area is %g", self.base, self.side, area);
}
```

메소드에서 사용한 변수 area는 메소드 내부에서만 유효한 변수이므로 지역변수가 된다. 따라서 area 변수의 값은 메소드가 종료되면서 그 값은 사라진다.

6.3 상속 (Inheritance)

상속은 객체지향 프로그래밍의 큰 장점 중의 하나이다. 상속을 사용함으로써 기존의 클래스 위에 새로운 것을 만들 수도 있고, 또 응용에 맞게 쉽게 변형도 가능하다. 오브젝티브-C에서 상속 계층의 가장 위에 있는 루트 클래스는 NSObject이다. 다음의 인터페이스 정의에서 Ra_triangle 클래스는 NSObject를 상속받은 하위 클래스로 만들어진다.

```
@interface Ra_triangle: NSObject
...
@end
```

7. 오브젝티브-C의 category와 protocol

오브젝티브-C 언어의 특징 중에서 매우 중요한 것으로 category와 protocol이 있다.

7.1 category

오브젝티브-C의 category는 클래스의 정의를 여러 개의 모듈로 나누어 정의하는 기능을 제공한다. 또 이미 존재하는 클래스의 소스코드에 접근할 필요 없이, subclass를 만들 필요 없이 그 기능을 확장하는 방법을 제공한다. 보통 특정 클래스에 메서드를 추가하기 위해서는 해당 클래스를 상속받은 이후에 그곳에 새로운 메서드를 추가하는 것이 일반적인 방법이다. 그런데 Objective-C의 Category개념은 기존의 클래스를 상속 받지 않고 새로운 메서드를 추가하는 기능을 제공한다.

관례적으로 많은 프로그래머들은 오브젝티브-C 프로그램에서 category 파일은 "클래스이름+category이름"으로 구성한다. 예를 들어 Ra_triangle에 새로운 category mycalc를 추가할 경우 그 파일이름은 Ra_triangle+mycalc.[hm]가 된다.

```
// Ra_triangle+mycalc.h 파일의 내용
#import "Ra_triangle.h"
```

```
@interface Ra_triangle (mycalc)
// 필요한 메소드 추가
@end

// Ra_triangle+mycalc.m의 내용
#import "Ra_triangle+mycalc.h"
@implementation Ra_triangle (mycalc)

@end
```

category의 제약조건으로는 새로운 instance 변수를 추가하지 못하며, 기존의 메소드와 이름이 중복될 경우 category에 새로 정의된 메소드를 오버라이드하여 사용됨으로 조심해서 사용하여야 한다.

7.2 프로토콜

프로토콜 : 프로토콜은 어떤 클래스가 정의하여 가지고 있는 메소드의 리스트로서 다른 클래스들과 공유할 수 있는 메소드의 리스트를 나타낸다. 프로토콜의 메소드는 구현되어 있지 않고 일반적으로 그 형식은 문서의 형식으로 잘 설명되어 있으므로 다른 클래스는 이 메소드를 그 형식에 맞게 구현하여 사용한다.

delegate : delegate는 좀 더 추상적인 용어로 Delegation Design Pattern을 의미한다. 즉 어떤 연산들을 누가 대신해서 수행해 주게 하는 개념이다. 프로토콜을 정의한 클래스는 그 프로토콜을 구현한 클래스에게 어떤 작업을 의뢰하게 됨으로 의뢰자가 (delegating class) 되는 것이며, 프로토콜을 구현한 클래스는 다른 클래스를 위하여 작업을 대리해서 하게 되므로 대리자 (delegate class)가 된다. 이런 개념이므로 프로토콜은 delegation을 구현하는 방법 중의 1가지이다. 많은 경우 프로토콜을 구현한 클래스를 delegate라고도 한다.

프로토콜을 구현한 클래스가 데이터를 제공해주는 특성을 가진 경우에는 delegate 라고 하지 않고 datasource라고 한다.

7.2.1 시스템 제공 프로토콜

Cocoa Touch와 iOS는 많은 부분에서 delegation 개념을 사용한다. 예를 들어 테이블 형식으로 데이터를 출력할 때 UITableView 클래스를 사용한다. 하지만 UITableView 클래스는 테이블의 섹션과 열의 개수, 셀의 모양에 대해 전혀 알지 못한다. 따라서 UITableView 클래스는 UITableViewDataSource 프로토콜을 정의하여 섹션 개수, 열의 개수, 그리고 셀의 모양을 다른 클래스에게 대신 결정하게 한다(일반적으로 UITableViewController 클래스가 그 역할을 한다). 또 UITableView는 셀을 선택했을 때 어떤 작업을 해야 하는지를 위하여 UITableViewDelegate 프로토콜을 정의하고 있다. 이런 방식으로 UITableView 클래스 자체는 매우 일반적인 형식을 유지하게 된다.

또다른 시스템 제공 프로토콜로 많이 사용되는 예제는 Cocoa Touch의 UIKit 프레임워크에 있는 UITextFieldDelegate 프로토콜이다. 이 프로토콜에는 UITextField의 delegate가 구현해야하는 메소드의 리스트가 있다. 이때 UITextField의 delegate를 지정할 때 그 대리자 클래스가 UITextFieldDelegate 프로토콜을 준수하는지를 확실히 해야한다. 그 방법으로 다음과 같이 property delegate를 정의한다. 따라서 delegate 속성이 어떤 클래스의 오브젝트인지 상관없이 UITextFieldDelegate 프로토콜을 구현한 것을 위한 포인터라는 의미로 다음과 같이 정의한다.

```
@property(nonatomic, assign) id<UITextFieldDelegate> delegate;
```

7.2.2 사용자 정의 프로토콜

프로토콜은 시스템 정의 프로토콜 외에 프로그래머가 정의하여 사용할 수 있다. 프로그래머가 새로운 프로토콜을 정의하는 방법은 다음과 같다.

```
#import <Foundation/Foundation.h>
```

```
@protocol MyProtocol <NSObject>
@required
- (void)methodA;
@optional
- (void)methodB;
- (void)methodC;
@end
```

이 프로토콜을 준수하는 (또는 채택한) 클래스는 프로토콜에 정의된 메소드를 구현하는 어떤 클래스이든지 상관없다. 따라서 의뢰자에서는 다음 형식의 속성으로 delegate를 지정하게 되므로 property someobject는 MyProtocol을 준수하는 어떤 오브젝트도 될 수 있다.

```
@property (nonatomic) id<MyProtocol> someobject;
```

8. 오브젝티브-C 블록 (Block)

블록은 ANSI C에는 포함되어 있지 않지만 애플에 의해서 C 언어에 추가된 기능이다. 블록은 함수와 유사한 점도 많으며, 또 다른 점도 존재한다.

〈함수와의 유사점〉
블록은 함수처럼 생겼으며 함수처럼 동작한다. 블록은 함수처럼 매개변수를 받을 수도 있고 또 값을 반환할 수도 있다.

〈함수와의 차이점〉
블록은 함수나 메소드의 내부에서도 정의될 수 있다.
블록은 변수가 억세스 영역 안에 있으면 (within the scope) 블록 외부의 변수도 억세스할 수 있다. 블록이 함수 내부에 있는 경우 모든 함수 내의 변수를 억세스할 수 있으며, 만약 블록이 전역에 정의되어 있다면 모든 변수를 억세스할 수 있다. 하지만 그 변수들은 읽기만 가능하며 변경할 수는 없다. (2개의 밑줄을 사용한 __block 키워드를 사용하면 블록 안에서 변경도 가능하다) 블록은 함수나 메소드의 매개변수로 전달도 가능하다. 블록의 큰 장점 중의 하나는 다른 프로세스나 쓰레드에 의해 실행될 수 있는 실행단위로 만들 수 있다는 것이다.

8.1 블록의 형식

다음은 함수 printHello이다.

```
void printHello (void)
{
   NSLog(@"Hello world");
}
```

블록은 (^) 문자로 시작한다. 그 다음 괄호 안에 매개변수 리스트가 나타난다. 앞의 printHello 함수를 블록으로 다시 만들면 다음과 같다.

```
^(void)
{
    NSLog(@"Hello world");
}
```

이 블록에 이름을 부여하는 경우 다음과 같이 작성한다.

```
(void) (^printHello)(void) =
  (^void) {
    NSLog(@"Hello world");
  };
```

이름이 부여된 블록의 실행은 함수의 실행과 같은 방식을 사용한다.
printHello();

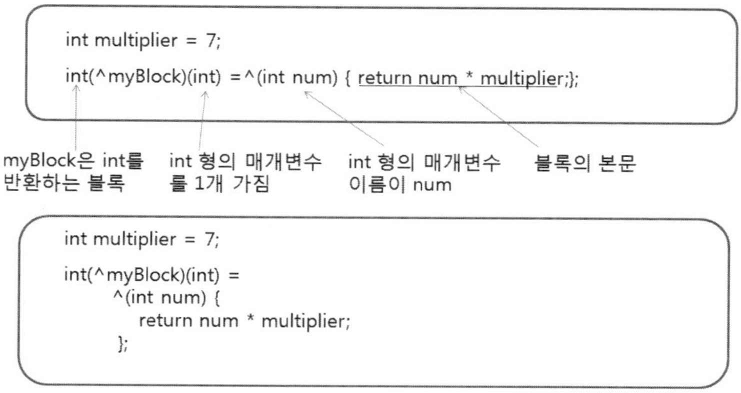

그림 13 block의 구조 (출처 : iOS developer library)정

8.2 블록에서 변수 억세스

블록에서 변수 억세스는 그 블록이 정의될 때의 값을 사용한다. 다음 예제 프로그램은 num_value의 값이 15가 아니라 10을 출력한다. 즉 블록이 정의된 순간의 num_value 값이 10이기 때문에 실행 시간의 15가 아니라 10을 출력한다.

블록에서 변수 억세스

```
#import <Foundation/Foundation.h>
int main(int argc, char * argv[])
{
  @autoreleasepool {
     int num_value = 10;

     void(^printNum)(void) =
        ^(void) {
          NSLog(@"num_value is %i", num_value);
        }
     num_value = 15;
     printNum();
  }
  return 0;
}
```

8.3 블록에서 변수 값 변경

블록에서는 블록 외부에서 정의된 변수의 값을 변경시킬 수 없다. 만약 블록 내부에서 블록 외부에 정의된 변수의 값을 변경 하려고 시도하면 오류를 발생시킨다. 만약 블록 내부에서 변경할 수 있는 변수를 선언하려면 __block (밑줄 2개) 키워드를 사용하여 다음과 같이 선언한다.

```
__block int num_value = 10;
```

블록에서 변수 변경시도

```
#import <Foundation/Foundation.h>
int main(int argc, char * argv[])
{
  @autoreleasepool {
      int num_value = 10;

      void(^printNum)(void) =
         ^(void) {
           NSLog(@"num_value is %i", num_value);
           num_value = 100; //오류 발생
         }
      num_value = 15;
      printNum();
  }
  return 0;
}
```

8.4 블록을 매개 변수로 사용

다음의 openWithCompletionHandler 메소드는 블록을 매개변수로 가진다. openWithCompletionHandler 메소드는 비동기식으로 동작하여 정상적 수행이 종료되면 success에 YES를 반환한다. 그러면 블록은 success 값이 결정된 후 동작하게 된다.

```
[self.DB openWithCompletionHandler:^(BOOL success) {
                if (success == YES)
                  [self setupFetchedResultsController];
                }
```

9. Foundation의 Number, String, Collections

기본 데이터 타입 int, float 등과 달리 Foundation 프레임워크에서 제공하는 오브젝트 타입에 number, string, array, dictionary, set 등의 컬렉션 오브젝트가 있다.

9.1 NSNumber 클래스 오브젝트

오브젝트-C에서 제공되는 int, float, char, double 등은 오브젝트가 아니다. 따라서 메시지를 보낼 수도 없으며, 오브젝트를 저장하는 NSArray에 저장될 수도 없다. 따라서 오브젝티브-C에서는 숫자 오브젝트를 위하여 NSNumber 클래스를 사용한다.

주의 : [표 1]의 NSNumber 생성 메소드 numberWithInteger:에서 사용된 Integer는 NSInteger 기본 타입으로 64비트에서는 long, 32비트에서는 int로 만들어지는 타입이다. 따라서 numberWithInt:와 혼동해서는 안된다.

NSNumber 클래스의 사용

```
#import <Foundation/Foundation.h>
int main(int argc, char * argv[])
{
  @autoreleasepool {
     // 오브젝티브-C에서 모든 오브젝트는 포인터로 사용
     NSNumber *intNumber, *floatNumber, *charNumber;
     int intValue;

     // intNumber = [NSNumber alloc];
     // intNumber = [intNumber initWithint: 100];
     intNumber = [NSNumber numberWithInt: 100];
     intValue = [intNumber intValue];
     NSLog(@"%i", intValue);

     floatNumber = [NSNumber numberWithFloat: 100.0];
     NSLog(@"%g", [floatNumber floatValue]);

     charNumber = [NSNumber numberWithChar: 'A'];
     NSLog(@"%c", [charNumber charValue]);
  }
  return 0;
}
```

표 1. NSNumber 생성 및 읽기 메소드

NSNumber 오브젝트 생성 및 초기화 클래스 메소드	NSNumber 오브젝트 초기화 인스턴스 메소드	NSNumber 오브젝트에서 값을 읽는 인스턴스 메소드
numberWithChar:	initWithChar:	charValue
numberWithUnsignedChar:	initWithUnsignedChar:	unsignedCharValue
numberWithShort:	initWithShort:	shortValue
numberWithUnsignedShort:	initWithUnsignedShort:	unsignedShortValue
numberWithInteger:	initWithInteger:	integerValue
numberWithUnsignedInteger:	initWithUnsignedInteger:	unsignedIntegerValue
numberWithInt:	initWithInt:	intValue
numberWithUnsignedInt:	initWithUnsignedInt:	unsignedIntValue
numberWithLong:	initWithLong:	longValue
numberWithUnsignedLong:	initWithUnsignedLong:	unsignedLongValue
numberWithLongLong:	initWithLongLong:	longlongValue
numberWithUnsignedLongLong:	initWithUnsigned-LongLong:	unsignedLongLongVal-ue
numberWithFloat:	initWithFloat:	floatValue
numberWithDouble:	initWithDouble:	doubleValue
numberWithBool:	initWithBool:	boolValue

9.2 오브젝티브-C의 스트링 오브젝트

오브젝티브-C 언어에서 문자열 (character string) 오브젝트는 NSString 클래스로 지원한다. C 언어 형식의 문자열은 char 형식의 문자를 사용하고, NSString은 유니코드 (Unicode) 형식의 unichar 문자를 사용한다. 그리고 NSString 오브젝트 형식의 상수 문자열은 @"Hello" 형식을 가진다.

NSString 클래스의 사용

```
#import <Foundation/Foundation.h>
int main(int argc, char * argv[])
{
  @autoreleasepool {
    NSString *str = @"Hello";

    NSLog(@"%@", str); // 오브젝트에는 %@를 사용
  }
  return 0;
}
```

9.2.1 Description 메소드

NSLog에 사용되는 %@ 형식은 모든 오브젝트를 출력하는데 사용될 수 있다. NSString은 문자열로, NSNumber 클래스 오브젝트는 숫자의 형식으로 출력한다. 하지만 임의의 클래스에 속한 오브젝트의 경우 어떤 모양으로 출력해야 하는지 불분명하여 디폴트로 클래스 이름과 메모리 주소를 출력한다. 따라서 어떤 클래스의 오브젝트가 %@로 출력될 때 그 모양을 제공하려면 그 클래스에서 description 메소드를 제공하면 된다.

9.2.2 Immutable 스트링 오브젝트

@"Hello" 형식으로 생성된 스트링 오브젝트는 그 내용을 변경할 수 없다. 이렇게 그 내용을 변경할 수 없는 오브젝트를 Immutable 오브젝트라 한다. NSString 클래스의 오브젝트는 Immutable 스트링 오브젝트이다 (그 내용이 변경될 수 있는 스트링 오브젝트는 NSMutableString 클래스이다).

NSString 클래스 복사

```
#import <Foundation/Foundation.h>
int main(int argc, char * argv[])
{
  @autoreleasepool {
    ① NSString *str1 = @"Hello string A";
    ② NSString *str2 = @"Hello string B";
     NSString *result;

       // 다음 문장은 result = str1; 과는 의미가 다르다.
    ③ result = [NSString stringWithString: str1];
    ④ str2 = [str1 stringByAppendingString: str2];

     NSLog(@"%@", str2); // 오브젝트에는 %@를 사용
  }
  return 0;
}
```

[그림 14]에서 (4)번 문장을 수행 후 원래 str2가 포인터한 원래의 스트링 오브젝트는 이제 포인터가 없다. 이 스트링 오브젝트는 나중에 메모리 관리 부분에서 알아서 처리해준다.

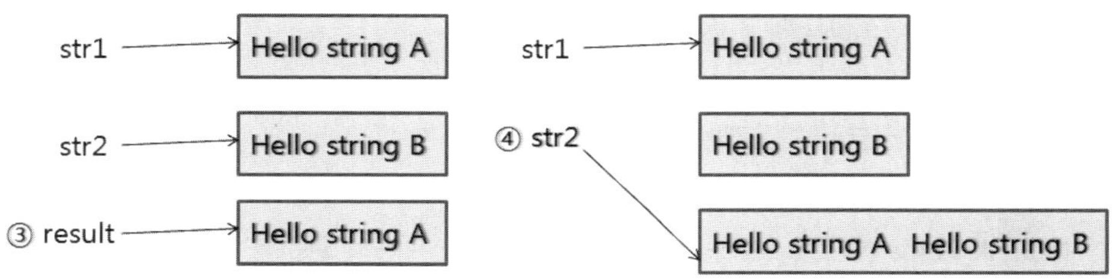

그림 14. 프로그램에서 (3), (4)번 실행 결과

NSString 클래스 비교

```
#import <Foundation/Foundation.h>
int main(int argc, char * argv[])
{
  @autoreleasepool {
     NSString *str1 = @"Hello string A";
     NSString *str2 = @"Hello string B";
     NSComparisonResult compResult;

     if ([str1 isEqualToString: str2] == YES)
        NSLog(@"str1 == str2");
     else
        NSLog(@"str1 != str2");

     compResult = [str1 compare: str2];
     if (compResult == NSOrderedAscending)
     ....
  }
  return 0;
}
```

2개의 스트링 오브젝트의 내용이 같은지 비교는 isEqualToString: 메소드로 비교하며 사전 순서로의 비교는 compare: 메소드를 사용한다. compare: 메소드는 enum 형식의 NSComparisonResult 결과를 반환하는데 왼쪽이 사전 순서로 앞서면 NSOrderedAscending, 같으면 NSOrderdedSame, 왼쪽이 사전 순서로 뒤에 있으면 NSOrderedDescending의 값을 가진다.

9.2.3 Mutable 스트링 오브젝트

NSMutableString 클래스 스트링 오브젝트에서는 스트링의 일부분이 변경될 수 있다.

NSMutableString 클래스의 사용

```
#import <Foundation/Foundation.h>
int main(int argc, char * argv[])
{
  @autoreleasepool {
    NSString *str1 = @"Hello string A";
    NSMutableString *mustr1;

    mustr1 = [NSMutableString stringWithString: str1];
    [mustr1 insertString: @"Mu " atIndex: 5]; // 인덱스는 0부터 시작
    ...

  }
  return 0;
}
```

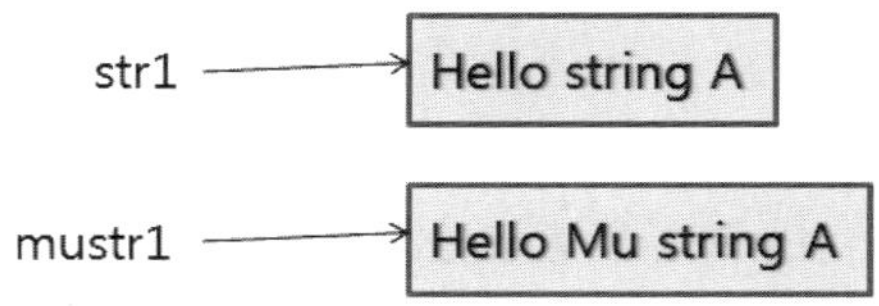

그림 15. mustr1에 새로운 문자 입력

NSString 오브젝트에 관한 메소드는 100개가 넘는다. 따라서 자세한 내용은 NSString 클래스와 NSMutableString 클래스의 문서를 참조하여야 한다.

9.3 배열 오브젝트 (Array Object)

오브젝티브-C에서 배열은 C 언어의 형식을 그대로 사용한다.
int numArray[20]; //배열

하지만 배열과 배열 오브젝트는 다르다. 배열에는 기본 타입의 원소가 저장될 수 있지만 배열 오브젝트에는 오직 오브젝트만 저장될 수 있다. 오브젝티브-C에서 지원하는 배열 오브젝트는 원소 값의 변경 여부에 따라 NSArray와 NSMutableArray가

있다. 원소를 변경할 수 없는 NSArray와 그 원소를 변경할 수 있는 NSMutableArray의 사용 방법은 다음의 프로그램과 같다.

배열과 배열 오브젝트

```
#import <Foundation/Foundation.h>
int main(int argc, char * argv[])
{
  @autoreleasepool {
     int i;
     int numArray[5] = {0, 1, 2, 3, 4}; //배열
     NSNumber *myNumber;
     NSMutableArray *numbers = [NSMutableArray array];
     NSArray *dayNames = [NSArray arrayWithObjects:
             @"Sunday", @"Monday", @"Tuesday", @"Wednesday",
             @"Thursday", @"Friday", @"Saturday", nil ];

     // 배열의 원소 출력
     for (i=0; i < 5; i++)
        NSLog(@"%i", numArray[i]);
     // NSArray 내용 출력
     for (i=0 i < 7; i++)
       NSLog("%@", [dayNames objectAtIndex: i]);

     // NSMutableArray 오브젝트에 오브젝트 추가
     for (i=0; i < 10; i++) {
        myNumber = [NSNumber numberWithInt: i];
        [numbers addObject: myNumber];
     }
     // NSMutableArray에 추가된 내용 출력
     for (i=0; i < 10; i++) {
        myNumber = [numbers objectAtIndexc: i];
        NSLog(@"%@", myNumber);
     }
     // 또 다른 방법으로 출력
     NSLog(@"%@", numbers);
  }
  return 0;
}
```

9.3.1 친구 1명의 주소록 예제

친구의 name, address, phone으로 구성된 친구 주소록을 만들어보자. 1명의 친구를 저장하는 경우 다음의 Friend 클래스를 만들어 친구를 저장하고, 출력할 수 있다.

[단계 1] Xcode에서 [OS X]-[Application]-[Command Line Tool]을 선택한 후 프로젝트의 이름을 설정한다 (friend_list). 그리고 Type은 [Foundation]을 선택한다.

[단계 2] 새로운 클래스 Friend 클래스를 만든다.
[File]-[New]-[File..]을 선택한 후 템플릿에서 [Objective-C class]를 선택하고, NSObject의 서브클래스로 Friend를 생성한다. (Friend.h와 Friend.m 파일이 생성)

[단계 3] 3개의 프로퍼티와 메소드의 정의를 입력한다.

Friend.h

```
#import <Foundation/Foundation.h>
@interface Friend: NSObject
@property (nonatomic, copy) NSString *name, *address, *phone;
-(void) print;
@end
```

[단계 4] 프로퍼티의 setter와 getter를 생성하고 print 메소드를 구현한다.

Friend.m

```
#import "Friend.h"
@implementation Friend
@synthesize name = _name; // setter and getter 생성
@synthesize address = _address;
@synthesize phone = _phone;
-(void) print
{
   NSLog(@"name:%@ phone:%@ address:%@",
          self.name, self.phone, self.address);
}
@end
```

[단계 5] 생성된 Friend 클래스를 이용하여 NSString 예제를 확인하기 위하여 다음의 main() 함수를 만들어 그 기능을 확인한다.

main.m

```
#import "Friend.h"
int main(int argc, char * argv[])
{
  @autoreleasepool {
     NSString *aName = @"dkhong";
     NSString *aPhone = @"1234-5678";
     NSString *aAddress = @"123 Sun street";

    Friend *aFriend = [[Friend alloc] init];
    aFriend.name = aName;
    aFriend.phone = aPhone;
    aFriend.address = aAddress;

    [aFriend print];
  }
  return 0;
}
```

9.3.2 친구 리스트 예제

앞의 예제를 확장하여 여러 명의 친구를 저장하는 친구 리스트의 경우 다음과 같이 배열 오브젝트를 사용한다.

[단계 1] 새로운 클래스 FriendList를 만든다.

FriendList.h

```
#import <Foundation/Foundation.h>
#import "Friend.h"
@interface FriendList: NSObject
@property (nonatomic, strong) NSMutableArray *myList;
@end
```

FriendList.m

```
#import "FriendList.h"
@implementation FriendList
@synthesize myList = _myList; // setter and getter 생성
-(void) setMyList {
  if (_myList == nil)
     _myList = [[NSMutableArray alloc] init];
}
@end
```

main.m

```
#import "Friend.h"
int main(int argc, char * argv[])
{
  @autoreleasepool {
     NSString *aName = @"dkhong";
     NSString *aPhone = @"1234-5678";
     NSString *aAddress = @"123 Sun street";

    Friend *aFriend = [[Friend alloc] init];
    FriendList *aFriendList =[[FriendList alloc] init];
    aFriend.name = aName;
    aFriend.phone = aPhone;
    aFriend.address = aAddress;

    [aFriendList.myList addObject: aFriend];
  }
  return 0;
}
```

9.4 딕셔너리 (Dictionary) 오브젝트

딕셔너리는 키-오브젝트 (key-object)로 구성된 데이터의 모임이다. 따라서 키를 사용하여 저장된 오브젝트를 가져올 수 있다. 딕셔너리에서 키는 고유하여야 하며, 키는 어떤 오브젝트 형식이어도 상관없지만 일반적으로 스트링 형식을 가진다. 또 실행 시점에 그 내용을 변경할 수 있는 NSMutableDictionary 또는 변경 불가능한 NSDictionary 형식으로 구성될 수 있다.

딕셔너리 예제

```
#import <Foundation/Foundation.h>
int main(int argc, char * argv[])
{
  @autoreleasepool {
    NSMutableDictionary *phoneBook = [NSMutableDictionary dictionary];
    [phoneBook setObject: @"123-1456" forKey: @"dkhong"];
    [phoneBook setObject: @"333-4567" forKey: @"jhpark"];
    [phoneBook setObject: @"123-456" forKey: @"bykim"];

    NSLog(@"dkhong phone number is %@",
          [phoneBook objectForKey:@"dkhong"]);
  }
  return 0;
}
```

10. 메모리 관리 및 ARC (Automatic Reference Counting)

어떤 오브젝트가 더 이상 사용되지 않는다면 그 오브젝트가 사용한 메모리는 운영체제에서 다시 재활용할 수 있다. Xcode 4.2이전에는 메모리 관리가 수동으로 이루어져 프로그래머에게 매우 중요한 문제이었다. 하지만 Xcode 4.2와 함께 ARC를 사용함으로써 메모리 관련 문제를 더 이상 프로그래머에게 넘기지 않는다. 메모리의 수동 관리에서는 assign, retain, copy를 사용한다.

assign

Primitive C 타입에서는 (int, float, …) assign을 사용하여야 한다. 또 BOOL, NSNumber도 assign을 사용한다. delegate도 "retain cycle"을 피하기 위하여 assign을 사용한다. 만약 다른 옵션을 선택하지 않는다면 assign이 디폴트이다. assign은 retain과는 달리 참조 count가 증가되지 않는다.

```
@property (nonatomic, assign) id <NameOfDelegateProtocol> delegate;
```

retain

어떤 property의 값이 특정 오브젝트로 설정된 경우를 예를 들어보자. 만약 그 오브젝트의 값이 바뀔 경우 property의 값도 같이 바뀌기를 원한다면 retain을 사용하여야 한다. NSObject는 NSCopying 프로토콜을 준수하지 않는다. 많은 모델 객체는 (MVC에서 모델을 의미) NSObject를 상속받으므로 모델 오브젝트는 retain을 사용한다. NSManagedObject도 NSCopying 프로토콜을 준수하지 않으므로 retain을 사용한다.

```
if (property != newValue) {
   [property release];
   [property = [newValue retain]; // 이렇게 하면 newValue의 참조 count가 1 증가
}
```

copy

배정 연산에 오브젝트의 복사본을 사용하라는 의미이다. 이때 이전 값은 release 된다. 현재의 값을 copy함으로써 그 오브젝트의 다른 owner가 변경시키는 내용은 반영하지 않는다. NSCopying protocol을 구현한 오브젝트에만 해당된다.
NSCopying 프로토콜을 준수하는 것들은 NSString, NSArray, NSDictionary 등이 있다.

```
@property (nonatomic, copy) NSString *string;
```

앞의 프로퍼티에 대해서 다음과 같은 setter가 만들어지게 된다.

```
-(void)setString:(NSString *)newString {
   if (string != newString) {
      [string release];
      string = [newString copy];
   }
}
```

```
@property (nonatomic, copy) NSMutableArray *myArray;
```

이 경우 mutable을 원한다면 setter를 다음과 같이 생성해야 한다.

```
- (void)setMyArray:(NSMutableArray *)newArray {
    if (myArray != newArray) {
        [myArray release];
        myArray = [newArray mutableCopy];
    }
}
```

10.1 ARC에서 Strong과 Weak

ARC를 사용하는 경우 포인터 변수는 strong, 또는 weak을 사용할 수 있다.

10.1.1 Strong 변수

ARC는 메모리 관리를 효율적으로 관리하기 위하여 오브젝트의 retain count를 유지하고 있다. 이때 ARC는 다 사용한 오브젝트는 release 하게 되는데 strong은 그 오브젝트를 계속 유지하라는 의미이다. nonARC에서 retain과 같은 의미이다. ARC를 사용하면 더 이상 retain, release, autorelease를 사용하지 않는다. 기본적으로 모든 포인터 변수는 Strong 변수이다. 따라서 어떤 오브젝트를 그 변수에 배정 (assign)하면 그 오브젝트는 retain된다.

2개의 Triangle 클래스 오브젝트를 예로 살펴보자. t1과 t2는 각각 서로 다른 삼각형을 위한 포인터이다.

```
Triangle *t1 = [Triangle alloc] init];
Triangle *t2 = [Triangle alloc] init];
```

다음 문장을 실행하면 이제 t1과 t2가 모두 같은 오브젝트에 대한 포인터가 된다. 그러면 원래 t2가 가리키던 오브젝트는 어떻게 되는가?

```
t2 = t1;
```

ARC에서 t1과 t2를 strong 변수로 사용하면 (ARC에서 모든 포인터 변수는 전부 strong 변수) 앞의 배정문은 실제로 다음과 같이 3개의 문장으로 대체되어 실행된다.

```
[t1 retain]; // t1이 가리키던 오브젝트의 retain count가 1 증가
```

```
[t2 release];
t2 = t1;
```

주의할 점은 property는 디폴트가 strong이 아니라 assign으로 되어 있다. 따라서 strong property를 사용할 경우 다음과 같이 반드시 strong으로 명시해야 한다.

```
@property (strong, nonatomic) NSMutableArray *friendList;
```

strong property는 아이폰의 이벤트 사이클 동안 배정 연산에서 retain을 사용하여 그 변수가 항상 생존하게 한다.

10.1.2 Weak 변수

2개의 오브젝트가 서로 참조를 하는 경우 만약 1개의 오브젝트가 없어지면 참조하는 오브젝트는 존재하지 않는 것을 참조하게 되어 시스템을 해치게 된다. 만약 이를 막을려고 양쪽이 모두 strong 참조를 하게되면 retain 사이클이 형성되어 나중에 어떤 것도 없애지 못하게 된다. 이런 문제를 해결하기 위하여 만든 오브젝트 변수가 weak 변수이다.

weak 변수는 참조하는 오브젝트가 제거되는 것을 (deallocation) 막지 않으며, 그 참조되는 오브젝트가 제거되면 자동으로 nil을 배정하여 존재하지 않는 것을 참조하는 일이 없게 만든다.

오브젝트를 소유하고 있지는 않으며 그 오브젝트가 assign될 때부터 오브젝트의 상태를 계속 추적하다가 그 오브젝트가 release되면 그 값을 잃어버린다.

```
@property (nonatomic, weak) IBOutlet UIImageView *image_view;
```

strong, weak, retain, copy, assign은 상호 배타적 (mutually exclusive)이다. 따라서 어떤 오브젝트에 대해서 같이 사용할 수 없다.

11. 파일 처리

Foundation 프레임워크의 NSFileManager 클래스는 파일 시스템을 억세스하고 파일과 폴더에 대한 기본 기능을 제공한다. 기본적으로 파일 시스템은 UNIX 형식을 사용하므로 (/) 기호를 이용하여 path를 지정한다.

11.1 NSFileManager 클래스

NSFileManager 클래스 오브젝트는 다음과 같이 defaultManager 메소드를 호출하여 만들어진다.
NSFileManager *fm = [NSFileManager defaultManager];

NSFileManager 클래스의 오브젝트에서 사용하는 중요한 메소드는 다음과 같다.

NSFileManager file 메소드	설 명
-(NSData *) contentsAtPath:*path*	매개변수 *path*는 NSString의 파일의 경로, *path*로 지정된 파일을 읽어온다. 반환형은 NSData 형식이다.
-(BOOL) createFileAtPath:*path* contents: (NSData *)*data* attributes:*attr*	*data*를 *path*로 지정된 파일에 저장 *attr*은 파일의 소유자, 그룹, 파일 엑세스 권한 등이 정보를 나타낸다.
-(BOOL) removeItemAtPath:path error:*err*	파일 삭제
-(BOOL) moveItemAtPath:*from* toPath:to error:*err*	파일 이동 (*to* 파일은 존재하지 않아야 한다)
-(BOOL) copyItemAtPath:*from* toPath:to error:*err*	파일 복사 (*to* 파일은 존재하지 않아야 한다)
-(BOOL) fileExistsAtPath:*path*	파일이 존재하는지 확인
-(BOOL) isReadableFileAtPath:*path*	파일이 존재하며 읽을 수 있는 파일인지 확인
-(BOOL) isWritableFileAtPath:*path*	파일이 존재하며 쓰기가 가능한 파일인지 확인

NSFileManager의 사용 예제

```
NSArray *paths = NSSearchPathForDirectoriesInDomains(
                NSDocumentDirectory, NSUserDomainMask, YES);
NSString* documentDirectory = [paths objectAtIndex:0];
// path는 경로와 파일 이름을 포함 예: "/user/documents/image.png"
NSString* path =[documentDirectory
                    stringByAppendingPathComponent:file_name];

// path는 경로와 파일 이름을 포함 예: "/user/documents/image.png"
// 파일이 존재하는지 확인
NSFileManager *fileManager = [NSFileManager defaultManager];
if ([fileManager fileExistsAtPath:path])
{
   // 파일이 존재하면 파일 삭제
   [fileManager removeItemAtPath:path error:NULL];
     ...
```

11.2 NSData 클래스

파일에서 contentsAtPath: 메소드를 이용하여 데이터를 읽어오면 그 데이터는 NSData 클래스 오브젝트에 저장되며, createFileAtPath:contents:attributes: 메소드로 데이터를 파일에 저장할 때도 NSData 오브젝트가 필요하다. NSData는 파일에서 읽은 데이터를 임시로 저장하는 버퍼의 기능을 수행하는 클래스이다.

NSData 클래스 사용 예제

```
#import <Foundation/Foundation.h>
int main(int argc, char * argv[])
{
  @autoreleasepool {
      NSFileManager *fileManager;
      NSData *fileData;

      fileManager = [NSFileManager defaultManager];
      fileData = [fileManager contentsAtPath: @"testfile1"];
      if (fileData == nil) {
         NSLog(@"File cannot read");
         return 1;
      }
      if ([fileManager createFileAtPath:@"testfile2"
                    contents:fileData attributes:ni;] == NO) {
         NSLog(@"Cannot create file");
         return 2;
      }
      NSLog(@"Successfully copied");
  }
  return 0;
}
```

11.3 Directory (Folder)

iOS 파일 시스템에서 파일에 적용되는 메소드는 폴더에 그대로 적용된다. 다음은 폴더에만 적용되는 중요한 메소드들이다.

NSFileManager directory 메소드	설 명
-(NSString *) currentDirectoryPath	현재 폴더의 경로를 읽어온다
-(BOOL) createDirectoryAtPath:*path* withIntermediateDirectories:(BOOL)*flag* attributes:*attr*	새로운 폴더 생성
-(NSArray *) contentsOfDirectoryAtPath:*path* error:*err*	폴더의 내용 리스트 출력
-(NSDirectoryEnumerator *) enumeratorAtPath:*path*	폴더의 내용을 recursive하게 리스트 출력 (폴더 안에 다른 폴더가 있을 경우)

Directory 내용 출력

```
#import <Foundation/Foundation.h>
int main(int argc, char * argv[])
{
  @autoreleasepool {
      NSFileManager *fileManager;
      NSString *path;
      NSArray *dirArray;

      fileManager = [NSFileManager defaultManager];
      path = [fileManager currentDirectoryPath];
      dirArray = [fileMananger contentsOfDirectoryAtPath:path error:NULL];
      for (path in dirArray)
          NSLog(@"%@", path);
  }
  return 0;
}
```

11.4 NSBundle 클래스

앱의 파일 시스템 구조에서 그 앱과 관련된 실행 파일과 모든 리소스 즉 이미지, 아이콘 등등은 앱의 번들에 저장된다. 앱에서 번들에 저장된 리소스를 억세스하기 위해서는 NSBundle 클래스를 사용한다.

[NSBundle mainBundle]은 앱의 번들 폴더를 알려준다.

```
NSBundle *bundle = [NSBundle mainBundle];
NSString *pngFilePath  = [bundle pathForResource:@"sky" ofType: @"png"];
```

번들에 있는 데이터베이스를 억세스하는 과정은 다음과 같다.

번들의 DB 억세스

```
...
NSString *databaseName = @"MyDB";
NSFileManager *fileManager = [NSFileManager defaultManager];

NSString *bundlePathDB  = [[[NSBundle mainBundle]
          resourcePath] stringByAppendingPathComponent:databaseName];

// 데이터베이스 파일이 존재하는지 검사하려면 다음과 같이
  if ([fileManager fileExistsAtPath:bundlePathDB])
  {
    ...
```

Chapter 3

아이폰 앱 프로그래밍 소개

1. 가장 첫 번째 생성하는 아이폰 앱
2. 명령버튼을 사용한 "Hello World" 앱
3. 아이폰 앱의 MVC 패턴
4. 텍스트 필드 사용 앱
5. 앱 아이콘 추가
6. Notification 통신

1장에서 설명한 앱 개발도구 Xcode와 2장에서 설명한 오브젝티브-C를 이용하여 아이폰 앱 또는 앱 프로그램을 만들어보자. 아이폰 프로그램은 iOS 장비의 앱 프로그램을 통칭해서 부르는 용어로 화면 크기에 따른 사용자 인터페이스의 조정은 필요하지만 아이폰, 아이팟 터치, 아이패드, 아이패드 미니에서 모두 실행가능하다.

1. 가장 첫 번째 생성하는 아이폰 앱

아이폰 프로그래밍을 위해서는 통합개발도구 Xcode와 iOS SDK가 필요하다. 본 저서의 예제는 Mac OS X에서 Xcode 4.2와 iOS5 SDK를 이용하여 테스트하였다. 먼저 아이폰 화면에 "Hello World"를 출력하는 가장 간단한 앱을 만들어보자.

[단계 1] Xcode에서 Single View Application 템플릿으로 새로운 프로젝트 생성한다. (생성된 프로젝트 이름은 편의상 myhello로 지정)

[단계 2] 프로젝트를 생성 후 아이폰 시뮬레이터에서 앱을 실행하면 [그림 1]과 같이 빈 화면을 가진 아이폰이 나타난다. 먼저 템플릿에서 생성한 파일들을 [그림 1]에서 살펴보면 'Supporting Files'에 main 함수를 포함하고 있는 main.m과 앱 라이프 사이클을 지원하는 AppDelegate 파일이 있는데 이 파일들은 수정할 내용 없이 그대로 사용하면 된다.

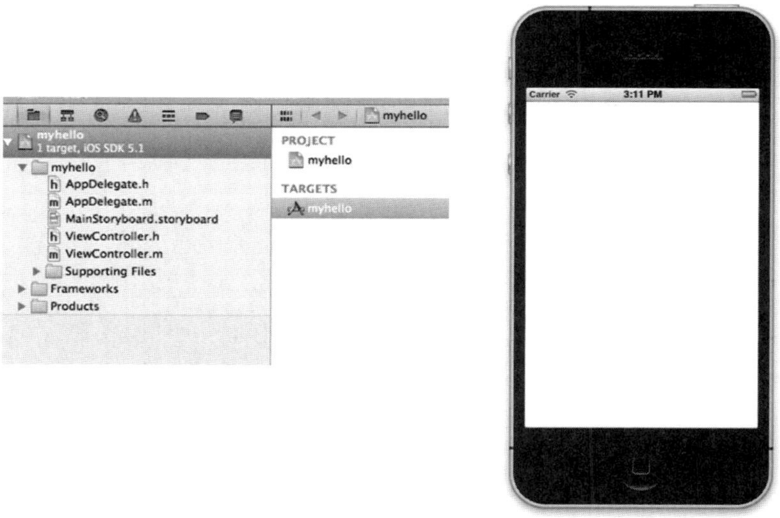

그림 1. 생성된 파일과 빈 실행 화면

[단계 3] 화면에 Hello World!를 출력하는 가장 간단한 방법으로 [그림 2]와 같이 스토리보드 (storyboard)를 오픈한 후 Xcode 화면 오른쪽 아래에 있는 오브젝트 라이브러리 (Object library)에서 Label을 찾는다. 그 다음 레이블을 드래그하여 view에 위치하고, 애트리뷰트 인스펙터 (Attribute Inspector)에서 그 레이블의 Text 속성을 “Hello World!"로 지정한다.

[단계 4] Xcode에 제공되어 있는 아이폰 시뮬레이터에서 앱을 다시 실행한다. (수정된 내용은 자동으로 저장되고, 다시 컴파일되어서 실행된다) [그림 3]에서 실행된 화면을 확인할 수 있다.

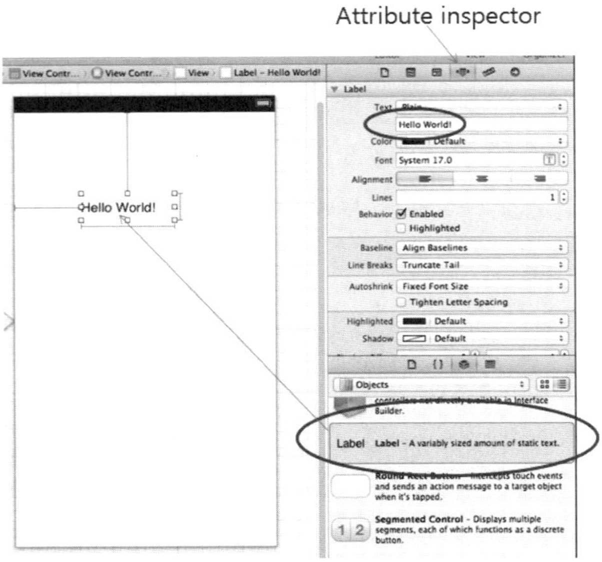

그림 2. 스토리보드에서 뷰 화면 설정

그림 3. 실행 화면

첫 번째 예제는 스토리보드 이외의 다른 파일은 전혀 변경하지 않았다.

2. 명령버튼을 사용한 "Hello World" 앱

앞에서 보여준 간단한 앱과는 다른 형식으로 명령버튼을 누르면 화면에 "Hello World!"를 출력하는 앱을 만들어보자. 명령버튼을 누르는 이벤트에 동작하도록 target/action 기능이 필요하며, 컨트롤러에서 레이블에 스트링을 출력하기 위해서 Outlet 기능이 필요하다. target/action 기능과 Outlet 기능은 아이폰 프로그램에서 가장 많이 사용되는 기능으로 다음의 [그림 4]와 같이 Xcode의 스토리보드에서 쉽게 생성 가능하다.

[단계1] Xcode에서 Single View Application 템플릿으로 새로운 프로젝트를 생성한다. (생성된 프로젝트 이름은 편의상 myhello2로 지정)

[단계 2] 스토리보드를 오픈한 후, Xcode의 오른쪽 하단에 있는 오브젝트 라이브러리에서 label과 버튼을 찾아 뷰의 적당한 위치에 드래그하여 배치한다.

[단계 3] Xcode의 화면 구성을 왼쪽에는 스토리보드, 그리고 오른쪽에는 보조 에디터를 오픈하여 오른쪽 에디터에서 ViewController.h를 오픈한다.

[단계 4] 스트로보드의 label에서 오른쪽 보조 에디터쪽으로 컨트롤-드래그하여 팝업 메뉴에서 Outlet을 선택한 후 이름을 지정한다. (여기서는 hello_label) 모든 Outlet은 property로 선언되며 메모리 관리 기법으로 ARC를 사용하므로 weak 변수로 만들어진 것을 확인할 수 있다.

[단계 5] 출력 버튼에서 컨트롤-드래그하여 이번에는 Outlet이 아니라 target/action을 생성한다. 메소드 이름을 print:로 지정하면 다음의 [그림 4]와 같이 메소드 정의가 만들어진다. (여기서 sender는 UIButton이 될 것이며, id는 모든 오브젝트의 포인터로 사용된다)

그림 4. IBOutlet과 IBAction 구성

[그림 4]는 왼쪽의 스토리보드에 있는 레이블과 명령버튼에서 오른쪽의 코드 에디터로 컨트롤-드래그하여 outlet과 target/action을 생성한 것을 보이고 있다. Outlet의 경우 property로 생성된 것을 볼 수 있다. property의 경우 2장의 오브젝티브-C에서 설명한 것과 같이 반드시 @synthesize하여 프로퍼티의 setter와 getter가 만들어지게 하여야 한다.

[단계 5] 오른쪽의 보조 에디터에서 ViewController.m을 오픈한다. 그리고 hello_label 프로퍼티를 @synthesize하여 setter와 getter를 만든다.

```
// ViewController.m에 setter와 getter 생성
@synthesize hello_label = _hello_label;
```

여기서 hello_label은 프로퍼티이며, _hello_label은 프로퍼티가 사용하는 인스턴스 변수이다. 따라서 오브젝티브-C 프로그램은 직접 인스턴스 변수를 억세스하지 않고 프로퍼티의 getter와 setter를 사용한다.

[단계 6] 버튼을 누르면 hello_label의 텍스트 속성에 "Hello World!" 스트링을 배정하여 그 내용이 화면에 출력되게 하기 위하여 다음의 메소드를 구현한다.

```
- (IBAction)print:(id)sender {
  self.hello_label.text = @"Hello World!";
}
```

[단계 7] 시뮬레이터에서 실행해보자. 변경된 파일은 자동으로 저장된 후 컴파일되어 시뮬레이터에서 다음과 같이 실행할 수 있다. [그림 5]에서 '출력' 버튼을 누르면 label의 내용이 Hello World!로 출력되는 것을 확인할 수 있다.

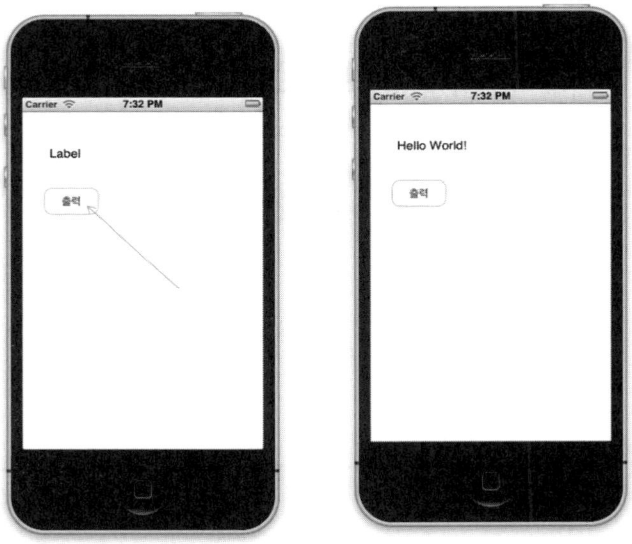

그림 5. 버튼을 눌러 내용 출력

3. 아이폰 앱의 MVC 패턴

애플의 아이폰 프로그램 앱 기본 패턴은 MVC (Model-View-Controller) 패턴을 따른다. MVC에서 가장 핵심 되는 부분은 '뷰 컨트롤러'로 프로그램 전체의 흐름을 주관한다. '뷰 컨트롤러'는 뷰에 있는 사용자 인터페이스를 통하여 데이터를 출력하기도 하고, 또 사용자의 입력을 받아 처리한다. '뷰 컨트롤러'는 복잡한 데이터를 처리할 때 모델에게 요청하여 처리한 후 그 결과를 다시 뷰에게 전달하여 사용자에게 전달한다. 따라서 데이터 연산이 많지 않은 프로그램의 경우 일반적으로 '모델'은 자주 생략되기도 한다.

3.1 MVC 패턴 구조

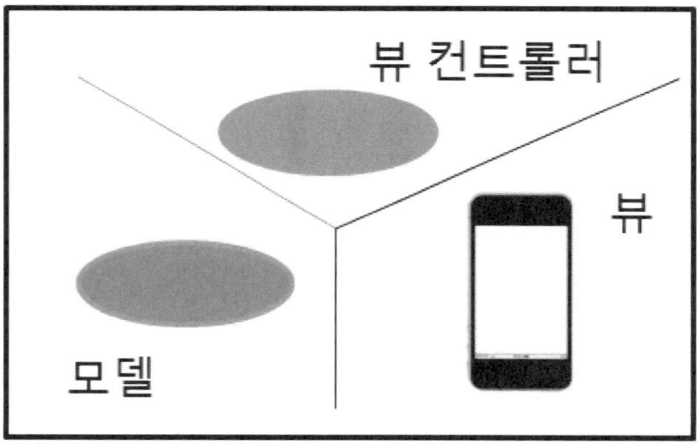

그림 6. MVC 프로그램 패턴

간단한 프로그램의 경우 1개의 MVC로 표현한다 하지만 여러 개의 화면이 필요한 복잡한 프로그램은 1개의 MVC로 처리하지 못하는 경우가 많다. 이 경우 1개의 MVC가 아니라 여러 개의 MVC를 연결하여 사용한다. 특히 아이폰은 작은 화면 때문에 다른 화면으로 화면 전환이 많은데 다른 화면으로 전환될 때마다 새로운 MVC를 추가하여 프로그램을 구성한다.

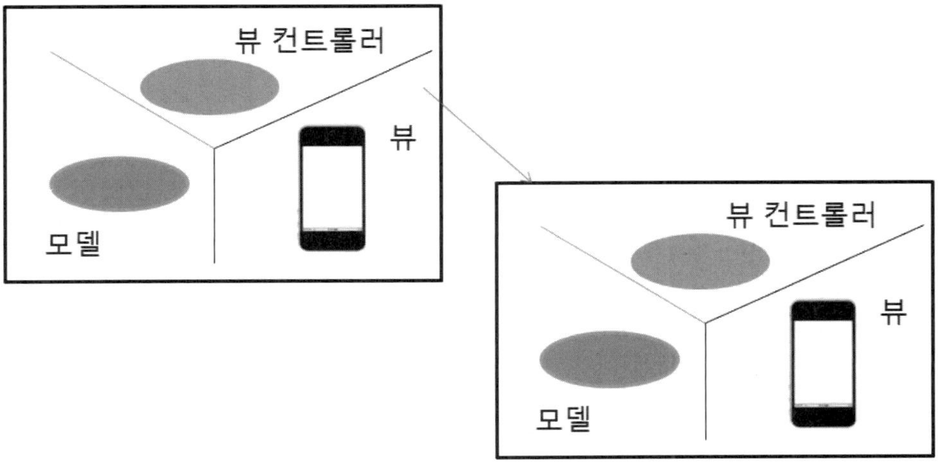

그림 7. 2개의 MVC를 사용한 프로그램

Xcode에서 아이폰 템플릿을 사용한 아이폰 앱을 생성할 때 기본적으로 생성된 뷰는 MainStoryboard.storyboard 파일에서 확인할 수 있다. 그리고 뷰를 컨트롤하는 view controller의 역할을 하는 파일은 ViewController.[hm] 파일이다. (파일의 이름은 변경 가능하다) 따라서 템플릿에서 MVC 패턴의 V와 C에 해당하는 뷰와 컨트롤러 기본적으로 만들어지며, 필요할 경우 새로운 뷰와 컨트롤러를 추가할 수 있다. 또 M에 해당하는 모델 파일은 따로 생성하여야 한다.

3.2 컨트롤러와 뷰의 정보교환

아이폰의 MVC 프로그램 패턴에서 뷰와 뷰컨트롤러 사이의 정보 교환에서 가장 일반적으로 사용되는 방식은 target/action과 outlet이다. 뷰에 생성되는 사용자 인터페이스에서 레이블, 텍스트 박스 등은 수동적으로 정보를 표현하는 것으로 뷰에서 컨트롤러로 컨트롤-드래그하여 다음의 형식으로 outlet을 생성한다. 그 후 생성된 속성 프로퍼티 (여기서는 hello_label에 값을 부여하면 그 값이 연결된 인터페이스에 나타나게 된다. (@property에 대한 자세한 내용은 2장 오브젝티브-C에서 설명)

```
@property (weak, nonatomic) IBOutlet UILabel *hello_label;
```

반면 뷰에 생성되는 명령 버튼 등은 특정 컨트롤러가 이벤트에 반응을 (메소드 실행) 해 주기를 원한다. 따라서 명령 버튼과 같은 특정 사용자 인터페이스에 1개의 메소드를 연결하는 방법으로 target/action을 사용한다.

(IBAction)print:(id) sender;

명령 버튼에 앞의 target/action을 생성한 경우 그 버튼을 누르면 print: 메소드가 실행된다. (print: 메소드에 :가 있는 것은 매개 변수가 있는 경우이다) 매개변수 (id) sender는 메소드를 호출한 쪽을 나타내는 것으로 앞의 경우 명령 버튼이 sender가 된다. (id는 모든 오브젝트에 대한 포인터라는 의미이다. 포인터 기호 *는 생략한다.)

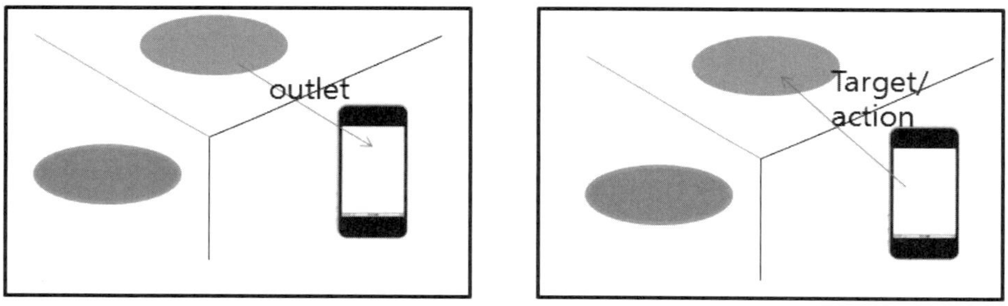

그림 8. outlet과 target/action

4. 텍스트 필드 사용 앱

target/action과는 다른 방식의 클래스 간의 메시지 전달 방법으로 iOS에서 많이 사용되는 방법으로 프로토콜 (Protocol) 방법이 있다 (2장 오브젝티브-C에서 설명). 예를 들어 아이폰, 아이패드 등은 키보드가 따로 분리 되어 있지 않아 텍스트필드에서 입력을 할 경우 키보드가 필요에 따라 화면에 나타났다가 또 필요하지 않으면 화면에서 사라져야 한다. 이 기능은 텍스트 필드에 있는 것이 아니라 텍스트 필드가 붙어있는 뷰의 '뷰 컨트롤러' (View Controller)가 대신해서 해주는 기능으로, 뷰 컨트롤러가 텍스트 필드의 delegate 역할을 하여 그 기능을 제공해 주어야 한다. (이 앱은 간단한 프로그램이지만 텍스트 필드의 delegate 때문에 약간 어렵게 느껴짐)

다음과 같은 화면을 가진 앱을 만들어 텍스트 필드에 텍스트를 입력하고, 'Hello" 버튼을 누르면 'Hello'와 입력한 텍스트 필드의 내용을 결합하여 레이블에 출력하게 해보자. 그리고 텍스트 필드를 선택했을 때 나타난 키보드는 [완료] 버튼을 누르면 다시 사라지게 해보자.

그림 9. 텍스트 출력 화면

[단계1] Xcode에서 Single View Application 템플릿으로 새로운 프로젝트 생성한다. (생성된 프로젝트 이름은 편의상 helloworld로 지정)

[단계 2] 스토리보드를 오픈한 후, Xcode의 오른쪽 하단에 있는 오브젝트 라이브러리에서 label, 버튼, 텍스트 필드를 찾아 뷰의 적당한 위치로 드래그하여 배치한다.

[단계 3] 버튼의 text는 Hello로 설정한다.

[단계 4] 스토리보드의 레이블과 텍스트 필드에서 보조 에디터에 오픈한 ViewController.h로 '컨트롤 드래그'하여 각각의 IBOutlet인 label과 textField를 생성한다.

[단계 5] 스토리보드의 버튼에서 ViewControll.h로 '컨트롤 드래그'하여 changeGreeting: 메소드를 정의한다.

```
// ViewController.h에 정의된 내용
@property (weak, nonatomic) IBOutlet UITextField *textField;
@property (weak, nonatomic) IBOutlet UILabel *label;
-(IBAction)changeGreeting:(id)sender;
```

[단계 6] 보조 에디터에 ViewController.m 파일을 오픈하여 @synthesize를 추가하여 각각의 프로퍼티에 setter와 getter를 생성한다.

```
@synthesize label = _label;
@synthesize textField = _textField;
```

[단계 7] ViewController.m에서 메소드 changeGreeting:을 구현한다. 명령버튼을 누르면 다음의 메소드를 실행하여 "Hello" 스트링과 텍스트필드에 입력한 내용을 결합하여 새로운 스트링 오브젝트 greeting을 만든 후 label에 출력한다. 2장에서 설명한 것과 같이 %@는 오브젝트를 출력하는 포맷 형식을 나타낸다.

```
- (IBAction)changeGreeting:(id)sender {
        NSString *nameString = self.textField.text;
        NSString *greeting =
                [[NSString alloc] initWithFormat:@"Hello, %@!", nameString];
        self.label.text = greeting;
}
```

텍스트 필드에서 텍스트를 입력하려고 하면 자동으로 키보드가 나타난다. 이때 화면 하단에 나타난 키보드를 다시 사라지게 하기 위해서는 〈UITextFieldDelegate〉 프로토콜에 정의되어 있는 textFieldShouldReturn: 메소드의 구현이 필요하다. 텍스트필드를 위해서 다음과 같이 메소드를 구현하여야 하는데 텍스트 필드 자체는 generic하게 유지되어 메소드를 구현할 장소가 없다. 따라서 textFieldShouldReturn: 메소드를 구현할 적절한 위치는 ViewController.m이다. 즉 ViewController가 텍스트필드를 대신 하여 이 기능을 수행하므로 ViewController에 다음의 메소드를 구현하고, viewcontroller가 대신 이 기능을 구현하고 있다는 것을 (viewcontroller가 UITextFieldDelegate 프로토콜을 준수하고 있다) 나타내기 위하여 viewcontroller.h에 〈UITextFieldDelegate〉을 추가한다.

[단계 8] ViiewController.h에 다음과 같이 〈UITextFieldDelegate〉 추가

```
@interface ViewController : UIViewController <UITextFieldDelegate>
```

[단계 9] ViewController.m에 textFieldShouldReturn: 메소드 구현

```
- (BOOL) textFieldShouldReturn:(UITextField *)theTextField {
        if (theTextField == self.textField) {
        [theTextField resignFirstResponder]; // 키보드를 사라지게 한다.
        }
        return YES;
}
```

[단계 10] 다음 과정을 빠트리지 않게 꼭 추가

앞의 [단계 9]는 〈UITextFieldDelegate〉 프로토콜을 준수한다는 것과 그리고 그 프로토콜을 구현하는 과정이다. 마지막으로 〈UITextFieldDelegate〉 프로토콜을 준수하면서 그 프로토콜을 구현한 것 중에서 텍스트필드의 실제 delegate가 누구인지를 나타내는 과정이 꼭 필요하다. 이 과정은 [그림 10]과 같이 텍스트필드에서 컨트롤러로 'ctl-drag'하여 컨트롤러에서 릴리스한 후 팝업 메뉴에서 'delegate'을 선택한다.

[단계 11] 텍스트 필드의 delegate가 제대로 되어 있는지 확인은 [그림 10]의 Connection Inspector에서 확인할 수 있다.

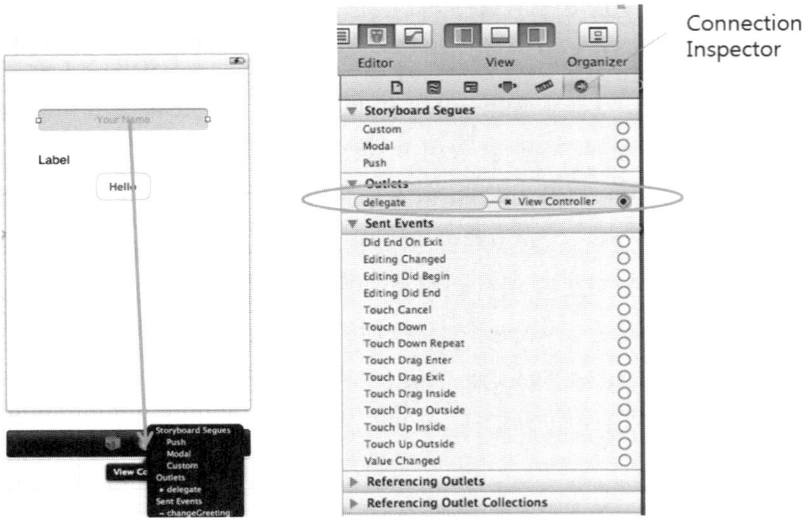

그림 10. 텍스트필드 delegate 설정 및 확인

[단계 12] [그림 9]와 같은 실행화면에서 완료 버튼을 누르면 키보드가 사라지는 것을 확인할 수 있다.

(* 아이폰 시뮬레이터에 한글 키보드가 없는 경우 다음의 방법으로 한글 키보드를 추가할 수 있다. 시뮬레이터의 홈 버튼 - 설정 - 일반-키보드에 가면 시뮬레이터의 키보드에 대한 설명 내용이 있다. [다국어 키보드]-[새로운 키보드 추가]에서 필요한 키보드를 추가할 수 있다.)

5. 앱 아이콘 추가

"hello world"를 출력하는 아이폰 앱을 만들어 시뮬레이터에서 실행해보았다. 시뮬레이터에 만들어진 아이폰 앱을 찾아 다시 실행해보자. 아이폰 시뮬레이터 화면에는 만들어진 앱들의 아이콘이 [그림 11]과 같이 나타나 있다.
시뮬레이터에 만들어진 디폴트 앱의 모양은 [그림 11]과 같이 흰색의 네모로 만들어져 있다. 앱의 아이콘을 Safari, 설정 등과 같은 다른 프로그램처럼 보기 좋은 이미지 아이콘으로 만들어보자.

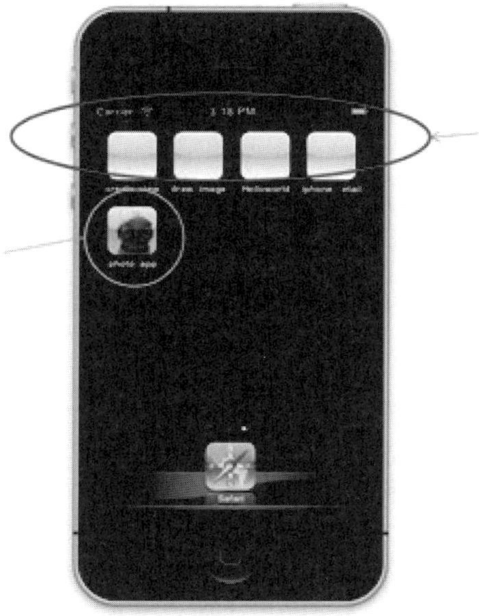

그림 11. 시뮬레이터의 앱 아이콘

5.1 이미지 아이콘 생성

먼저 앱 아이콘으로 사용할 이미지를 준비한다. 앱 아이콘은 다양한 그래픽 도구로 생성할 수 있으며, 기존의 이미지를 활용하기도 한다.

아이폰의 일반 디스플레이는 320x480의 해상도, 3.5인치 레티나 아이폰은 640x960의 해상도, 4인치 레티나의 경우 640x1136 해상도를 가지는 화면을 가진다. 따라서 앱 아이콘은 일반 디스플레이와 레티나 디스플레이에 따라 다른 해상도의 이미지를 요구한다. 일반 디스플레이에서는 57x57 픽셀의 크기를 요구하며, 오른쪽의 레티나 디스플레이는 114x114 픽셀의 크기를 요구한다. 다음의 화면 해상도와 아이콘의 크기를 요약한 것이다.

종류	화면 해상도	아이콘 크기
아이폰 일반 디스플레이	320 X 480	57 X 57
아이폰 레티나 디스플레이	640 X 960, 640 X 1136	114 X 114

5.2 이미지 아이콘 추가

먼저 준비된 이미지, 즉 일반 디스플레이를 위한 경우 57x57 이미지를 [그림 12]와 같이 프로젝트에 복사한다. 그 프로젝트의 'summary' 탭의 App Icons 네모 위치에서 마우스 오른쪽 버튼을 눌러 팝업 메뉴에서 아이콘 이미지를 선택하면 된다. [그림 12]와 같이 아이콘 이미지를 등록하고 시뮬레이터에 만든 앱의 모양은 앞의 [그림 11]의 2번째 줄에 있는 앱의 모양으로 나타난다.

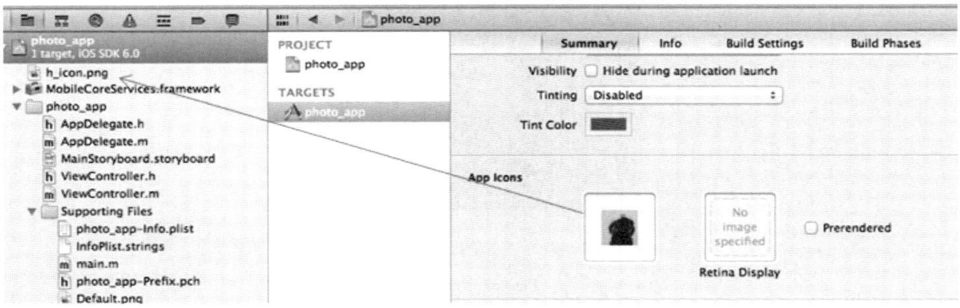

그림 12. 앱 아이콘 추가

6. Notification 통신

iOS 앱 프로그램에서 오브젝트들 사이의 통신 방법은 outlet, target/action, delegation, notification이 있다. 앞에서 레이블 텍스트 필드를 예제로 outlet에 대해서 설명하였으며, 버튼을 예제로 target/action을 설명하였다. 그리고 텍스트 필드의 키보드 처리를 위하여 프로토콜을 사용한 delegation의 사용도 설명하였다. 이 3가지 방법은 전부 어느 오브젝트와 통신을 하는지 알고 있는 상태에서 오브젝트들 사이의 통신이 이루어진다.

iOS의 notification은 기본적으로 일대다 (one-to-many) 형식의 통신 즉 broadcast 형식의 통신을 지원한다. notification을 받는 쪽을 observer라고 하며, notification을 보내는 오브젝트는 누가 observer인지 알 필요가 없다. 이 기능은 중간에 notification center 오브젝트가 있어서 observer로 등록한 모든 오브젝트들에게 어떤 이벤트가 발생했음을 동시에 알려준다.

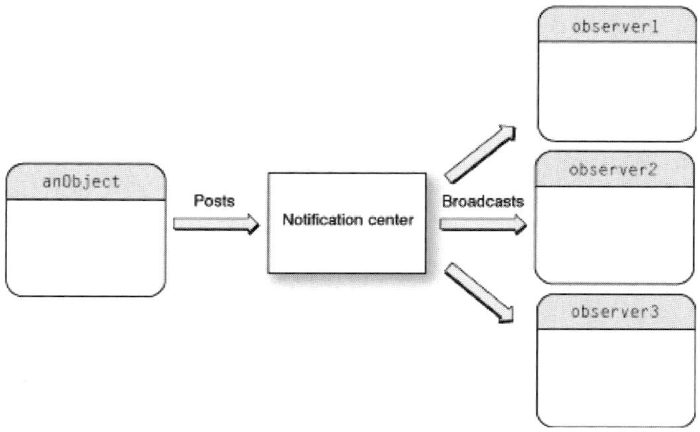

그림 13. notification 원리
(출처: iOS Developer library)

응용에 따라 iOS에서 제공하는 오브젝트들 사이의 통신 방법인 Outlet, Target/action, Delegation, Notification을 적절히 사용해야 한다.

Chapter 4

계산기 앱

1. 덧셈 계산기
2. 사칙연산 계산기
3. MVC 패턴 적용 계산기

첫 번째 숫자와 두 번째 숫자를 입력한 후 사칙 연산 버튼을 누르면 사칙 연산 결과를 출력하는 다음의 간단한 계산기를 만들어보자. 지금까지 배운 target/action, outlet, protocol을 모두 사용하는 앱 개발 과정이다. 먼저 덧셈만 지원하는 계산기를 만들어보고, 그 다음 사칙연산으로 확장하는 과정을 거친다.

1. 덧셈 계산기

[그림 1]의 덧셈 계산기를 만드는 과정을 알아보자. 그리고 나중에 사칙 연산으로 확장하는 과정을 알아보자.

그림 1. 간단한 덧셈계산기

[단계 1] 가장 먼저 Xcode에서 [그림 2]와 같은 [Single View Application]을 생성한다.

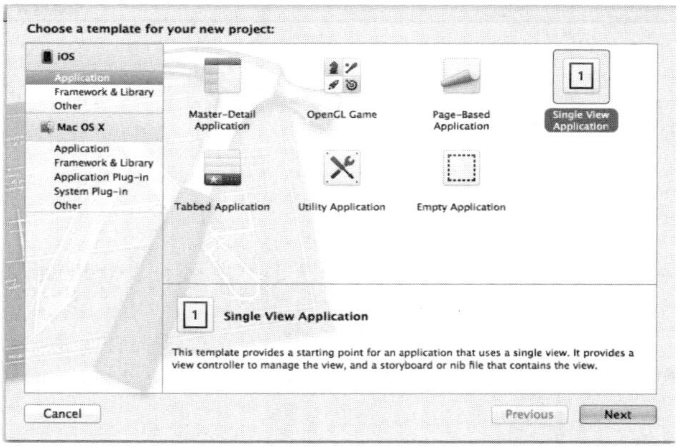

그림 2. Single View Application

[단계 2] 프로젝트 생성 후 스토리보드에서 앞에 있는 [그림 1]의 화면을 구성한다. 화면은 3개의 레이블, 3개의 텍스트 필드와 1개의 명령 버튼 (더하기 버튼)으로 구성된다. 실행하였을 때 2개의 텍스트 필드에서 숫자를 입력하고, 명령 버튼을 누르면 연산이 수행된 후 그 결과가 3번째 텍스트 필드에 출력되게 구성하려고 한다.

[단계 3] 3개의 텍스트 필드에 대한 Outlet을 구성한다. 스토리보드의 각 텍스트 필드에서 ViewController.h로 '컨트롤-드래그'하여 3개의 IBOutlet을 생성한다. 각각의 @property는 ViewController.m에서 @synthesize하여 내부적으로 setter와 getter를 생성한다.

[단계 4] 명령 버튼에 대한 target/action을 구성한다. 스토리보드의 명령버튼에서 ViewController.h.로 컨트롤-드래그하여 IBAction을 구성한다. (여기서는 do_op:로 메소드 이름을 구성한다)

텍스트 필드에 제공된 내용은 NSString 클래스 오브젝트이다. 덧셈 연산을 수행하기 위하여 먼저 NSString 오브젝트를 숫자로 변환 하여야 하는데 그 방법은? 텍스트 필드의 text 속성의 내용은 스트링 오브젝트이다. 따라서 floatValue 메소드를 이용하면 쉽게 숫자로 변환 가능하다. 그 다음 float 형식으로 표현된 연산 결과를 다시 스트링 오브젝트로 변환해야 하는 데 이때 %g를 사용한다. 실수인데 %f로 하지 않고 %g로 한 이유는 스트링 형식의 출력에서 가장 짧은 소숫점 형태로 표현하기 위함이다.

```
-- (IBAction) do_op:(id)sender {
{
        float result;
        result = [textField1.text floatValue] + [textField2.text floatValue];
        // 결과는 다시 스트링 오브젝트로 변환
        self.textField3.text = [NSString stringWithFormat:@"%g", result];
}
```

[단계 5] 키보드를 위한 delegate 설정
텍스트 필드의 키보드 처리 루틴을 위해서는 〈UITextFieldDelegate〉 프로토콜의 textFieldShouldReturn: 메소드를 구현하여야 하며, 그 다음 ViewController가 키보드의 delegate가 되게 설정하는 과정이 필요하다. 그 과정은 다음과 같다.

[단계 5-1] 2개의 숫자를 입력하는 텍스트 필드에 대한 delegate를 설정하는 방법은 [그림 3]과 같이 텍스트 필드에서 ViewController로 '컨트롤-드래그' 하고, 릴리스할 때 나타나는 팝업 메뉴에서 delegate를 선택한다. 이렇게 함으로써 뷰 컨트롤러가 키보드의 delegate가 되어 키보드 관련 기능 (protocol에 정의된 기능)을 수행한다.

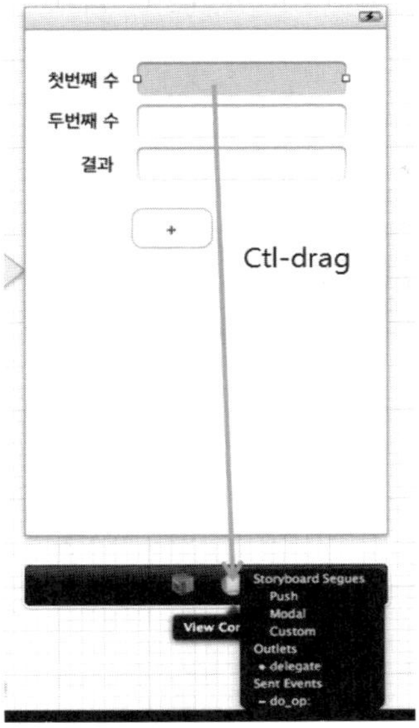

그림 3. 텍스트 필드 delegate 추가

[단계 6] ViewController.h에 〈UITextFieldDelegate〉를 추가한다. 이것은 ViewController가 UITextFieldDelegate 프로토콜을 준수한다는 의미이다.

```
@interface ViewController : UIViewController 〈UITextFieldDelegate〉
```

[단계 7] 마지막으로 ViewController.m에 다음의 〈UITextFieldDelegate〉에 정의된 protocol 메소드를 추가하여 [Done] 키보드 버튼을 누르면 키보드가 사라지게 된다. textField1과 textField2에 대해서 (즉 textField3에는 동작하지 않음) resignFirstResponder 메소드를 호출하여 키보드가 사라지게 만든다.

```
- (BOOL) textFieldShouldReturn:(UITextField *)theTextField {
        if (theTextField == self.textField1|| theTextField == self.TextField2)
                [theTextField resignFirstResponder];
        }
        return YES;
}
```

[그림 4]는 실행결과이다. [Done] 또는 [Return] 키보드 버튼을 누르면 키보드가 사라지게 된다.

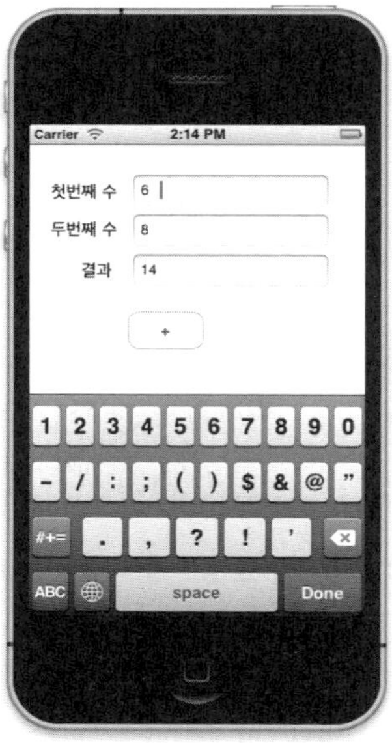

그림 4. 계산기 실행 결과

2. 사칙연산 계산기

앞의 덧셈 계산기를 확장하여 4칙 연산을 지원하는 사칙연산 계산기를 만들어보자. 4칙 연산은 '+', '-', '*', '/'의 4개의 버튼을 누르면 해당하는 연산을 수행하는 계산기이다.

[단계 1] 앞에서 만든 덧셈계산기의 화면을 확장 하여 3개의 버튼을 더 추가한다. (복사하여 추가하는 방법으로 옵션키를 누른 상태에서 드래그하면 버튼이 복사된다) 그리고 버튼의 문자를 사칙 연산에 맞게 버튼의 문자를 변경한다. 이 과정을 거치면 '+' 버튼에 연결된 target/action이 나머지 복사한 버튼에도 다 적용된다. [그

림 5]에서 보조 에디터의 do_op 메소드 옆에 있는 원을 누르면 왼쪽의 버튼 그림과 같이 그 메소드에 연결된 것들이 표시된다. 4개의 버튼이 모두 do_op: 메소드에 target/action으로 연결된 것을 알 수 있다.

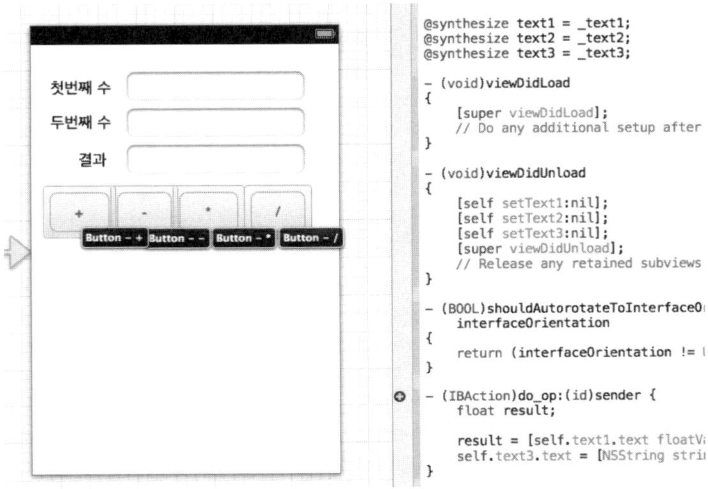

그림 5. 버튼을 복사하여 추가

[단계 2] target/action의 do_op: 메소드를 사칙 연산이 가능하게 다음과 같이 변경한다. 이때 사용자가 어느 버튼을 눌렀는지 알아내기 위하여 [[sender titleLabel] text] 정보를 이용한다.

사칙 연산의 지원

```
- (IBAction) do_op:(UIButton *)sender {
{
        float result, firstValue, secondValue;
        NSString *op = [[sender titleLabel] text];

        firstValue = [textField1.text floatValue];
        secondValue = [textField2.text floatValue];

        // 어느 버튼을 눌렀는지 확인
        if ([@"+" isEqual:op]) {
          result = firstValue + secondValue;
        } else if ([@"-" isEqual:op]) {
          result = firstValue - secondValue;
        } else if ([@"*" isEqual:op]) {
          result = firstValue - secondValue;
        } else if ([@"/" isEqual:op]) {
           if (secondValue != 0) {
              result = firstValue / secondValue;
           }
       }
       // 결과는 다시 스트링 오브젝트로 변환
       self.textField3.text = [NSString stringWithFormat:@"%g", result];
}
```

[단계 3] 2개의 숫자를 입력하고 사칙연산을 수행하여 기능이 올바르게 실행되는지 확인한다.

그림 4 사칙연산 지원

3. MVC 패턴 적용 계산기

아이폰 앱에서 MVC 패턴을 사용하는 이유는 복잡한 프로그램을 모듈화하여 프로그램의 개발과 유지, 보수를 쉽게 하기 위함이다. 앞의 예제는 뷰와 뷰컨트롤러로만 구성된 예제로 MVC 패턴에서 M에 해당하는 모델 기능이 생략되어 있다. 하지만 프로그램이 더 확장될 것을 고려하여 앞에서 개발한 사칙 연산 계산기 앱의 기능에서 사칙연산을 뷰컨트롤러가 아니라 모델에서 수행하게 앞의 예제를 MVC 패턴으로 변경하여 보자.

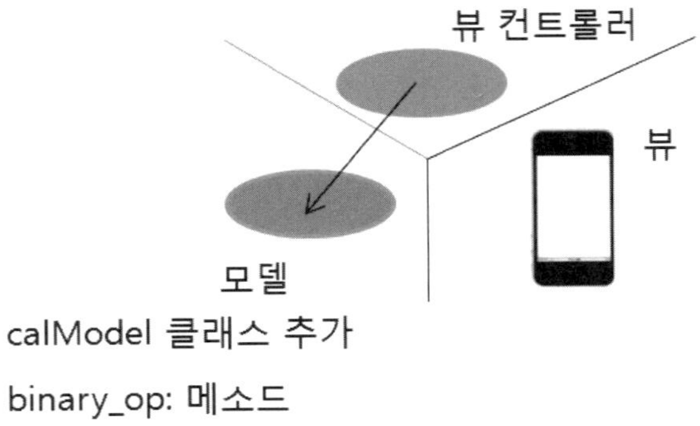

그림 7. MVC 패턴의 사칙 계산기

[단계 1] 새로운 모델 클래스 calModel 파일을 생성한다.
앞에서 사용한 프로젝트에 [File]-[New]에서 NSObject의 서브클래스로 새로운 파일 calModel.[hm]을 생성하여 추가한다.

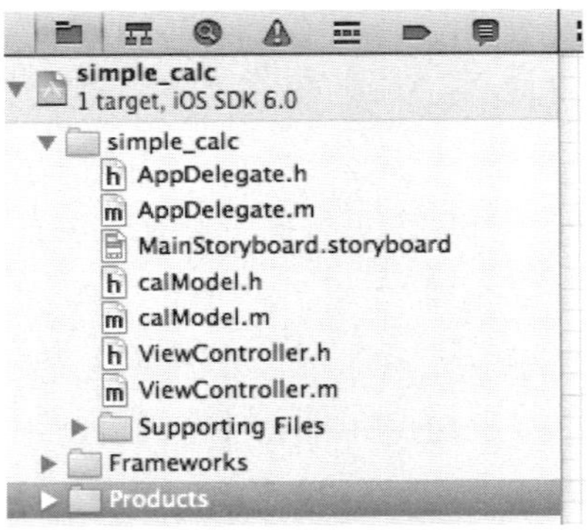

그림 8. MVC 패턴 생성 파일

[단계 2] calModel 클래스의 정의는 다음의 calModel.h.에서 한다. 이번 예제에서는 calModel은 사칙연산만 수행하는 것으로 만든다. 그리고 calModel.m에서 그 메소드를 구현한다.

calModel.h에서 정의

```
// model의 생성 calModel.h에
#import <Foundation/Foundation.h>
@interface calModel : NSObject  // 클래스의 정의
-(float) binary_op:(NSString *)firstString
              with:(NSString *)secondString do:(NSString *)op;

@end
```

calModel.m에서 연산 수행

```
#import "calModel.h"
@implementation calModel // 클래스의 구현
-(float) binary_op:(NSString *)firstString
              with:(NSString *)secondString do:(NSString *)op
{
        float firstValue, secondValue;

        firstValue = [firstString floatValue]; // 스트링을 float으로
        secondValue = [secondString floatValue];

        // 사칙 연산 수행
        if ([@"+" isEqual:op]) {
          result = firstValue + secondValue;
        } else if ([@"-" isEqual:op]) {
          result = firstValue - secondValue;
        } else if ([@"*" isEqual:op]) {
          result = firstValue - secondValue;
        } else if ([@"/" isEqual:op]) {
           if (secondValue != 0) {
              result = firstValue / secondValue;
           }
        }
        // 연산 결과 반환
        return result;
}
@end
```

[단계 3] ViewController에 calcModel 클래스 오브젝트의 생성코드를 추가한다. calModel 클래스 오브젝트를 위한 프로퍼티 myModel을 private로 생성한다. 그리고 myModel의 getter에서 calModel의 alloc, init을 추가한다. myModel이 억세스 되는 시점에 초기화하는 lazy initialization을 적용한다.

컨트롤러에서 calcModel 클래스 오브젝트의 생성

```
@interface ViewController ()
@property (nonatomic, strong) calModel *myModel;
@end

@synthesize myModel = _myModel;
// getter
- (calModel *) myModel
{
  if (_myModel == nil) _myModel = [[calModel alloc] init];
  return _myModel;
}
```

ViewController.m에서 model 메소드 호출

```
- (IBAction) do_op:(UIButton *)sender {
{
      float result;
      NSString *op = [[sender titleLabel] text];

      // model에서 연산 결과를 생성하여 가져옴
      result = [self.myModel binary_op:textField1.text
                        with:textField2.text do:op];
          // 결과는 다시 스트링으로 변환하여 텍스트 필드로
      self.textField3.text = [NSString stringWithFormat:@"%g", result];
}
```

[단계 4] 프로젝트를 실행하여 사칙연산이 실행되는지 확인한다.

지금까지 MVC 패턴을 이용한 사칙 연산 계산기를 만드는 과정을 설명하였다. MVC 패턴을 사용하는 것이 당장 모든 것을 간단하게 만들지는 않지만 소프트웨어의 모듈화 관점에서 많은 장점이 있다. 그리고 앞으로 배울 아이폰 앱의 모든 기술들이 MVC 패턴을 따르므로 MVC 패턴을 잘 활용하는 것이 필요하다.

Chapter 5

뷰(View)와 제스쳐(Gesture)

아이폰에서 화면은 윈도우가 아니라 뷰로 표시된다. 뷰 자체는 터치를 인식하는 새로운 디스플레이에 표현됨에 따라 기존의 마우스 방식에서 벗어나 화면 터치식으로 인터페이스가 바뀌었다. 아이폰에서 뷰의 특성과 터치 인터페이스의 핵심인 제스쳐 (gesture)에 대해 알아보자.

1. 아이폰의 뷰

아이폰에서 모든 화면은 뷰로 표현되며, 뷰 (view)는 UIView의 서브클래스로 사각형 영역을 나타낸다. 뷰는 계층적 구조를 가지고 있어서 1개의 슈퍼뷰와 여러 개의 서브뷰를 가질 수 있다. 기본적인 아이폰의 화면 크기는 320X480으로 구성되어 있다. 레티나 디스플레이 화면을 가진 경우 2배인 640X960의 크기를 가진다. 따라서 image.png가 있을 경우 레티나 디스플레이는 image@2x.png 파일을 사용한다.

1.1 뷰의 좌표

뷰에서 사용하는 좌표의 표현은 CGFloat, CGPoint, CGSize, CGRect로 나타낸다.
CGFloat : 부동 소숫점
CGPoint : 2개의 CGFloat로 x, y 좌표를 나타낸다.

```
CGPoint p = CGPointMake(10, 10)
```

CGSize : 2개의 CGFloat로 가로, 세로의 길이를 표현한다.

```
CGSize s = CGSizeMake (100.0, 200.0)
```

CGRect : CGPoint와 CGSize로 나타내는 사각형을 표현한다.

```
CGRect aRect = CGRectMake(0, 0, 200, 100)
```

아이폰 뷰에서 좌표의 원점은 다음의 [그림 1]과 같이 왼쪽 상단부이다. 왼쪽 상단부에서 시작하여 x축은 오른쪽으로 진행하며, y축은 아래쪽으로 진행한다.

그림 1. 뷰의 원점과 x, y

뷰에서 모든 크기의 단위는 포인트 (point)를 사용한다. 따라서 화면의 종류에 따라 적절히 포인트에 맞게 픽셀을 계산하여 표현하므로 대부분의 경우 프로그래머가 픽셀을 계산하여 표현할 필요가 없다. 만약 point당 몇 개의 픽셀이 있는지 계산이 필요할 경우 다음의 속성으로 알아낼 수 있다.

```
@property CGFloat contentScaleFactor;
```

뷰는 위치와 크기를 bounds, center, frame의 3가지 속성으로 나타낸다.

표 1. 뷰의 위치 및 크기 속성

뷰의 위치 및 크기 속성	내용
@property CGRect bounds;	뷰의 내부 그림 공간의 원점과 크기
@property CGPoint center;	슈퍼 뷰의 좌표 공간에서 뷰의 중심
@property CGRect frame;	슈퍼 뷰 좌표 공간에서 뷰의 bounds.size를 포함하는 사각형

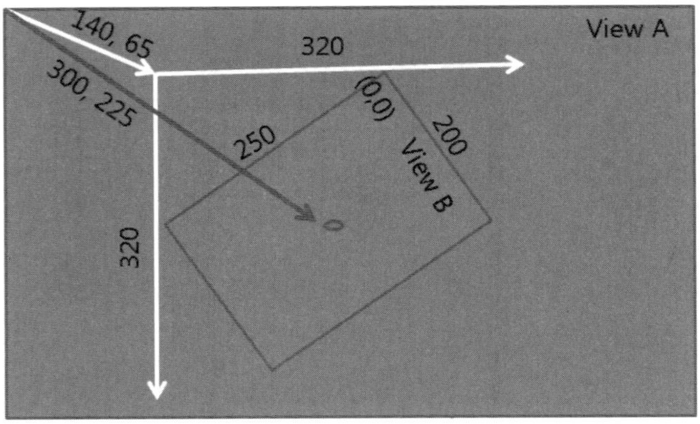

그림 2. 뷰 좌표에서 원점 및 크기 표현

[그림 2]에서 작은 그림 View B는 회전 되어 있으며, 외부의 슈퍼 뷰는 View A이다. 모든 뷰에서 center와 frame은 뷰를 포함하고 있는 슈퍼 뷰의 공간에서 좌표를 계산하며, bounds는 뷰 내부 그림 공간의 좌표를 나타낸다. 따라서 [그림 2]의 View B에 대한 bounds, frame, center를 계산하면 다음과 같다.

View B의 bounds = ((0, 0), (200, 250))
View B의 frame = ((140, 65), (320, 320))
View B의 center = (300, 225)

1.2 뷰의 생성 방법

뷰의 생성은 Xcode에서 쉽게 할 수 있다. 오브젝트 라이브러리의 도구 모음에서 스토리보드 화면으로 드래그하여 generic UIView를 생성하고, Inspector에서 생성한 뷰의 클래스를 바꾸어 커스트마이즈(customize) 할 수 있다. 프로그램에서 실행 시간에 동적으로 뷰를 생성할 경우에는 alloc과 initWithFrame을 사용하여 뷰를 만들 수 있다.

1.2.1 뷰 생성 예제

2개의 100X100 크기의 뷰를 나란히 만들어보자. 전체 크기가 320이므로 뷰 사이에 10 포인트의 공간을 둔다면 (320 - 210) / 2 = 55 크기의 공백을 두고 뷰를 배치하면 된다. 첫 번째 뷰의 원점 위치는 (55, 55), 2번째 뷰의 원점 위치는 (165, 55)로 계산이 되므로 각각의 위치에 뷰를 배치해보자. 왼쪽의 뷰는 Xcode에서, 오른쪽의 뷰는 실행 시간에 프로그램 방식으로 만든다.

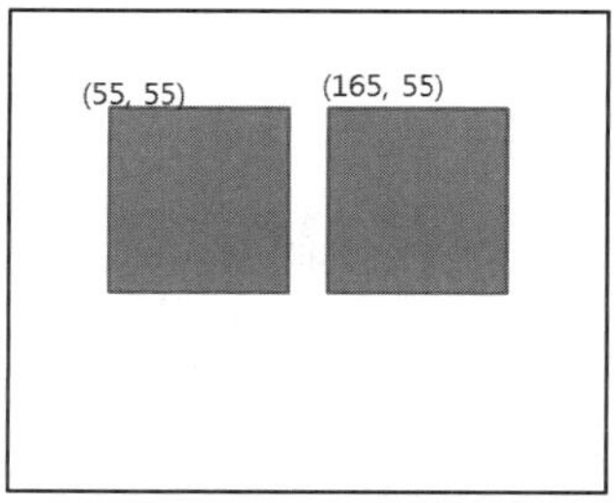

그림 3. 2개의 뷰 배치

[단계1] 왼쪽의 이미지는 다음의 [그림 4]와 같이 Xcode에서 1개의 뷰를 만들고, 뷰의 위치와 크기를 조정하고, 이미지 파일 이름을 선택하여 이미지를 추가한다.

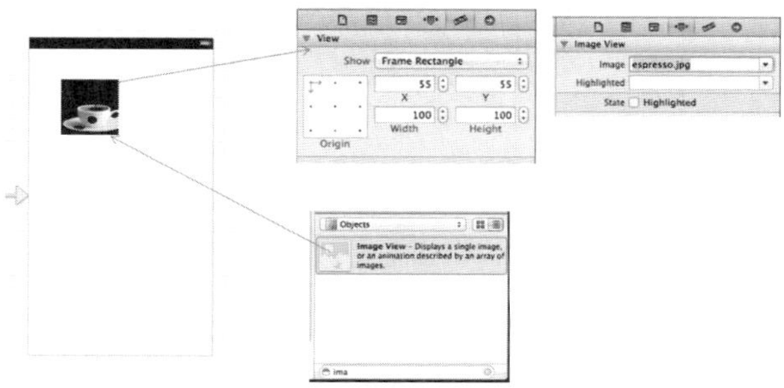

그림 4. Xcode에 뷰 추가

[단계2] 그 다음 오른쪽 이미지는 다음과 같이 실행 시간에 동적으로 만드는 방식을 사용하여 생성한다.

```
UIImageView* myimage =[[UIImageView alloc]
                    initWithImage:[UIImage imageNamed:@"espresso.jpg"]];
myimage.frame = CGRectMake(165, 55 100, 100);
[self.view addSubview:myimage];
```

[단계 3] 시뮬레이터를 실행하여 생성된 이미지를 확인한다.

그림 5. 생성된 이미지

[단계5] 앞의 이미지 생성 프로그램을 다음과 같이 변경하면 회전된 이미지를 얻을 수 있다.

```
UIImageView* myimage =[[UIImageView alloc]
                    initWithImage:[UIImage imageNamed:@"espresso.jpg"]];
myimage.frame = CGRectMake(165, 55 100, 100);
```

```
myimage.transform = CGAffineTransformMakeRotation(M_PI); // 180도 회전
[self.view addSubview:myimage];
```

그림 6. 이미지 생성과 회전 실행 결과

1.3 커스텀 뷰 (Custom View)

커스텀 뷰는 사용자가 생성하는 이미지를 포함하는 뷰를 의미한다. 커스텀 뷰를 만들기 위해서는 다음의 과정이 필요하다.
[단계 1] Single View Application을 생성한다.

[단계 2] 생성된 프로젝트에서 [File]-[New]-[File..]-[Objective C class]한 후 새로운 UIView의 서브클래스를 만든다. 예, image_view)

[단계 3] Identity Inspector에서 스토리보드에 있는 뷰의 클래스를 생성된 "image_view" 클래스로 변경한다.

[단계 4] 생성된 image_view.m 파일의 drawRect: 메소드를 구현한다.

모든 이미지 생성 코드는 다음에 들어간다.

```
-(void)drawRect:(CGRect)aRect;
{
...// 이미지 생성 코드
}
```

drawRect: 메소드는 프로그램에서 직접 호출하는 것이 아니라 다음의 2개의 메소드를 호출하여 drawRect:가 간접적으로 호출되게 하여 이미지 생성 코드의 실행 결과를 출력되게 한다. 즉 초기 이미지가 변경될 때마다 drawRect를 호출하는 것이 아니라 다음의 메소드를 호출한다.

```
-(void)setNeedsDisplay;
-(void)setNeedsDisplayInRect:(CGRect)aRect;
```

1.3.1 Core Graphics 이미지 그리기

커스텀 뷰의 drawRect: 메소드에서 이미지를 그리기 위해서는 Core Graphics 프레임워크의 함수를 호출한다. Core Graphics 프레임워크는 C API로 구성되어 있다. drawRect: 메소드에서 다음의 [그림 7]에 있는 이미지를 그리는 과정을 알아보자.

그림 7. 뷰에 이미지 그리기

```
- (void)drawRect:(CGRect)rect
{
    CGContextRef   context = UIGraphicsGetCurrentContext();
    CGFloat red[4] = {1.0f, 0.0f, 0.0f, 1.0f}; // 색깔 지정
    CGContextSetStrokeColor(context, red);

    // 직선
    CGContextBeginPath(context);
    CGContextMoveToPoint(context, 50.0f, 50.0f);
    CGContextAddLineToPoint(context, 150.0f, 150.0f);
    CGContextStrokePath(context);

    // 원
    CGContextBeginPath(context);
    CGContextAddArc(context, 200, 100, 50, 0, 2*M_PI, YES);
```

```
    CGContextStrokePath(context);

    // bezier 곡선
    CGContextBeginPath(context);
    CGContextMoveToPoint(context, 50.0f, 300.0f);
    CGContextAddCurveToPoint(context, 100, 350, 150, 350, 200, 300);
    CGContextStrokePath(context);

    // 삼각형
    CGContextBeginPath(context);
    CGContextMoveToPoint(context, 250.0f, 150.0f);
    CGContextAddLineToPoint(context, 300.0f, 200.0f);
    CGContextAddLineToPoint(context, 200.0f, 200.0f);
    CGContextClosePath(context);
    CGContextStrokePath(context);
}
```

다양한 종류의 그래픽 함수들은 "iOS Developer Library의 CGContext Reference"를 참조

2. 제스쳐 (Gesture)

아이폰이 터치식 화면을 채택함에 따라 다양한 종류의 제스쳐가 새로운 사용자 인터페이스 방식이 되었다. 애플의 iOS UIKit 프레임워크에서 지원하는 제스쳐 종류는 iOS5와 iOS6에는 다음의 6가지가 있다.

1) UITabGestureRecognizer : 횟수에 상관없이 화면을 터치하는 제스쳐를 인식한다.
2) UIPinchGestureRecognizer : 화면의 줌인 줌아웃을 위하여 2개의 손가락으로 pinch in 또는 pinch out하는 제스쳐를 인식한다.
3) UIRotationGestureRecognizer : 2개의 손가락을 반대 방향으로 원 모양을 그리면서 움직이는 동작을 감지한다.

4) UISwipeGestureRecognizer : 방향에 상관없이 손가락으로 화면을 스치는 동작을 인식한다. 이 클래스의 오브젝트는 왼쪽, 오른쪽, 위, 아래의 방향을 인식하도록 설정할 수도 있다.
5) UIPanGestureRecognizer : 손가락으로 화면을 길게 끄는 panning 또는 dragging을 인식한다.
6) UILongPressGestureRecognizer : 손가락으로 터치한 후 잠시 동안 머무르는 동작을 인식한다.

앞의 6가지 제스처는 제스처의 동작 방식에 따라 Discrete 또는 Continuous 제스처로 분류된다. 탭 제스처는 화면에 탭을 하면 타겟에 액션 메시지를 1번만 보낸다. 이런 제스처를 discrete 제스처라고 한다. 반면에 pinch, swipe, pan, rotation, long press 제스처의 경우 동작이 끝날 때까지 타겟에 여러 번 액션 메시지를 보내어 Continuous 제스처라고 한다.

2.1 제스처 인식 등록

아이폰에서는 다음과 같이 6가지 종류의 제스처 인식기를 등록할 수 있다. 등록 방법은 Xcode에서 프로그램으로 등록하는 방식과 오브젝트 라이브러리에서 등록하는 방식의 2가지 방식이 있다.

2.1.1 제스처 인식기의 형식

[표 2]는 iOS5, iOS6에서 제공하는 제스처 인식기의 형식이다.

표 2. 제스쳐 인식기의 형식

제스쳐 종류	제스쳐 인식기의 형식

2번의 탭이 인식되면 tapsDetected 메소드를 호출	UITapGestureRecognizer *doubleTap =
	    [[UITapGestureRecognizer alloc]
	    initWithTarget:self action:@selector(tapDetected:)];
	doubleTap.numberOfTapsRequired = 2;
	[self.view addGestureRecognizer:doubleTap];

pinch 인식	UIPinchGestureRecognizer *pinchRecognizer =
	    [[UIPinchGestureRecognizer alloc]
	    initWithTarget:self
	    action:@selector(pinchDetected:)];
	[self.view addGestureRecognizer:pinchRecognizer];

rotation 인식	UIRotationGestureRecognizer *rotationRecognizer =
	    [[UIRotationGestureRecognizer alloc]
	    initWithTarget:self
	    action:@selector(rotationDetected:)];
	[self.view addGestureRecognizer:rotationRecognizer];

pan gesture 인식	UIRotationGestureRecognizer *panRecognizer =
	    [[UIPanGestureRecognizer alloc]
	    initWithTarget:self
	    action:@selector(panDetected:)];
	[self.view addGestureRecognizer:panRecognizer];

위 방향으로 swipe 인식	UISwipeGestureRecognizer *swipeRecognizer =
	    [[UISwipeGestureRecognizer alloc]
	    initWithTarget:self
	    action:@selector(swipeDetected:)];
	swipeRecognizer.direction = ISwipeGestureRecognizerDirection-Up;
	[self.view addGestureRecognizer:swipeRecognizer];
	swipe 제스쳐는 4가지의 방향성 제공
	(Right, Left, Up, Down)

3초 이상의 누름, 나머지는 디폴트의 long press 인식	UILongPressGestureRecognizer *longPressRecognizer =
	    [[UILongPressGestureRecognizer alloc]
	    initWithTarget:self
	    action:@selector(longPressDetected:)];
	longPressRecognizer.minimumPressDuration = 3;
	longPressRecognizer.numberOfTouchesRequired = 1;
	[self.view addGestureRecognizer:longPressRecognizer];

2.1.2 제스쳐 등록 방법

프로그램에서 앞의 코드를 직접 입력하여 제스쳐 인식기를 등록하는 방법과, Xcode의 오브젝트 라이브러리에서 드래그하여 입력하는 방식이 있다. 오브젝트 라이브러리에서 드래그하는 방식을 적용하여 보자. 드래그 방식으로 오브젝트 라이브러리의 제스쳐 인식기 등록해보자. 그리고 각각의 제스쳐를 잘 인식하는지 확인해보자. 이때 swipe와 pan이 동시에 등록 되어 있는 경우 대부분의 swipe는 pan으로 인식된다. 따라서 swipe와 pan을 동시에 등록하지 않는 것이 좋다.

[단계 1] Xcode 화면의 오브젝트 라이브러리에서 3개의 제스쳐 인식기를 드래그하여 생성한다. (Tap, Long Press, swipe)

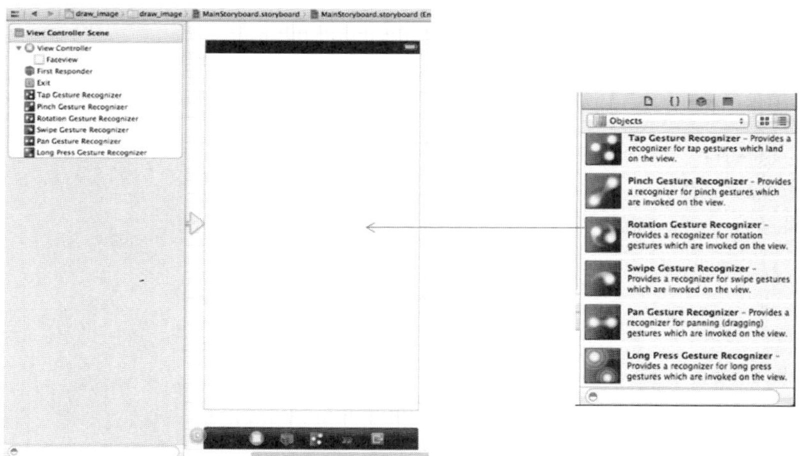

그림 8. 제스쳐 인식기 추가

[단계 2] Xcode 화면에서 Tap Gesture Recognizer 오브젝트를 선택한 후 Attributes Inspector에서 (View -> Utilities -> Show Attributes Inspector) Taps value를 2로 변경하여 두 번 탭만 인식하도록 한다.

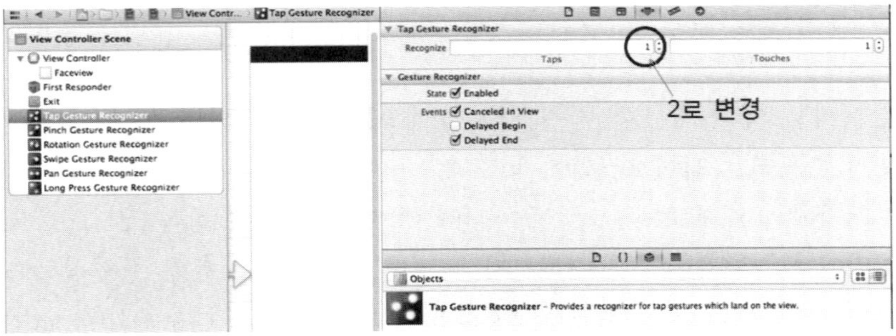

그림 9. 두 번 탭 인식 설정

[단계3] 같은 방법으로 Long Press Recognizer 오브젝트에 대해서 Press Duration attribute를 3초로 변경한다.

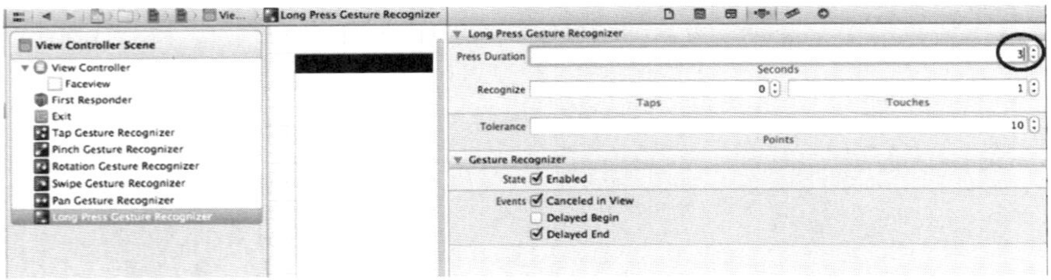

그림 10. 3초 long duration 인식 설정

[단계 4] 같은 방법으로 swipe Recognizer 오브젝트에 대해서 Swipe attribute를 Right로 변경한다. (오른쪽 swipe만 인식하도록)

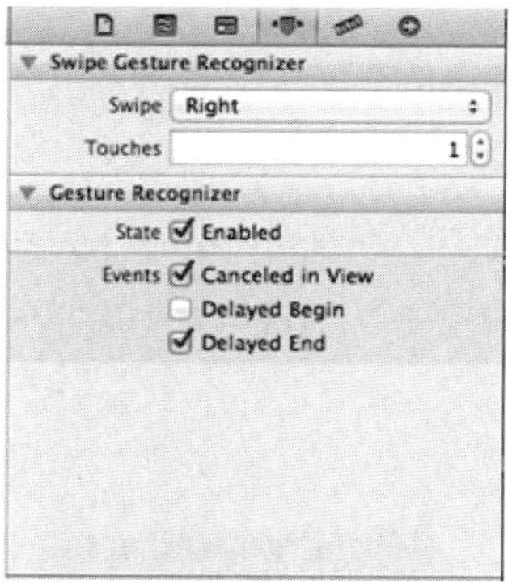

그림 11. 오른쪽 방향 인식

[단계 5] 제스쳐 인식기 오브젝트에서 뷰의 .h 파일로 컨트롤-드래그하여 target/action을 생성한다.

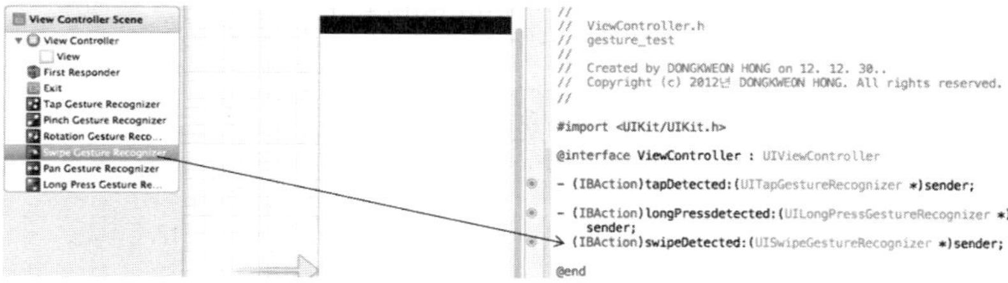

그림 12. 제스쳐 처리 메소드 등록

```
- (IBAction)longPressDetected:(UILongGestureRecognizer *)sender {
    self.statusLabel.text = @"Long Press";
}

- (IBAction)swipeDetected:(UISwipeGestureRecognizer *)sender {
    self.statusLabel.text = @"Right Swipe";
}

- (IBAction)tapDetected:(UITapGestureRecognizer *)sender {
```

```
    self.statusLabel.text = @"Double Tap";
}
```

[단계 5] 시뮬레이터를 실행한다. 시뮬레이터에서 컨트롤키를 누른 상태에서 마우스를 사용하여 터치 기능을 시뮬레이션하여 기능을 확인한다.

그림 13. swipe 인식 결과

[단계 6] pinch gesture를 등록하고 그 기능을 확인한다.
pinch gesture는 continuous gesture이다. pinch는 두 손가락의 터치가 pinch로 인식될 만큼 움직이면 UIGestureRecognizerStateBegan으로 인식이 시작된다. 그 다음 두 손가락을 뷰에 터치한 상태로 움직이면 움직임을 감지하며 (UIGestureRecognizerStateChanged), 뷰에서 손가락을 떼면 pinch는 끝나게 된다. (UIGestureRecognizerStateEnded) pinch gesture는 scale값과 velocity값을 반환 한다.

```
- (IBAction)pinchDetected:(UIGestureRecognizer *)sender {
    CGFloat scale =
        [(UIPinchGestureRecognizer *)sender scale];
```

```
    CGFloat velocity =
      [(UIPinchGestureRecognizer *)sender velocity];

    NSString *resultString = [[NSString alloc] initWithFormat:
        @"Pinch:  scale = %f, velocity = %f",
        scale, velocity];
    self.statusLabel.text = resultString;
}
```

[단계 7] 시뮬레이터 화면에서 컴퓨터의 option 키를 누르면 2개의 원이 두 손가락을 터치한 것을 흉내 내면서 나타난다. 이때 마우스를 움직이면 pinch 기능을 수행할 수 있다.

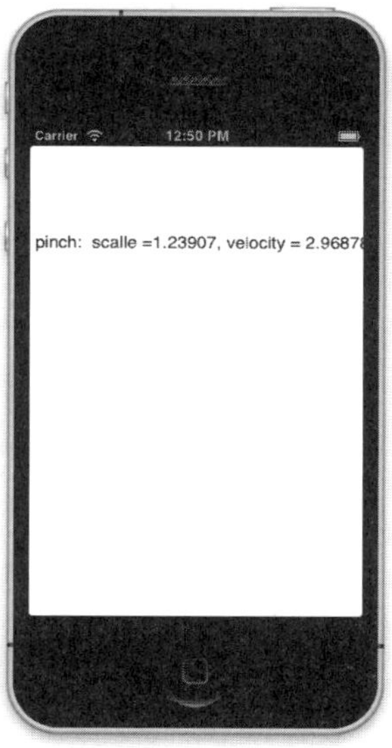

그림 14. pinch 시뮬레이션

```
- (IBAction)rotationDetected:(UIGestureRecognizer *)sender {
    CGFloat radians =
```

```
        [(UIRotationGestureRecognizer *)sender rotation];
    CGFloat velocity =
        [(UIRotationGestureRecognizer *)sender velocity];

    NSString *resultString = [[NSString alloc] initWithFormat:
            @"Rotation - Radians = %f, velocity = %f",
            radians, velocity];
    self.statusLabel.text = resultString;
}
```

pan gesture는 continuous 제스쳐이다. 설정된 minimumNumberOfTouches 개수의 손가락 터치가 인식되어 pan gesture로 인식될 만큼 움직이면 pan 제스쳐가 시작되는 상태 (UIGestureRecognizerStateBegan)가 된다. 최소 손가락을 터치한 상태에서 계속 움직이면 UIGestureRecognizerStateChanged 상태가 되고, 손가락을 떼면 UIGestureRecognizerStateEnded 상태가 된다.

액션 메소드에서는 translationInView: 메소드를 이용하여 제스쳐의 위치 (current translation of the gesture)를 알아내고, velocityInView: 메소드를 이용하여 움직인 속도를 알아낼 수 있다.

커스텀 이미지에서도 다양한 제스쳐가 활용된다. 특히 pinch gesture는 이미지의 크기를 줌인 줌아웃 하는데 사용되고, 탭은 이미지에서 터치한 곳의 위치를 표현하는데 사용된다.

Chapter 6

Table View

1. 테이블 뷰 종류
2. 테이블 뷰 프로그래밍
3. 테이블 뷰 구성 방법
4. 테이블 뷰 셀 삭제 기능
5. 테이블 뷰에서 데이터 입력

테이블 뷰 (table view)는 데이터를 [그림 1]과 같은 다양한 표현 형태를 가진 테이블 형식으로 표현할 수 있게 해주는 중요한 프로그래밍 기능이다. 특히 데이터베이스의 많은 데이터를 앱 화면에 출력할 때 매우 효과적인 기능을 제공한다.

그림 1. 다양한 형태의 테이블 뷰 표현

1. 테이블 뷰 종류

UITableView는 특성에 따라 여러 가지로 분류된다.

(1) 테이블 셀의 Content 속성에 의해 셀 개수가 동적인 Dynamic Prototypes 또는 셀의 개수가 정해져 있는 Static cells로 분류된다.

(2) 테이블 뷰 Style 속성에 의해 plain 또는 grouped로 분류된다. grouped의 경우 일반적으로 각각의 그룹은 섹션으로 표현된다.

(3) section의 사용 여부에 따라 Sectioned

그림 2. plain과 grouped 스타일

또 각 Table View cell의 각각의 Style에 따라 Basic, Right Detail, Left Detail, Subtitle, Custom으로 나타낸다.

2 테이블 뷰 프로그래밍

Xcode에서 스토리보드로 TVC (table view controller)를 가져오면 [그림 3]과 같이 테이블 뷰와 TVC가 생성된다. 생성된 테이블 뷰는 UITableView의 서브클래스이며 그 표현 형태와 동작은 관련된 2개의 protocol에 의해 결정된다. UITableView는 UIScrollView의 서브클래스이므로 스크롤 기능은 기본적으로 제공된다.

UITableView는 delegate와 dataSource 2개의 중요한 @property를 가지고 있다. 속성 delegate는 UITableViewDelegate Protocol을 이용하여 테이블을 표현해주는 클래스를 가리키며, 속성 dataSource는 UITableViewDataSource Protocol을 사용하여 cell에 표현될 데이터를 제공하는 클래스를 가리킨다. 이 UITableView의 2개의 중요한 속성 값은 [그림 3]과 같이 디폴트로 UITableViewController (여기서는 PersonTV라는 이름)를 가리키게 설정되므로 따로 delegate와 dataSource를 지정하지 않아도 된다.

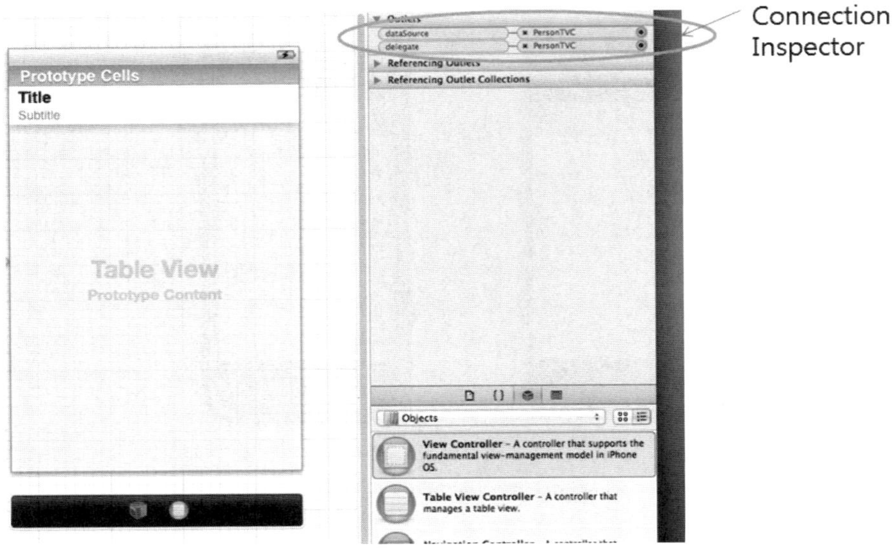

그림 3. delegate와 dataSource의 자동 지정

Xcode에서 [그림 3]과 같이 [Table View Controller]를 스토리보드로 가져오면 기본적으로 delegate 속성과 dataSource 속성이 TVC를 가리키므로 해당 TVC는 UITableViewDelegate Protocol과 UITableViewDataSource Protocol을 구현해야 한다. 생성된 UITableViewController의 서브클래스는 UITableView를 가리키는 다음의 속성을 가지고 있다.

```
@property (nonatomic, strong) UITableView *tableView;
```

UITableViewDataSource Protocol은 2개의 필수 (required) 메소드와 여러 개의 선택 (optional) 메소드를 가진다. section의 개수를 표현하는 메소드는 선택 메소드로 생략 가능하지만 row의 개수를 나타내는 메소드와 각각의 cell 데이터를 나타내는 메소드는 필수로 되어 있어 반드시 구현해야 한다. 다음은 구현된 메소드의 예제이다.

UITableViewDataSource protocol 구현

```
#pragma mark - UITableViewDataSource
// section의 개수는 생략 가능 default is 1
// row의 개수

- (NSInteger)tableView:(UITableView *)tableView numberOfRowsInSection:(NSInte
ger)section
{
        return [self.photos count]; //row의 개수
}

- (UITableViewCell *)tableView:(UITableView *)tableView
                cellForRowAtIndexPath:(NSIndexPath *)indexPath
{
        static NSString *CellIdentifier = @"MyCell";
        // storyboard에서 설정한 이름과 동일

        UITableViewCell *cell =
        [tableView dequeueReusableCellWithIdentifier:CellIdentifier];
        if (cell == nil) {
         cell = [[UITableViewCell alloc]
                initWithStyle:UITableViewCellStyleDefault
                        reuseIdentifier:CellIdentifier];
        }

        // Configure the cell...
        cell.textLabel.text = ..;
        cell.detailTextLabel.text = .. ;

        return cell;
}
```

delegate 속성이 가리키는 UITableViewController는 UITableViewDeletegate protocol을 구현한다. 여기에 정의된 메소드는 전부 선택 메소드로 정의되어 있다. 가장 대표적인 메소드는 cell에 클릭 했을 때 동작을 처리하는 메소드로 segue로 처리하지 않는 경우 (아이패드의 경우 split view를 사용하므로 segue를 사용하지 않고 master table view에 따른 detail view의 update에 사용) 다음의 메소드를 구현하여 그 기능을 실행한다.

```
- (void)tableView:(UITableView *)sender didSelectRowAtIndexPath:(NSIndexPath
*)path
{
}
```

아이폰의 경우 cell을 클릭했을 때 segue를 사용하는 경우가 많은데 이때는 다음과 같이 prepareForSegue 메소드에서 클릭한 셀의 indexPath를 구하여 그 셀에 해당하는 동작을 하게한다.

```
- (void)prepareForSegue:(UIStoryboardSegue *)segue sender:(id)sender
{
        NSIndexPath *indexPath = [self.tableView indexPathForCell:sender];
        ...

}
```

3 테이블 뷰 구성 방법

테이블 뷰를 사용한 간단한 앱을 만들어 테이블 뷰 기능을 사용하는 방법을 알아보자.

[단계 1] 먼저 Single View 프로젝트를 생성한다.

[단계 2] 스토리보드로 Table View Controller를 드래그하여 추가한다.

[단계 3] 스토리보드에서 디폴트로 생성된 일반 view를 삭제하고 (관련 view controller 파일도 같이 삭제), 새로 추가된 table view가 초기화면이 되게 한다. (추가된 TVC의 "is initial View Controller"를 체크한다.) 스토리보드에 생성된 테이블 뷰의 모양과 실행 결과는 다음의 [그림 4]와 같다.

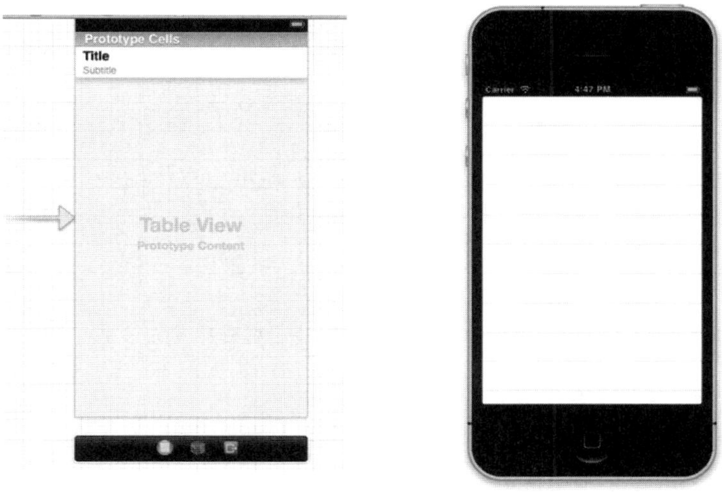

그림 4. 테이블 뷰의 생성 및 실행 결과

[단계 4] [File]-[New]-[File..]에서 UITableViewController의 subclass로 파일을 생성한다. (여기서는 생성된 서브클래스의 이름을 SimpleTableViewController로 설정)

[단계 5] 테이블 뷰의 cell identifier 설정

[단계 6] SimpleTableViewController.h에서 테이블 뷰에 나타낼 데이터를 위해 다음과 같이 배열을 생성

```
@property (nonatomic, retain) NSArray *listData;
```

[단계 7] SimpleTableViewController.m에서 synthesized accessor를 생성한다.

```
@synthesize listData = _listData;
```

[단계 8] SimpleTableViewController.m에 다음의 메소드를 구현

UITableViewDataSource protocol 구현

```
- (void)viewDidLoad
{
        NSMutableArray *array = [NSArray alloc]
          initWithObjects:@"iphone", @"iPod", @"iPad", nil];
        self.listData = array;
        [super viewDidLoad];
}

#Table View Data source protocol 중에서 반드시 구현해야 하는 2개

- (NSInteger)tableView:(UITableView *)tableView
            numberOfRowsInSection:(NSInteger)section
{
        return [self.listData count]; //row의 개수
}

- (UITableViewCell *)tableView:(UITableView *)tableView
                cellForRowAtIndexPath:(NSIndexPath *)indexPath
{
       // storyboard에서 cell에 설정한 이름과 같아야 한다.
        static NSString *CellIdentifier = @"SimpleTableIdentifiler";

        UITableViewCell *cell =
              [tableView dequeueReusableCellWithIdentifier:CellIdentifier];

        // Configure the cell...
        NSUInteger row = [indexPath row];
        cell.textLabel.text = [self listData objectAtIndex:row];
        return cell;
}
```

만들어진 테이블 뷰 예제를 실행하면 다음과 같이 배열의 데이터가 테이블 형식으로 출력된다.

그림 5. 테이블 뷰 예제

테이블 뷰 각각의 셀에 이미지를 추가하는 경우 각 셀에 다음과 같이 이미지를 추가하여 테이블 뷰 각각의 셀에 이미지를 출력할 수도 있다.

```
UIImage *cellImage = [UIImage imageNamed:@"images.jpg"];
cell.imageView.image = cellImage;
```

이미지 추가 예제

```
- (UITableViewCell *)tableView:(UITableView *)tableView
            cellForRowAtIndexPath:(NSIndexPath *)indexPath
{
        static NSString *CellIdentifier = @"SimpleTableIdentifiler";
        // storyboard에서 cell에 설정한 이름과 같아야 한다.

        UITableViewCell *cell =
        [tableView dequeueReusableCellWithIdentifier:CellIdentifier];

        // Configure the cell...
        UIImage *cellImage = [UIImage imageNamed:@"images.jpg"];
      // 다음과 같이 셀에 이미지를 추가할 수 있다.
        cell.imageView.image = cellImage;
        NSUInteger row = [indexPath row];
        cell.textLabel.text = [self listData objectAtIndex:row];
        return cell;
}
```

4. 테이블 뷰 셀 삭제 기능

테이블 뷰에서 셀을 삭제하는 것은 [그림 6]과 같이 1) Edit 버튼을 누르거나, 2) 셀에서 swipe 동작으로 가능하다.

1) 테이블 뷰의 Edit 버튼을 탭 했을 때 삭제 기능

Table View에 다음의 내용을 추가하면 (view가 load될 때) 표준 Edit 버튼이 가장 오른쪽 또는 왼쪽) 에 생성된다. 이 버튼을 탭하면 setEditng:animated 메소드를 보내도록 미리 구성되어 있으며 자동으로 [그림 6]과 같이 "Edit", "Done"으로 바뀌게 된다.

```
self.navigationItem.rightBarButtonItem = self.editButtonItem;
(self.navigationItem.lefttBarButtonItem = self.editButtonItem;)
```

테이블 뷰가 에디팅 모드가 되면 자동으로 tableViewteditingStyleForRowAtIndexPa th 메소드를 호출하여 각 열마다 deletion control을 표시하고, Delete 버튼을 선택하면 tableViewcommitEditingStyleforRowAtindexPath: 메소드를 호출하여 그 열을 테이블 뷰에서 삭제한다. 따라서 tableViewcommitEditingStyleforRowAtindexPath: 메소드를 override하여 그 셀에서 나타내는 실제 데이터를 삭제하는 것을 여기에 추가한다. 만약 테이블 뷰의 셀에 표현된 데이터가 배열에 있는 경우 다음과 같이 배열에서 삭제하는 부분을 추가한다.

```
if (editingStyle == UITableViewCellEditingStyleDelete)
{
        [self.listData removeObjectAtIndex:indexPath.row];
        [self.tableView reloadData];
}
```

그림 6. 테이블 뷰의 변경 기능

2) 지우려고 하는 셀을 테이블 뷰에서 직접 swipe하면 [그림 6]의 3번째 그림과 같이 "Delete" 버튼이 나타난다. Delete 버튼을 탭하면 tableViewcommitEditingStyleforRowAtindexPath: 메소드가 호출된다. 따라서 1)번 경우와 같은 방법으로 그 셀에서 나타낸 실제 데이터를 삭제하는 것은 tableViewcommitEditingStyleforRowAtindexPath: 메소드를 override하여 구현한다.

5. 테이블 뷰에서 데이터 입력

일반적으로 테이블 뷰가 표현하는 데이터는 배열, 데이터베이스 등에 존재하며, 테이블 뷰는 그 데이터를 잘 표현하는 장소이다. 따라서 데이터의 입력은 그 데이터가 저장되는 장소에서 이루어져야 하며, 그 다음 다시 테이블 뷰의 화면을 reload 하는 것이 일반적이다. 따라서 프로그램의 관점에서 보면 입력은 model의 값을 변경하고, 입력이 완료되면 그 다음 table view를 reload 하는 것으로 실행하여야 한다. 그리고 일반적으로 테이블 뷰의 셀이 입력에 필요한 모든 attribute를 제공하지 않기 때문에 필요한 모든 값을 제공받기 위한 새로운 화면이 필요하다. 아이폰에서 새로운 화면으로의 전환은 segue 기능을 사용하여 다른 화면에서 데이터를 입력한 후 다시 원래 화면으로 되돌아오는 방법을 사용한다.
여러 개의 MVC를 사용한 데이터 입력의 경우 1) controller delegate를 사용하는 방법, 2) 데이터를 공유하는 방법, 3) model delegate를 사용하는 방법으로 구현하고 그 장단점을 비교한다.

5.1 controller delegate를 사용하는 방법

아이폰의 경우 여러 개의 뷰를 segue를 사용하여 화면 전환하며 사용하게 된다. 만약 첫 번째 뷰에서는 데이터를 보여주고, 데이터를 입력하기 위해서 입력 버튼을 선택하면 다른 화면에 있는 입력 뷰에서 데이터를 입력하는 경우 다음의 [그림 7]을 살펴보자. 실제 데이터의 입력은 두번째 MVC가 아니라 첫 번째 MVC의 model에서 데이터를 입력해야 한다.

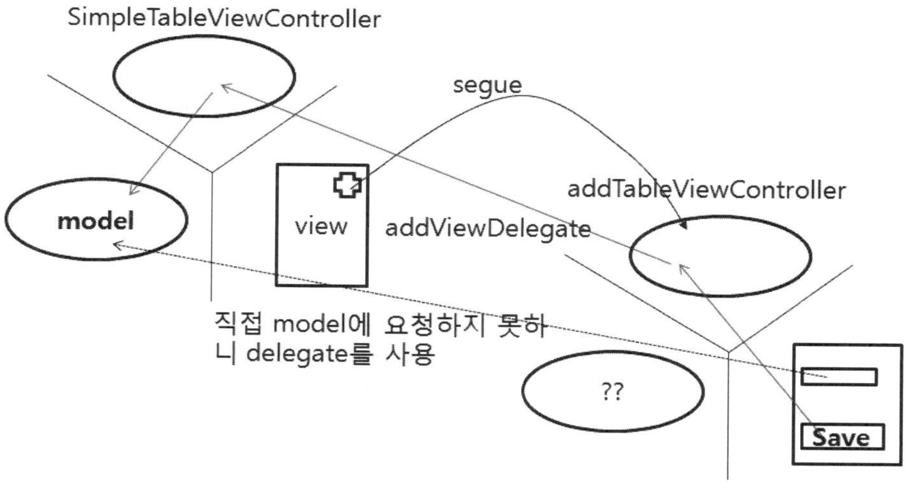

그림 7. Delegate를 이용한 호출 방식

[그림 7]에서 delegate를 사용하는 방법을 단계별로 알아보자. [그림 7]의 두 번째 MVC의 뷰 화면에 있는 '저장버튼'을 누르면 입력 과정이 시작된다.

delegate를 사용하는 방법 -> 5 단계로 이루어진다.

[단계 1] 의뢰인 (입력을 요청하는)의 .h에 @protocol을 정의
addTableViewController.h의 @interface보다 위에 정의 (프로토콜의 이름과 메소드는 public하게 공개되어야 하므로)

```
@class addTableViewController; // 클래스 이름
@protocol addViewControllerDelegate // 프로토콜의 이름
@optional // 프로토콜 메소드
-(void) addData:(addTableViewController *)sender withdata:(id)myname;
@end
```

[단계 1-1] 그리고 의뢰인쪽의 .h에서 @interface 정의 내부에 delegate 프로퍼티를 정의한다. 즉 누가 의뢰인의 실제 delegate인지를 이 프로퍼티로 나타낸다.

@property (nonatomic, weak) id <addViewControllerDelegate> delegate;

[단계 2] 의뢰인쪽의 .m에 (addTableViewController.m에) delegate 프로퍼티의 setter와 getter를 생성한다.

@synthesize delegate = _delegate

[단계 3] delegate을 사용
여기서는 Save 버튼을 눌렀을 때 실행되는 target/action 메소드에 구현한다. 즉 Save 버튼을 눌렀을 때 delegate에 있는 addData 메소드를 호출하게 된다. 다음의 문장에서 self는 의뢰인 즉 addTableViewController이며, self.delegate는 대리인 즉 [그림 7]에서 SimpleTableViewController를 의미한다.

[self.delegate addData:self withdata:textfield.text];

segue를 사용하면 항상 NavigationController를 사용하므로 앞 화면 즉 segue가 시작된 곳으로 되돌아가게 하려면 다음의 문장으로 실행된다.
[self.navigaionController popViewControllerAnimated:YES];

[단계 4] 대리인쪽으로 가서 (SimpleTableViewController로 가서) 즉 segue를 호출한 곳으로 가서 prepareForSegue 메소드에 다음의 내용을 추가한다. 즉 입력 화면으로 segue 하면서 원래의 MVC가 입력 MVC의 delegate인지를 설정한다. 다음의 문장에서 destinationController는 segue로 전환되어 가는 쪽이므로 [그림 7]의 addTableViewController가 되며, setDelegate는 addTableViewController에 있는 프로퍼티 delegate의 setter를 나타낸다.

[segue.destinationController setDelegate:self];

그리고 대리인이 addViewControllerDelegate의 protocol을 따른다는 것을 나타내기 위하여 .m 파일에 다음의 <addViewControllerDelegate>를 추가한다. (.h 파일에 추가할 수도 있다)

```
@interface SimpleTableViewController() <addViewControllerDelegate>
@end
```

[단계 5] 대리인 쪽의 .m에서 실제로 수행되어야 할 delegate method 구현
다음의 메소드는 SimpleTableViewController에 있는 배열의 가장 끝에 새로운 데이터를 추가하고 새로 입력한 내용을 반영하여 테이블 뷰에 다시 출력한다.

```
-(void)addData(addTableViewController *)sender withdata:(id)myname
{
        [self.listData insertObject:myname atIndex:[self.listData count]];
        [self.tableView reloadData];
}
```

delegate의 사용과정을 보면 다음과 같다. SimpleTableViewController는 모델 역할을 하는 배열을 가지고 있으며, 배열에 있는 데이터를 출력하는 역할을 한다. 반면 addTableViewController는 사용자에게서 새로운 입력을 받은 다음 그 데이터를 배열에 저장하는 역할을 한다. 하지만 배열은 SimpleTableViewController가 가지고 있어 배열에 데이터를 입력하는 것을 addTableViewController가 직접 하지 못하고 SimpleTableViewController에게 입력을 요청하게 된다.

5.2. 데이터를 공유하는 방법

delegate를 사용하는 방법이 아니라 2번째 MVC로 segue 되어 갈 때 배열의 주소 정보를 넘겨주는 방식은 delegate 방식에 비해서 어떤가? modular 방식이 아닌가? 배열 주소 정보를 넘겨주는 방식을 사용해보자.

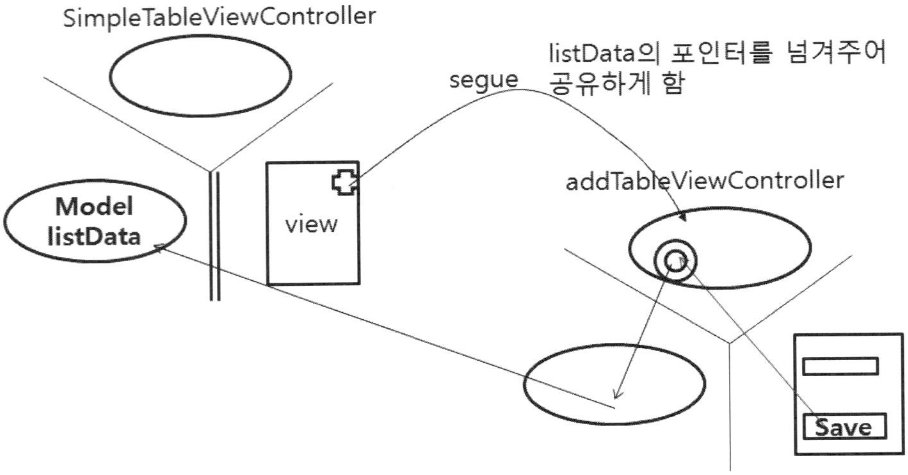

그림 8. MVC를 건너가는 데이터의 공유

[단계 1] 아이폰에서 다른 MVC로 건너가는 것은 sqgue를 호출하여 건너가게 된다. 따라서 segue에서 필요한 정보를 따른 MVC로 전달하는 과정이 필요하다. 다음은 segue에서 배열 포인터 listData를 넘겨주기 위한 prepareForSegue: 메소드의 구현이다.

```
// SimpleTableViewController에서
-(void) prepareForSegue(UIStoryboardSegue *)segue sender:(id)sender
{
  // "add friend"는 segue의 identifier로 지정
  if ([segue.identifier isEqualToString:@"add friend"]) {
    if ([segue.destinationViewController
                    respondsToSelector:@selector(setAnother_list:)]) {
       [segue.destinationViewController
           performSelector;@selector(setAnother_list:) withObject:self.listData];
  }
}
```

[단계 2] 다른 MVC (addTableViewController)에 배열 포인터로 사용하는 새로운 프로퍼티를 만든다.

```
@property (nonatomic, strong) NSMutableArray * another_list;
```

[단계 3] another_list 프로퍼티의 setter 메소드인 setAnother_list 메소드에서 segue에서 전달받은 배열 포인터를 사용하게 한다.

```
// addTableViewController에 다음의 another_list 프로퍼티의 setter 구현
-(void) setAnother_list:(NSMutableArray *)another_list
{
        _another_list = another_list;
}
```

addTableViewController의 another_list가 가리키는 곳에 데이터를 저장하면 그 데이터는 SimpleTableViewController의 listData가 가리키는 곳에 저장된다. (이 방법은 서로 다른 MVC에서 같은 데이터를 변경할 수 있다는 단점이 있다.)

5.3. Model 메소드를 사용하는 경우 (delegate를 사용)

앞의 설명에서는 데이터를 저장하는 배열을 SimpleTableViewController가 가지고 있어 단지 모델의 역할만 하고 있었다. 하지만 데이터를 다루는 비중이 커지게 되면 MVC 패턴의 모델이 그 역할을 담당하는 것이 바람직하다. 많은 프로그램들이 MVC 패턴에 충실하게 구성되는 것이 일반적이므로 여기서도 배열을 모델에서 관리하는 방식을 사용해보자.

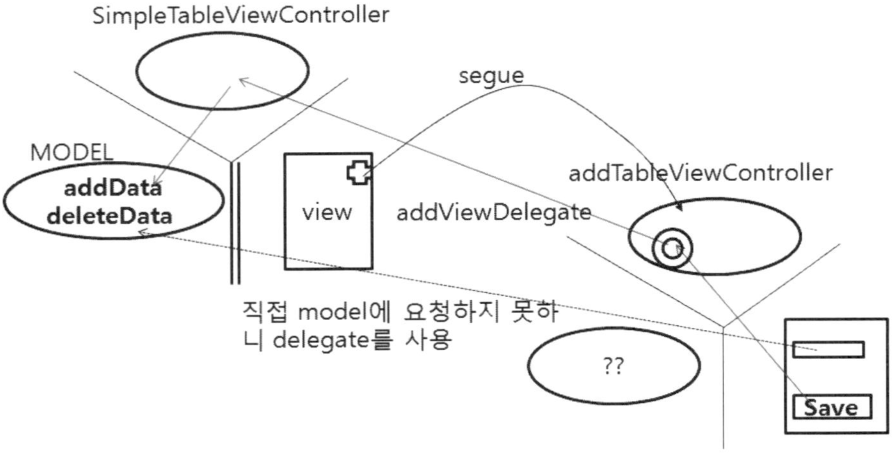

그림 9. 모델 메소드를 사용

[단계1] 모델을 위한 새로운 클래스 (StorageModel)를 생성한다. StorageModel 클래스는 배열에 데이터를 저장하는 메소드만 공개하고 실제 배열은 private하게 유지하게 한다.

[File]-[New]에서 새로운 클래스 파일을 생성한다. (NSObject의 서브클래스)

```
// model의 생성 StorageModel.h에
@interface StorageModel : NSObject
-(void) addData:(id)mydata; // 필요한 메소드는 공개
-(void) deleteData ...
@end
```

[단계2] StorageModel.m에의 @interface에 프로퍼티를 만든다.

```
@interface StorageModel()
@property (nonatomic, strong) NSMutableArray *listData;
@end
```

[단계 3] 프로퍼티 listData의 setter에서 배열을 생성

```
// StorageMode.m의 @implementation에는
```

```
- (NSMutableArray *) listData
{
	if (_listData) {
		_listData = [[NSMutableArray alloc] init];
	}
	return _listData;
}
```

[단계 4] StorageModel의 공개된 메소드 구현 (배열의 가장 끝에 새로운 데이터 입력)

```
-(void) addData:(id)mydata
{
	[self.listData insertObject:mydata atIndex:[self.listData count]];
}
```

[단계 5] StorageModel의 기타 공개된 메소드가 있으면 구현한다.

[단계 6] StorageModel 클래스 오브젝트를 생성한 후 이용할 때는 적절한 위치에서 alloc, init 과정이 필요하다. 예제에서는 SimpleTableViewController.m에서 하는 것이 가장 적절하다.

```
// SimpleTableViewController.m에서 private 프로퍼티로
@interface SimpleTableViewController()
@property (nonatomic, strong) StorageModel *todata;
@end


@implementation SimpleTableViewController
@synthesize todata = _todata;
...
```

```
// 프로퍼티 todata의 getter는 다음과 같이 구성 (lazy initiation)
- (StorageModel *) todata
{
        if (!_todata) _todata = [[StorageModel alloc] init];
        return _todata;
}
```

[단계 7] SimpleTableViewController에서 데이터 sometext를 입력 하려면 SimpleTableViewController에 있는 메소드 내부에서 model에 입력하는 다음의 메소드를 호출하게 한다.

```
[self.todata addData:sometext];
```

[단계 8] 모델 메소드를 이용하여 [그림 9]의 addTableViewController에서 데이터를 입력하려면 직접 모델 메소드를 호출하는 것이 아니다. MVC 패턴에 따라 SimpleTableViewController에 delegate 메소드를 만들고, 그 delegate 메소드가 [단계 7]에서 보여준 [self.todata addData:sometext];를 사용하여 모델에 입력한다.

(데이터의 경우 포인터를 넘겨주어 공유하는 방법도 사용할 수 있지만 만약 첫 번째 MVC 의 모델에 사용하는 모델 메소드를 사용해야 하는 경우에는 delegate 사용하는 방법이 타당한 방법이 된다.)

Chapter 7

아이폰에서 SQLite 사용

1. NSUserDefaults
2. 관계형 모델 DBMS
3. SQLite DBMS

아이폰에서 데이터를 저장할 수 있는 곳은 파일, NSUserDefaults, 데이터베이스가 있다. 사용자 설정 정보 등 그 양이 많지 않은 정보는 NSUserDefault에 저장하는 것이 편리하며, 상대적으로 많은 양의 데이터를 저장, 검색하기 위해서는 데이터베이스를 사용하는 것이 가장 효과적이다. 서버 컴퓨터가 아닌 제한된 리소스를 가진 스마트폰의 경우에는 DBMS도 작은 용량의 임베디드 DBMS (Embedded DBMS)를 사용하는 것이 매우 효과적이다. 이번 장에서는 NSUserDefaults, 관계형 DBMS, 그리고 관계형 모델의 임베디드 DBMS SQLite에 대해서 알아본다.

1. NSUserDefaults

아이폰 프로그래밍에서 설정 정보와 같은 간단한 데이터는 NSUserDefaults 클래스를 사용하여 저장한다. 저장될 수 있는 데이터의 종류는 int, bool, url, object 형으로 거의 모든 데이터를 저장할 수 있다.
오브젝트를 NSUserDefaults 클래스를 이용하여 저장할 경우 오브젝트는 Property List 성격을 만족하는 serialized objects 데이터 종류 즉 NSData, NSString, NSNumber, NSDate, NSArray, NSDictionary 형태만 저장 가능하다. (예를 들어서 UIImage와 같은 오브젝트를 NSuserDefaultsd에 저장하려면 NSData, NSNumber, 또는 NSString으로 변환하여 저장하여야 한다).

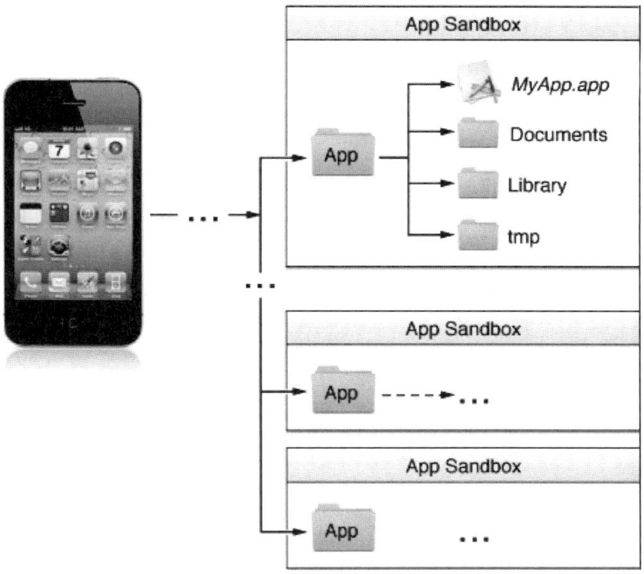

그림 1. iOS 앱 폴더구조 [출처: iOS Developer Library]

NSUserDefaults 클래스 오브젝트는 [그림 1]의 iOS 앱 폴더 구조에서 Library/Preferences 폴더에 저장된다. NSUserDefaults 오브젝트에 저장된 데이터는 앱이 종료되었다가 다시 시작되어도 계속 그 내용이 보존된다. 먼저 NSUserDefaults 오브젝트에 데이터를 저장하고, 저장한 데이터를 읽어오는 사용 형식에 대해서 알아보자.

1.1 NSUserDefaults 사용 형식

NSUserDefaults에 데이터를 저장하기 위해서는 항상 [data, key]의 쌍으로 데이터를 저장해야 한다. 이때 key값은 NSString형의 문자열이다.

NSUserDefauls에 저장하는 형식은 다음과 같다.

```
NSUserDefaults *myDefaults = [NSUserDefaults standardUserDefaults];
[myDefaults setObject:@"이것을 저장" forKey:@"stringKey"];
```

[myDefaults synchronize];

NSUserDefaults에서 키 값에 해당하는 내용을 불러오는 방법은 다음과 같다.

NSUserDefaults *myDefaults = [NSUserDefaults standardUserDefaults];
NSString *myString = [myDefaults stringForKey:@"stringKey"];

1.2 NSUserDefaults 사용 예제

NSUserDefaults를 이용하여 그 내용을 저장하고, 앱을 종료한 후 다시 시작하여 그 내용을 검색할 수 있는지 확인해보자.

[단계 1] 2개의 텍스트 필드와 저장, 검색 2개의 버튼을 만들어 key와 내용을 입력할 수 있는 화면을 구성한다.

[단계 2] 뷰 컨트롤러에 저장, 검색 2개의 버튼에 대한 메소드를 다음과 같이 구현한다.

```
- (IBAction)save:(id)sender {
    NSUserDefaults *defaults = [NSUserDefaults standardUserDefaults];
    [defaults setObject:self.text1.text forKey:self.text2.text];
    [defaults synchronize];
}

- (IBAction)retrieve:(id)sender {
    NSUserDefaults *defaults = [NSUserDefaults standardUserDefaults];
    NSString *searchResult = [defaults stringForKey:self.text2.text];
    self.text1.text = searchResult;
}
@end
```

그림 2. 뷰 컨트롤러의 프로그램

[단계3] NSUserDefaults의 기능을 확인하기 위하여 먼저 1개의 정보를 입력한다. 그리고 앱을 종료 후 다시 시작하여 그 내용이 저장되어 있는지 확인한다.

그림 3. NSUserDefaults 실행 확인 결과

지금까지 NSUserDefaults 사용 방법을 알아보았다. 단점으로는 저장할 수 있는 데이터가 설정 데이터와 같은 소량의 데이터를 저장하는 방법이므로 대량의 데이터를 저장할 경우 그 성능이 많이 떨어진다. 따라서 대량의 데이터는 다음에 설명하는 데이터베이스를 활용하는 것이 더 적절한 방법이다.

2. 관계형 모델 DBMS

관계형 모델은 E. Codd에 의해 제시된 데이터 모델로 Relation 또는 테이블로 데이터베이스를 구성한다.

2.1 Relation

Relation은 테이블 형태를 가진 2차원 구조로 관계형 모델의 핵심을 이루며 관계형 모델에 사용되는 핵심 용어들을 설명하면 다음과 같다.

용어	설 명
속성, attribute	relation의 속성을 나타내며 각 column의 이름을 표시한다.
스키마, schema	Relation 스키마를 의미하며 relation의 이름과 그 relation이 포함하고 있는 속성들을 의미한다. 다음은 학생 테이블 Students 스키마의 표현이다. Students (s_id, s_name, address, phone, ..)
레코드, tuples	테이블의 열을 의미한다. (4134567, "홍길동", "달서구 신당동" "053-580-0113", ..)
데이터 타입, domains	각 레코드의 속성이 가질 수 있는 값의 종류를 의미한다. 전형적인 데이터 타입은 다음과 같다. 숫자형 NUMBER, INT, INTEGER, SHORTINT, FLOAT, REAL, DOUBLE PRECISION 문자형 CHAR(n), VARCHAR(n) 날짜 및 시간 DATE and TIME 바이트형 BLOB

2.2 데이터베이스 설계

실제 데이터를 컴퓨터상의 형식으로 표현하는 것을 모델링이라 한다. 관계형 데이터베이스 설계는 데이터를 테이블로 모델링하는 과정이 필요하다.

2.2.1 ER 모델을 사용한 설계

ER (Entity-Relationship) 모델은 P. Chen에 의해 제안된 설계 방식으로 Entity Set과 그 사이를 연결하는 Relationship으로 데이터 모델링 결과를 그림의 형식으로 표현한다. 몇가지 표현 방법이 있지만 국내에서 가장 많이 사용되는 방식은 IE 방식(Information Engineering)의 표현법이다. 설계를 그림으로 표현하므로 구성 요소들 간의 연결 관계를 한눈에 알아볼 수 있는 큰 장점이 있다.

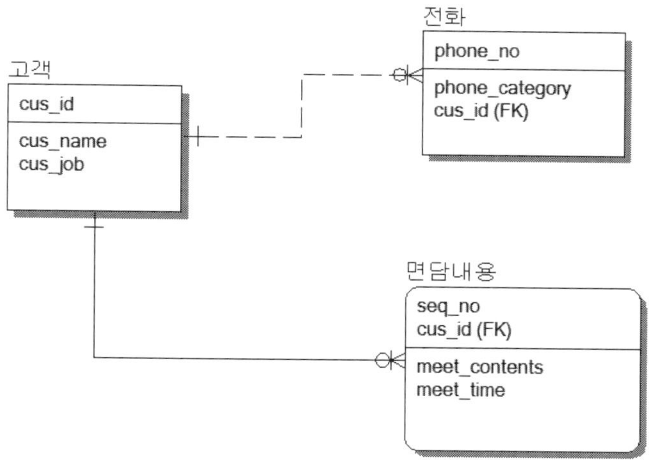

그림 4. ER IE 방식의 고객관리 데이터모델 설계

2.2.2 관계형 테이블로 변환

관계형 모델은 관계형 테이블만 사용하여 데이터를 표현한다. 설계된 관계형 테이블은 정규형 특히 BCNF 형식을 준수하는지 확인하는 과정이 필요하다.
BCNF (Boyce-Codd Normal Form) 정규형은 테이블이 함수적 종속성 (Functional Dependency)에 의한 redundancy, deletion anomaly, update anomaly가 없는 상태를 의미한다. 어떤 테이블이 BCNF가 되기 위해서는 테이블에 nontrivial functional dependency가 존재할 때 그 함수적 종속성의 왼쪽이 반드시 key를 포함해야 한다.

2.3 SQL(Structured Query Language)

관계형 모델의 장점은 비절차식 언어 SQL을 사용하여 프로그램의 절차를 만드는 부담을 프로그래머에게서 DBMS로 이전 시켜 데이터베이스 프로그램의 과정을 쉽게 만들었다는 것이다. 다음은 SQL을 사용하여 데이터베이스 테이블을 만드는 것을 보이고 있다.

```
CREATE  TABLE  Students (
    s_id CHAR(10),
```

```
        name CHAR(30),
        address VARCHAR(255),
        gender CHAR(1),
        birthdate DATE
        PRIMARY KEY (s_id);
);
```

2.3.1 데이터 입력, 변경 및 삭제

데이터베이스의 상태를 변화시키는 연산들을 말하며 tuple을 테이블에 첨가하거나 테이블에서 특정 튜플을 제거 또는 테이블의 특정 튜플의 attribute 값들을 변경한다.

가. 데이터 입력

```
INSERT  INTO  R(A1,  · , An)  VALUES (v1,  · , vn);

INSERT   INTO  Students (s_id,  name, address)
VALUES ('49331', '홍길동', '대구시 달서구');
```

나. Deletion

```
DELETE  FROM  R  WHERE <condition>
```

<condition>을 만족하는 모든 tuple들을 R에서 삭제

```
DELETE  FROM Students
WHERE s_id = '12345';
```

다. Updates

- 이미 존재하는 tuple들의 특정 부분의 값을 변경
- 형식

```
UPDATE  R  SET <new-value assignment> WHERE<condition>
<new-value assignment> = <attribute = expression>
```

```
UPDATE  Students
SET gender = 'M'
WHERE s_id = '12345';
```

라. Deleting Tables

- 필요하지 않는 table을 데이터베이스에서 삭제
- 형식

```
DROP  R;
```

```
DROP Students;
```

마. Modifying Relation shcemas

- 새로운 attribute를 첨가
- 사용 예

```
ALTER  TABLE  Students  ADD  phone  CHAR(16);
```

- 필요치 않는 attribute를 제거
- 사용 예

```
ALTER  TABLE  Students  DROP  birthdate;
```

2.3.2 데이터베이스 자료 검색

가. selection

- Selection - 특정한 조건을 만족하는 튜플만 선택한다.
- SQL에서의 selection은 where절에서 조건을 명시한다.
- Where에서의 조건식은 일반 language(C or Pascal)와 유사하다.
  (=, <>,<,>,<=,>=,..)
- 비교에서 사용되는 값은: constant, tuple의 attribute
- 산술연산 operation 가능: +, *, ..
- String에는 ||(concatenation)를 사용할 수 있다.)

```
SELECT name
FROM Students
WHERE gender = 'M';
```

나. 문자열 비교

- 2개의 string을 비교 (길이, 같은 위치에 있는 글자)
- compare lexicographic order(alphabetically) 사전에서 먼저 나타나는 것이 작다
- 어떤 string속에 있는 pattern을 가지고 찾는 경우

  pattern match (s:string, p:pattern)

s LIKE p

pattern에서 사용되는 문자

%: any sequence of 0 or more characters

_ : any one character

```
SELECT name
FROM Students
WHERE name LIKE  '김%';
```

다. 결과의 정렬

ORDER BY 〈list of attributes〉

default는 오름차순

DESC descending order

ORDER BY 3, 1; (attribute 위치)

```
SELECT *
FROM Students
WHERE gender = 'M'
ORDER BY name, s_id;
```

```
SELECT *
FROM Students
```

```
ORDER BY s_id DESC;
```

라. 튜플 변수 (Tuple Variables)의 사용
- 만약 Query가 같은 relation의 서로 다른 tuple을 이용한다면 어떻게 표시
- 질문: 학생 중에서 같은 주소를 가지고 있는 학생들은?

```
SELECT std1.name, std22.name
FROM Students AS std1, Students AS std2
WHERE std1.address = std2.address AND std1.name < std2.name;
```

마 UNION, INERSECT, EXCEPT (union-compatible)

```
(SELECT name, address
        FROM MovieStar
        WHERE gender =   F   )
INTERSECT
(SELECT name, address
        FROM MovieExec
        WHERE netWorth > 100000);
```

바. 집단화 함수 Aggregation
- 어떤 column의 값들로부터 1개의 값을 구하는 함수
- 종류 : SUM, AVG, MIN, MAX, COUNT

```
SELECT count(s_id)
FROM Students
WHERE gender = 'M';
```

3. SQLite DBMS

SQLite는 관계형 모델의 내장형(Embedded) DBMS이다. 내장형 DBMS이므로 그 크기가 매우 작고 간단해서 현재 iOS, 안드로이드 등을 사용하는 많은 모바일 기기에서 사용되고 있다. 주로 서버 컴퓨터에서 대용량의 데이터를 다루는 오라클, MS

SQL 서버 등과는 달리 SQLite는 간단한 기능으로 인하여 따로 DBMS를 관리할 필요가 없이 쉽게 사용할 수 있는 장점이 있다.

3.1 SQLite 주요 함수

SQLite에 구현된 함수는 180개가 넘지만 그 중에서 가장 중요하게 사용되는 기능을 요약하면 다음과 같다.

sqlite3_open(): 첫 번째 매개변수로 제공된 파일에 있는 데이터베이스를 오픈한다. 만약 데이터베이스가 없으면 새로 생성한 후 오픈한다. 오픈된 데이터베이스에 대해서는 2번째 매개변수에 그 데이터베이스를 다룰 핸들을 넘겨준다.

```
if (sqlite3_open(DB, &handle) == SQLITE_OK)
```

sqlite3_close(): 오픈된 SQLite 데이터베이스와의 연결을 종료할 때 사용된다. 데이터베이스 연결에 사용된 모든 자원을 반환한다.

```
sqlite3_close(handle);
```

sqlite3_prepare_v2(): SQL을 실행하기 위해서는 먼저 SQL 구문을 바이트코드로 컴파일하는 과정이 필요하다. 이 함수는 문자열로 되어 있는 SQL을 실행 가능한 코드로 변환하는 작업을 수행하며 함수의 자세한 형식은 다음과 같다.

```
int sqlite3_prepare_v2(
  sqlite3 *handle,             /* Database handle */
  const char *query,           /* SQL statement, UTF-8 encoded */
  int nByte,                   /* Maximum length of zSql in bytes. */
  sqlite3_stmt **statement,    /* OUT: Statement handle */
  const char **pzTail          /* OUT: Pointer to unused portion of query */
);
```

```
if (sqlite3_prepare_v2(handle, query, -1, &statement, NULL) == SQLITE_OK)
```

nByte값이 음수 이면 query 문자열에서 첫 번째 만나는 zero terminator까지 변환한다.

sqlite3_step(): 이 함수는 sqlite3_prepared_v2에서 생성된 SQL 바이트코드를 실행한다. 반환 결과가 없는 SQL인 경우 이 함수는 SQL을 실행하고 결과를 나타내는 코드를 반환한다.

```
if (sqlite3_step(statement) == SQLITE_DONE)
```

그러나 SELECT와 같이 질의 결과를 반환하는 경우 sqlite3_step()함수의 첫 번째 실행은 결과의 첫 번째 레코드에 커서를 위치시키는 역할을 한다. 그리고 sqlite3_step()함수의 그 다음 실행은 커서를 이동시키면서 레코드의 끝에 도달할 때까지 SQLITE_ROW를 반환하고 마지막에 도달하면 SQLITE_DONE을 반환한다.

```
while (sqlite3_step(statement) == SQLITE_ROW)
```

sqlite3_finalize(): 컴파일된 (prepared) SQL을 메모리에서 제거한다.

sqlite3_exec(): sqlite3_prepare_v2(), sqlite3_step(), sqlite3_finalize() 3개의 함수를 통합해서 1개의 함수로 만들어 놓은 것이다.

sqlite3_column_〈type〉(): 질의의 현재 결과에서 1개의 컬럼값을 가져온다. 〈type〉으로 많이 사용되는 것은 text와 int이다. 그리고 모든 컬럼 색인은 0부터 시작한다.

```
sqlite3_column_text(statement, 0)
```

3.2 SQLite 실행

SQLite는 기본적으로 명령모드에서 실행하지만 좀 더 쉬운 사용자 인터페이스를 가진 도구를 사용하여 더 쉽게 사용할 수도 있다.

3.2.1 명령모드 실행

SQLite는 대부분 운영체제의 명령 모드에서 실행 가능하다. 맥 운영체제에는 기본적으로 설치되어 있어 다음과 같이 명령 환경에서 사용 가능하다.

셸 또는 명령 창에서 다음과 같이 입력하면 새로운 데이터베이스 test.db를 생성한다.
$sqlite3 test.db

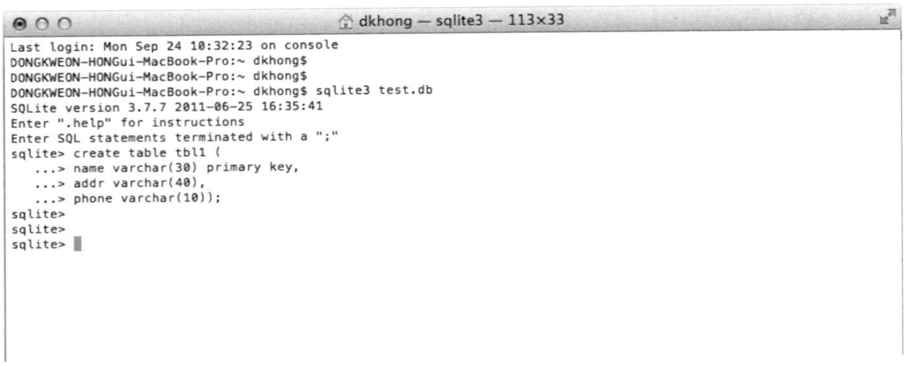

그림 5. 맥 애플 컴퓨터에서 sqlite 실행 화면

그 다음 SQL을 이용하여 테이블 생성, 데이터 입력 등의 연산을 실행할 수 있다. sqlite3 프로그램의 종료는 EOF 문자를 입력 (Control-D)하며, SQL이 오래 실행될 때는 인터럽터 문자 (Control-C)를 입력하여 정지시킬 수 있다.

3.2.2 SQLite의 자료형

대부분의 SQL DBMS는 정적 자료형을 사용하지만 SQLite는 훨씬 더 유연한 동적 자료형을 사용한다 (컬럼의 데이터는 그 값에 따라 자료형이 결정되지 컬럼의 자료형에 의해 결정되지 않는다). 따라서 저장된 값은 다음의 자료형 중 1가지를 가지게 된다.

NULL

INTEGER
REAL
TEXT
BLOB

(CHAR, VARCHAR 등은 전부 TEXT 자료형이 된다. 그리고 VARCAHR(255) 등과 같은 길이의 제한은 SQLite에서 의미가 없다.)

3.2.3 SQLite 실행 GUI 도구

대표적인 SQLite GUI 도구는 FireFox 브라우저의 부가기능으로 존재하는 "SQLite Manager"와 프리웨어인 "SQLite Database Browser"가 있다. 전부 무료로 사용할 수 있는 도구이다.

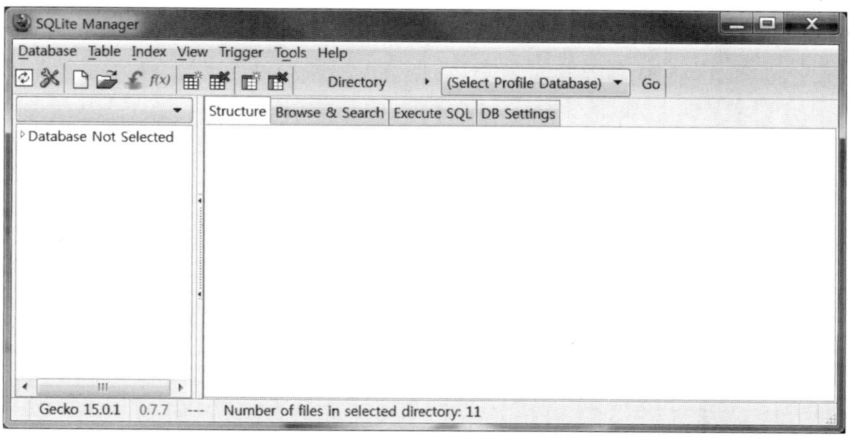

그림 6. Firefox "SQLite Manager"

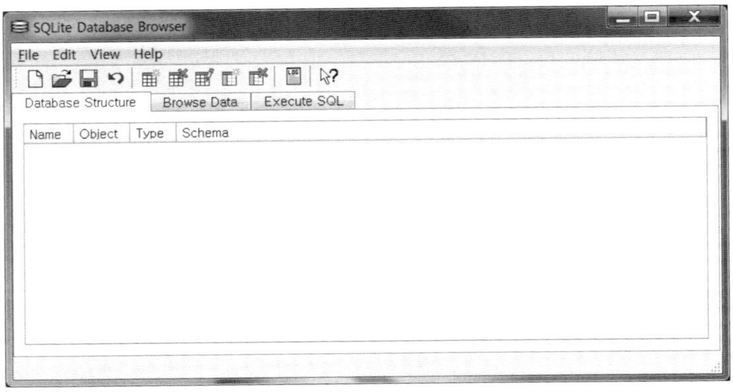

그림 7. "SQLite Database Browser" 초기 화면

"SQLite Database Browser"를 사용하는 방법을 간략히 설명하면 다음과 같다.

SQLite Database Browser에서 [File]-[New Database]에서 데이터베이스를 생성하고 (Friends_list.sqlite로 생성) 그 다음 이어서 나타나는 화면에서 테이블과 필드를 생성한다. (예, Person 테이블을 추가)

그림 8. 테이블 생성 화면

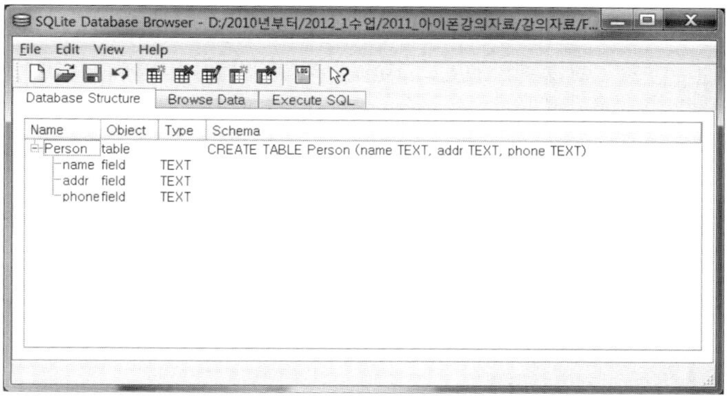

그림 9. Person 테이블의 생성

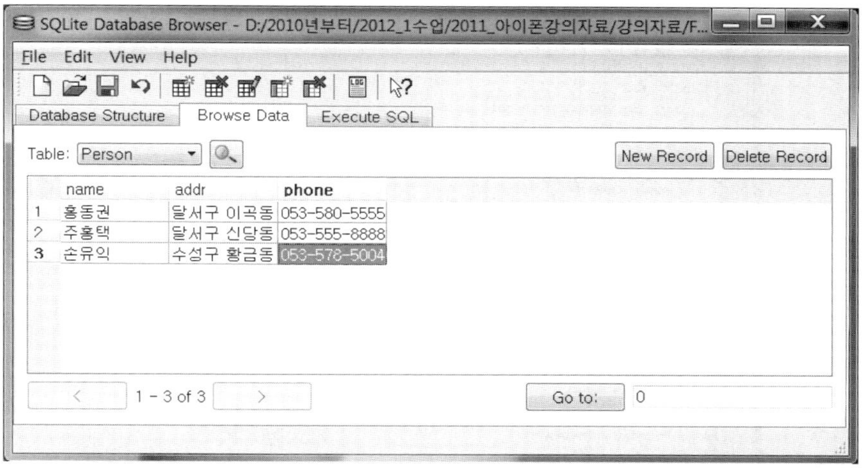

그림 10. 샘플 데이터의 입력

3.3 아이폰에서 SQLite 데이터 읽기

GUI 도구 또는 명령문 실행 등에 의해 아이폰 외부에서 생성되어 필요한 데이터를 가지고 있는 SQLite 데이터베이스를 (예, 여기서는 "Friends_list.sqlite") iphone에서 읽기 전용으로 사용할 경우 다음 그림과 같이 외부에서 생성된 DB를 프로그램에 포함시키고, SQLite 라이브러리를 추가하여야 한다.

[단계 1] iphone 앱에서 [Supporting Files]-[Add Files to ..]를 사용하여 DB를 추가 (이때 추가되는 DB는 앱 파일 구조의 Bundle에 추가된다. 따라서 데이터는 읽기전용이 된다.)

[단계 2] [Summary]-[Linked Frameworks and Libraries]에서 SQLite를 위한 라이브러리를 추가

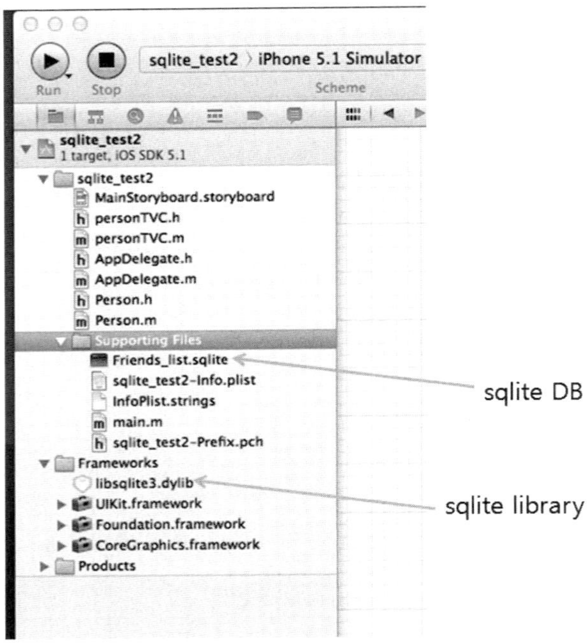

그림 11. DB와 라이브러리 추가

[단계 3] SQLite C API를 이용하여 데이터베이스의 데이터를 읽어온다.
SQLite의 테이블 스키마 Person은 (name, addr, phone)으로 구성되어 있다.

sqlite DB에서 데이터 읽기

```
-(void)viewWillAppear:(BOOL)animated
{
        NSString *databaseName = @"Friends_list.sqlite";
      // 아이폰 외부에서 생성된 SQLite DB
        sqlite3 *db;
        Person *person;

        self.person_list = [[NSMutableArray alloc] init]; // 검색 결과를 저장하기
        위한 배열

        // checkDatabase
        NSFileManager *fileManager = [NSFileManager defaultManager];
        NSString *bundlePathDB  = [[[NSBundle mainBundle]
                resourcePath]stringByAppendingPathComponent:databaseName];

      // 데이터베이스 파일이 존재하는지 검사하려면 다음과 같이
        // if ([fileManager fileExistsAtPath:bundlePathDB])

      // 데이터베이스 오픈 C API를 위해서 NSString -> UTF8String
        if (sqlite3_open([bundlePathDB UTF8String], &db) == SQLITE_OK)
        {
                sqlite3_stmt *statement; // compiled statement
                const char *query = "SELECT * FROM Person";
                if (sqlite3_prepare_v2(db, query, -1, &statement, NULL) ==
                SQLITE_OK)
             {
                  while(sqlite3_step(statement) == SQLITE_ROW) {
                        // Person object (name, addr, phone으로 구성)에 결과
                        저장
                   person =[[Person alloc] init];
                   // 첫 번째 컬럼은 인덱스가 0이다.
                        person.name =
                                [[NSString alloc] initWithUTF8String:(const char
                                *)
                                        sqlite3_column_text(statement,0)];

                        person.addr =
                                [[NSString alloc] initWithUTF8String:(const char
                                *)
                                        sqlite3_column_text(statement,1)];

                        person.phone =
                                [[NSString alloc] initWithUTF8String:(const char
                                *)
                                        sqlite3_column_text(statement,2)];
                   // person 오브젝트를 배열에 저장
                        [self.person_list addObject:person];

                  }
               }
        sqlite3_finalize(statement);
        }
  sqlite3_close(db);
}
```

배열에 저장된 Person 테이블에 대한 질의 결과를 테이블 뷰를 사용하여 화면에 출력

```
- (UITableViewCell *)tableView:(UITableView *)tableView
              cellForRowAtIndexPath:(NSIndexPath *)indexPath
{
        static NSString *CellIdentifier = @"person cell";
        UITableViewCell *cell = [tableView dequeueReusableCellWithIdentifier:CellI
        dentifier];

        // Configure the cell...
        Person *person = [self.person_list objectAtIndex:indexPath.row];
        cell.textLabel.text = person.name;
        cell.detailTextLabel.text = person.phone;
        return cell;
}
```

[단계 4] 앞의 코드로 생성한 앱의 실행 결과

그림 12. 예제 실행 결과

3.4 아이폰에서 SQLite 읽기와 쓰기

아이폰에서 파일을 다룰 때는 샌드박스 (sandbox) 개념을 사용한다. 샌드박스는 각각의 앱이 사용할 수 있는 제한된 파일시스템을 의미한다. 따라서 아이폰 앱은 어플리케이션 번들 (application bundle - a special type of directory)에서는 읽기만 가능하고, 다큐멘트 폴더에서는 읽기와 쓰기가 가능하다. (documents 폴더와 temp 폴더에서는 읽기, 쓰기가 가능하다.) 그리고 앱은 시스템 폴더와 다른 앱의 폴더에 접근할 수 없게 제한되어 있다. (자세한 내용은 iphone sandbox 참조)

앞에서 설명한 샌드박스의 개념에 따라 SQLite DB가 번들에 있는 경우에는 읽기만 가능하다. 따라서 쓰기 연산을 지원하려고 할 경우 번들에 있는 SQLite DB를 다큐먼트 폴더로 옮겨야 한다. 앞에서 사용한 Friends_list.sqlite DB를 사용하여 읽기, 쓰기가 가능한 앱을 만들어보자.

3.4.1 SQLite 읽기 및 쓰기

[단계 1] 스토리보드에서 초기화면에는 저장된 데이터를 테이블 뷰를 이용해서 출력하고, 그 다음 입력할 수 있는 화면을 추가한 다음 형태의 앱 인터페이스를 만든다.

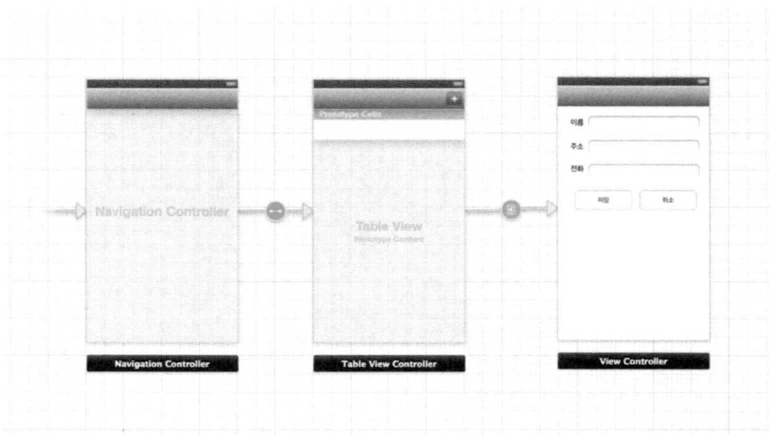

그림 13. 앱 인터페이스 구조

[단계 2] 아이폰 외부에서 생성된 SQLite 데이터베이스를 iphone에서 사용하기 위하여 iphone 앱에서 [Supporting Files]-[Add Files to ..]를 사용하여 DB를 앱에 추가한다. (이때 추가되는 DB는 Bundle에 추가된다. 따라서 데이터는 읽기전용이 된다. 여기서는 "Friends_list.sqlite"를 사용)

[단계 3] SQLite 라이브러리 추가
[Summary]-[Linked Frameworks and Libraries]에서 SQLite를 위한 라이브러리를 추가한다. 또는 [Build Phases]-[Link Binary With Libraries]에서 SQLite를 위한 라이브러리를 추가한다.

[단계 4] Documents 폴더는 실행 시간에만 접근이 가능하므로 앱의 프로그램 코드에서 다음과 같이 번들 폴더에서 다큐멘트 폴더로 DB를 이동한다.
[fileManager moveItemAtPath:bundlePathDB toPath:databasePath error:&error];

번들에서 documents 폴더로 DB 이동

```
#import "sqlite3.h"

-(void)viewWillAppear:(BOOL)animated
{
        NSString *databaseName = @"Friends_list.sqlite";
        NSString *databasePath = nil;
        NSError *error;

        NSString *documentDir =
        [NSSearchPathForDirectoriesInDomains(NSDocumentDirectory,
                        NSUserDomainMask, YES) objectAtIndex:0];
        databasePath = [documentDir stringByAppendingPathComponent:database
        Name];

        // checkDatabase
        NSFileManager *fileManager = [NSFileManager defaultManager];

        NSString *bundlePathDB  = [[[NSBundle mainBundle]
              resourcePath]stringByAppendingPathComponent:databaseName];
        if ([fileManager fileExistsAtPath:bundlePathDB])
        {
                // move  DB from bundle to document folder
                [fileManager moveItemAtPath:bundlePathDB
                                toPath:databasePath error:&error];

                if ([fileManager fileExistsAtPath:databasePath])
                {
           // 이제 document 폴더에서 읽기와 쓰기
```

* 데이터의 입력, 삭제, 변경이 SQLite DB에서 발생하면 그 내용을 출력하는 부분인 테이블 뷰가 사용하는 자료구조와 (예, 배열 리스트를 사용하는 경우 데이터를 가지고 있는 배열) 다시 동기화하는 과정이 필요하다. 즉 데이터베이스의 내용을 앱 메모리로 다시 읽어오는 과정이 필요하다. 또 테이블 뷰의 바인딩 자료구조를 항상 데이터베이스와 같게 유지하기 위한 과정을 프로그래머가 직접 구현하여야 한다. 이 과정이 매우 비효율적일 수 있다. 따라서 이런 경우 Core Data를 사용하면 이런 어려움을 전부 해결할 수있다.

즉 데이터베이스에 읽어온 데이터를 배열에 저장하는 경우 데이터베이스 내용이 변경되면 데이터베이스의 내용을 배열로 다시 읽어 오는 과정이 필요하다. 아이폰 프로그램에서 SQLite에서 읽어온 데이터는 배열에 저장하는 것이 일반적이다. 다음은 NSMutableArray에서 사용하는 주요 메소드들이다. (자세한 내용은 iOS Developer Library 참조) 이 메소드를 이용하여 배열의 내용과 데이터베이스의 내용이 동기화되게 하여야 한다.

insertObject:atIndex:

removeObject:atIndex:

addObject:

removeLastObject

replaceObjectAtindex:withObject:

[단계 5] 데이터 입력 (데이터베이스가 documents 폴더로 이동 되었으므로 데이터 입력이 가능하다)

SQLite에 데이터의 입력

```
// 데이터베이스 오픈된 상태에서
if (sqlite3_open[databasePath UTF8String], &db) == SQLITE_OK) {
    sqlite3_stmt *addstmt;
    // 입력 SQL 구문 작성 -> 3개의 매개변수 사용
    const char *sql = "INSERT INTO Person(name, addr, phone) VALUES (?, ?, ?)";

    if (sqlite3_prepare_v2(database, sql, -1, &addstmt, NULL) == SQLITE_OK)
    {
        // 매개변수의 인덱스는 1부터 시작
        sqlite3_bind_text(addstmt, 1,
            [self.name_text.text UTF8String] , -1, SQLITE_TRANSIENT);
        sqlite3_bind_text(addstmt, 2,
            [self.addr_text.text UTF8String] , -1, SQLITE_TRANSIENT);
        sqlite3_bind_text(addstmt, 3,
            [self.phone_text.text UTF8String] , -1, SQLITE_TRANSIENT);

        // 숫자인 경우 예 sqlite3_bind_int(addstmt, 3, 100) 3번째 매개변수 값으로
        100

        if (sqlite3_step(addstmt) == SQLITE_DONE)
                // data successfully added
        sqlite3_finaliz(addstmt);
    }
    sqlite3_close(db);
}
```

이름으로 검색한 데이터의 삭제

```
// 데이터베이스가 오픈된 상태에서

 const char *sql = "DELETE FROM Person WHERE name = ?";
 sqlite3_stmt *deletestmt;

 if (sqlite3_prepare_v2(database, sql, -1, &deletestmt, NULL) == SQLITE_OK)

// binding parameters index starts from 1 and not zero
// 정수인 경우 sqlite3_bind_int(deletestmt, 1, 100);
sqlite3_bind_text(deletedstmt, 1,
        [self.name_text.text UTF8String] , -1, SQLITE_TRANSIENT);
if (sqlite3_step(deletestmt) == SQLITE_DONE)
// Successfully Deleted
sqlite3_reset(deletestmt); //
```

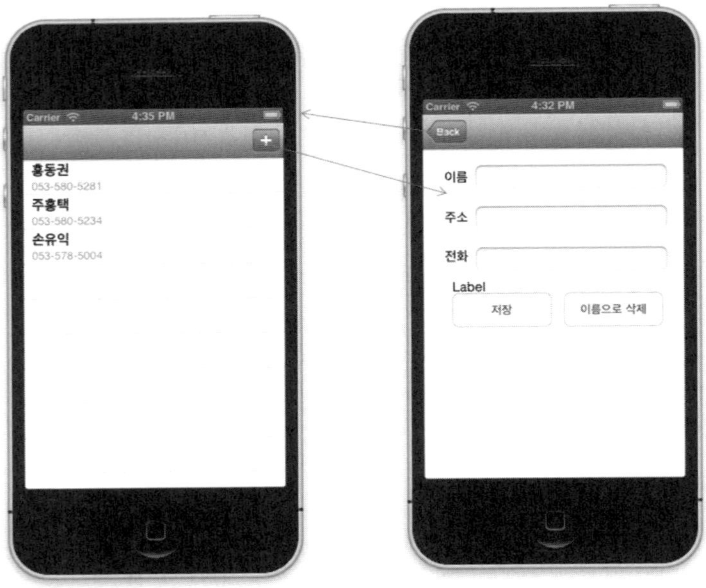

그림 14. 읽기와 쓰기가 가능한 응용

3.4.2 SQLite 읽기 및 쓰기 프로그램 코드

[그림 14]의 앱에 사용된 프로그램 코드는 다음과 같다. 먼저 [그림 14]의 저장 버튼에는 다음의 코드가 사용된다.

저장 버튼의 프로그램

```
// 입력, 삭제 화면이 있는 ViewController.m에서

- (IBAction)save_data:(id)sender {
        NSString *databaseName = @"Friends_list.sqlite";
        sqlite3 *db;
        NSString *databasePath = nil;
        //  Person *person;

        NSString *documentDir =
         [NSSearchPathForDirectoriesInDomains(NSDocumentDirectory,
                        NSUserDomainMask, YES) objectAtIndex:0];
        databasePath = [documentDir stringByAppendingPathComponent:database
        Name];


        if (sqlite3_open([databasePath UTF8String], &db) == SQLITE_OK) {
                sqlite3_stmt *statement; // compiled statement
                const char *query = "INSERT INTO Person VALUES (?, ?,
                :phone)";
                if (sqlite3_prepare_v2(db, query, -1, &statement, NULL) ==
                                                SQLITE_OK){
                        sqlite3_bind_text(statement, 1,
                        [self.name_text.text UTF8String], -1,
                        SQLITE_TRANSIENT);
                        sqlite3_bind_text(statement, 2,
                         [self.addr_text.text UTF8String], -1,
                         SQLITE_TRANSIENT);

                        // 또 다른 방법
                        sqlite3_bind_text(statement,
                        sqlite3_bind_parameter_index(statement, ":phone"),
                        [self.phone_text.text UTF8String], -1,
SQLITE_TRANSIENT);

                        if (sqlite3_step(statement) == SQLITE_DONE) {
                        self.status.text = @"Inserted";
                        }
                }
                sqlite3_finalize(statement);
        }
        sqlite3_close(db);
}
```

삭제 버튼의 프로그램

```
- (IBAction)delete_data:(id)sender {
        NSString *databaseName = @"Friends_list.sqlite";
        sqlite3 *db;
        NSString *databasePath = nil;


        NSString *documentDir =
                  [NSSearchPathForDirectoriesInDomains(NSDocumentDirectory,
                              NSUserDomainMask, YES) objectAtIndex:0];
        databasePath = [documentDir stringByAppendingPathComponent:database
        Name];

        if (sqlite3_open([databasePath UTF8String], &db) == SQLITE_OK) {
                sqlite3_stmt *statement; // compiled statement
                const char *query = "DELETE FROM Person WHERE name = ?";
                if (sqlite3_prepare_v2(db, query, -1, &statement, NULL) ==
                                                SQLITE_OK){

                        sqlite3_bind_text(statement, 1,
                        [self.name_text.text UTF8String], -1,
                        SQLITE_TRANSIENT);

                        if (sqlite3_step(statement) == SQLITE_DONE) {
                                self.status.text = @"Deleted";
                        }
                }
                sqlite3_finalize(statement);
        }
        sqlite3_close(db);
}
```

앞의 예제는 삽입, 삭제에 의해 데이터베이스 내용이 변경된 후 최초의 테이블 뷰 화면으로 되돌아오면 전체 내용을 다시 읽어 와서 화면과 동기화하는 방식을 하고 있다. 이런 방식은 데이터의 양이 많을 경우 매우 비효율적일 수 있다.

3.4.3 아이폰에서 SQLite의 고려할 사항

SQLite를 사용할 경우 외부에서 만들어진 DB를 쉽게 앱에 연결할 수 있는 장점이 있다. 하지만 SQLite의 C API를 객체지향 프로그래밍 언어인 오브젝티브-C에서 사용해야 함으로 오브젝티브-C의 NSString을 C 문자열 (UTF8String)로 변환해야 하며,

관계형 데이터베이스의 SQL 구문에 대해서 잘 이해해야 하는 등 까다로운 부분이 있다. 또 테이블 뷰와 검색 결과를 직접 연결하는 기능이 없으므로 SQLite에서 검색한 결과를 배열 등에 저장한 후 테이블 뷰와 연결하는 작업이 필요하며, 데이터베이스의 내용이 변경될 경우 프로그램의 내용과 동기화하는 작업도 필요하다. 따라서 특별한 경우가 아니면 다음에 설명할 Core Data를 사용할 것을 권고하고 있다.

Chapter 8

애플의 Core Data 프로그래밍

1. 매니지드 오브젝트 (Managed object)와 컨텍스트 (context)
2. iOS 파일 시스템
3. Core Data DB 생성

앞 장에서 임베디드 DBMS SQLite를 사용하는 방법을 알아보았다. 그런데 왜 Core Data를 사용하는가? Core Data는 MVC 패턴에서 모델 관리에 편리하며 적은 코드로 많은 기능을 쉽게 지원하게 할 수 있게 한다. Core Data DB 자체는 마이크로소프트사의 ADO.NET에 있는 데이터셋 (Dataset)과 같이 메모리에 존재하는 관계형 데이터베이스도 아니며 관계형 DBMS도 아니다. Core Data는 애플에서 개발한 것으로 메모리에서 오브젝트를 관리하는 프레임워크이다. 하지만 Core Data는 독립적으로 사용되지는 않고 SQLite 또는 XML을 이용한 저장 기법이 같이 사용되어야 한다. (저장 기법으로 iOS에서는 SQLite를 사용하며, Mac OS X에서는 XML, in-memory 방식도 가능하다) 따라서 애플의 Core Data 프레임워크는 SQLite DB를 객체지향 프로그래밍 기법으로 사용할 수 있게 한다.

1. 매니지드 오브젝트 (Managed object)와 컨텍스트 (context)

Core Data 프레임워크의 모든 기능은 "managed object context" 즉 NSManagedObjectContext 오브젝트를 통하여 이루어진다. Core Data에서 다루는 오브젝트는 "매니지드 오브젝트"이며, 전체를 관리하는 가장 중심이 되는 것이 "컨텍스트" 또는 "매니지드 오브젝트 컨텍스트"이다. [그림 1]과 같이 모든 매니지드 오브젝트는 컨텍스트의 관리하에 존재하게 된다. persistent store에서 컨텍스트로 오브젝트를 복사해 와서 필요에 따라서 변경하고 새로운 오브젝트를 추가, 또는 기존의 오브젝트를 삭제한다. 이때 컨텍스트는 모든 변경을 추적하여 undo, redo 등의 기능을 제공하고 또 오브젝트 간의 관계 일치성을 유지시킨다. 컨텍스트에서의 오브젝트 변경 내용을 저장 장치로 저장할 때는 각 오브젝트가 유효한 상태에 있는지 확인한 후 persistent store로 변경 내용을 저장한다. UIManagedDocument를 사용할 경우 [그림 1]의 모든 복잡한 과정은 프로그래머에게 숨겨져 있으므로 쉽게 프로그래밍할 수 있는 장점이 있다.

NSManagedObjectContext 오브젝트를 가져오는 방법은 1) 마스터-디테일 템플릿에서 가져오거나, 2) UIManagedDocument (iOS5의 새로운 클래스)를 생성하고 그것의 managedObjectContext (@property로 정의되어 있다.)를 가져오면 된다.

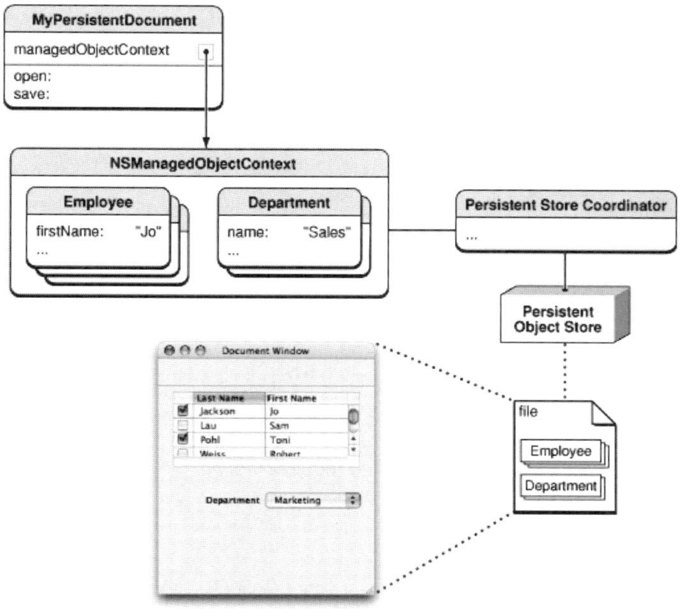

그림 1. Core Data의 전체 구조
(출처 : Apple Developer Library)

1.1. Fetch Request

매니지드 오브젝트 컨텍스트에서 조건에 맞는 매니지드 오브젝트를 검색하는 것은 데이터베이스에서 검색 조건에 맞는 레코드를 찾아오는 것과 같은 개념이다. 검색 조건에 해당하는 매니지드 오브젝트를 가져오기 위해서는 fetch request를 생성하여 사용한다. fetch request는 entity name, 검색 조건과 정렬 조건 리스트로 구성된다.

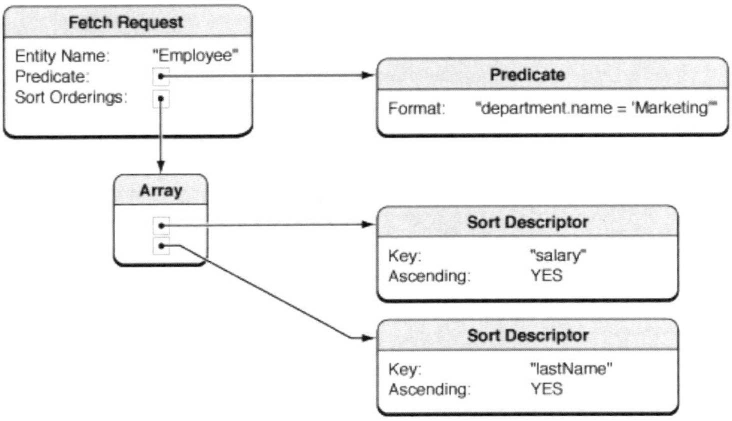

그림 2. fetch request의 구성

[그림 2]에서 fetch request의 결과는 Predicate 조건에 맞는 메니지드 오브젝트를 Sort Descriptor에 맞게 정렬되어 반환된다.

1.2 Persistent Object Store

Persistent Object Store가 매니지드 오브젝트와 실제 저장 되는 저장소의 데이터(XML 파일 또는 SQLite DB) 사이의 변환을 담당한다.

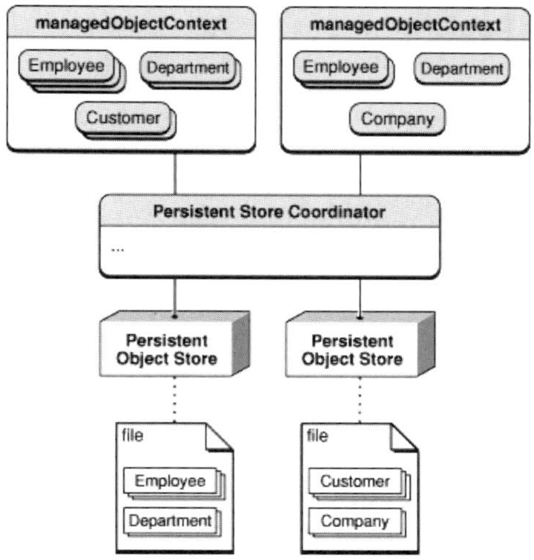

그림 3. Persistent Store Coordinator의 역할

1.3 매니지드 오브젝트 모델

일반적으로 Xcode의 Data Model Design 도구를 이용하여 [그림 4]의 형태로 표현한다. (Entity-Relationship 다이아그램과 비슷한 형태로 Object Graph Model로 표현) 모든 데이터는 다음의 [그림 4]의 다이아그램과 같이 개체 (Entity)와 관계 (Relationship)으로 데이터를 표현한다.

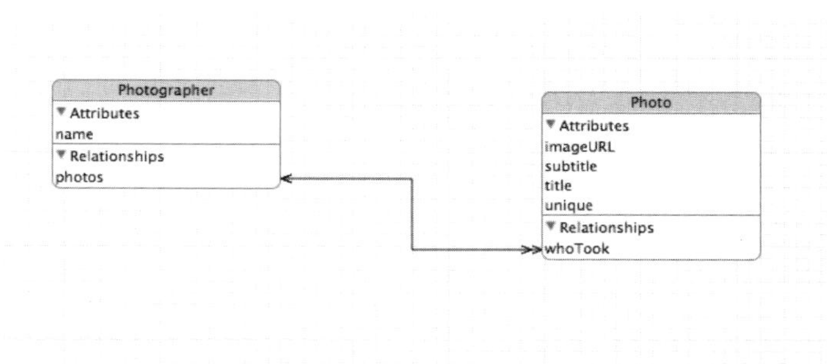

그림 4. Xcode에서 생성한 다이아그램

1.4 Core Data에서 Faulting

Faulting은 애플의 Core Data에서 사용하는 방법으로 응용 프로그램의 메모리 사용을 줄이기 위한 방법이다. Core Data에서 사용하는 오브젝트 그래프가 SQLite와 같은 persistent store의 모든 데이터를 메모리에 동시에 표현할 필요는 없다. 따라서 메모리에 표현되는 오브젝트는 필요한 것만 표현하여 메모리의 크기를 제한할 수 있다.
Core Data에서 fault는 매니지드 오브젝트를 위한 placeholder object이다. 예를 들어 다음의 [그림 5]에서 Employee에 대한 데이터를 검색하고 변경하는 응용을 고려해보자. 어떤 단일 Employee 오브젝트를 가져왔을 경우 relationship을 나타내는 manager, department, reports는 초기에 fault로 표현된다. (즉 데이터베이스의 값을 가지고 있지 않다)

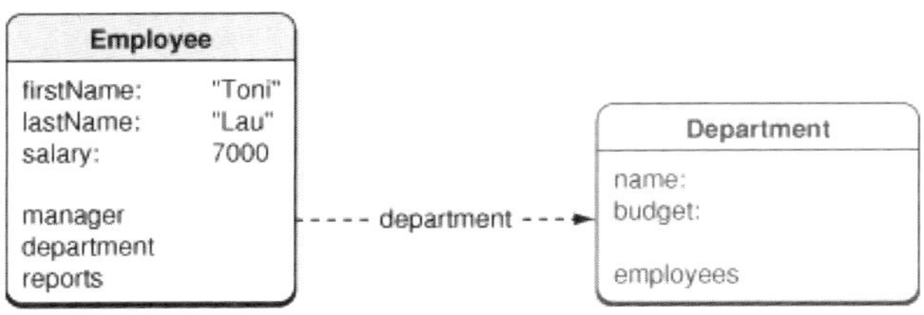

그림 5. fault로 표현된 Department

fault handling은 사용자는 전혀 의식할 필요가 없다. fault 오브젝트의 실제 값이 필요할 경우 Core Data는 자동으로 그 값을 읽어 와서 초기화 한다. (Firing Faults) 매니지드 오브젝트를 fault로 변환하면 불필요한 메모리를 절약할 수 있다.

2. iOS 파일 시스템

Core Data는 메모리에서 오브젝트를 다루지만 실제 오브젝트에 맵핑되는 데이터는 지속성 (Durability)을 유지해야 하므로 데이터는 파일 시스템에 저장되어야 한다. iOS의 경우 Core Data의 데이터는 SQLite를 이용하여 저장되며 SQLite DB 자체는 파일 시스템에 저장된다. 또 SQLite DB 이외에 관련된 이미지 파일 등도 파일 시스템의 Documents에 저장된다.

iOS 앱이 사용하는 파일 시스템의 폴더 구조는 다음의 [그림 1]과 같다. 기본적으로 iOS 앱은 샌드박스(Sandbox) 개념을 도입하여 앱마다 별도의 파일 영역을 생성하여 앱은 서로 다른 앱의 영역을 침범하지 못하게 한다.

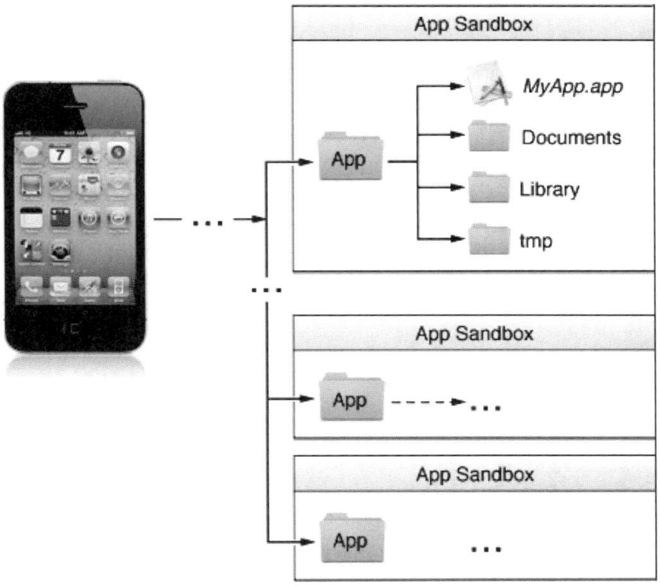

그림 6. iOS 앱 폴더 구조 [출처: iOS Developer Library]

앱에서 가장 많이 사용되는 폴더는 읽기와 쓰기가 가능하여 데이터를 저장하는데 사용되는 Documents 폴더다. Documents 폴더의 경로를 얻는 것은 다음의 2가지 방법으로 가능하다.

1)번 방법

```
NSArray *paths = NSSearchPathForDirectoriesInDomains(NSDocumentDirectory,
                                                     NSUserDomainMask,
                                                     YES);
```

```
NSString *documentFolderPath = [paths objectAtIndex:0];
```

2)번 방법

```
NSString *documentsFolderPath =
        [NSHomeDirectory() stringByAppendingPathComponent:@"Documen
        ts"]);
```

위 방법으로 개발자는 절대 경로를 지정할 필요 없이 Documents 폴더에 접근 가능하다. NSHomeDirecotory()는 App폴더를 의미한다.

폴더 구조	설 명
App 폴더	어플리케이션의 홈 디렉토리
MyApp.app (bundle)	bundle이라고하며 앱 실행을 위한 파일들이 위치한다. Xcode를 통해 템플릿 프로젝트를 만들때 자동으로 생성되는 기본 아이콘 이미지들은 이곳에 위치한다. 개발 중 추가되는 파일(이미지, 텍스트 파일 등)도 이곳에 위치한다. 앱 실행 중 폴더의 내용 변경 및 쓰기는 불가능하다.
Documents	읽기와 쓰기가 모든 가능한 장소로 사용자 데이터를 저장한다. 이 곳의 데이터는 iTunes에 의해 백업된다. 이 장소는 Runtime에만 접근 가능하므로 Xcode를 이용하여 이곳에 파일을 추가할 수는 없다. SQLite DB도 여기에 저장된다.
Library	사용자가 저장하는 데이터를 제외한 백업을 필요로 하는 데이터를 저장하는데 사용한다. Runtime에 접근 가능하다. Library/Caches Library/Preferences
tmp	임시 파일을 위한 저장소이다. 개발자는 불필요한 파일은 여기에서 삭제해야 한다. iOS 시스템은 앱이 실행 상태가 아닐 때 폴더내 파일을 삭제할 수 있다. Runtime에 접근 가능하다.

그 다음 bundle 폴더, 즉 MyApp.app에 접근은 다음의 2가지 방법으로 가능하다.

1)번 방법

```
NSString *bundlePath = [[NSBundle mainBundle] resourcePath];
```

2)번 방법

```
NSString *bundlepath = [[NSBundle mainBundle] bundlePath];
```

3. Core Data DB 생성

Core Data를 사용하여 데이터베이스를 구축하는 방법을 알아보자. 설명에 사용하는 예제로는 Photographer와 그 사진사가 찍은 Photo로 구성된 데이터베이스를 사용한다.

Photographer (name)
Photo(unique, title, subtitle, imageURL)

2개의 테이블로 사진사와 사진 데이터를 모델링한다. 그리고 누가 어느 사진을 소유하고 있는지 사진사와 사진 사이의 관계를 구성한다.

3.1 Core Data DB 구축 과정

앞의 Photographer, Photo로 구성되는 Core Data 오브젝트 모델을 만들어보자.

[단계 1] Xcode로 생성한 프로젝트에 테이블 스키마에 해당하는 오브젝트 모델을 작성한다. [File]-[New]-[File..]을 선택한 후 다음의 그림과 같이 iOS의 Core Data를 선택한 후 [Data Model]을 선택한다. (모델의 이름을 지정하면 이름.xcdatamodeld 파일이 생성)

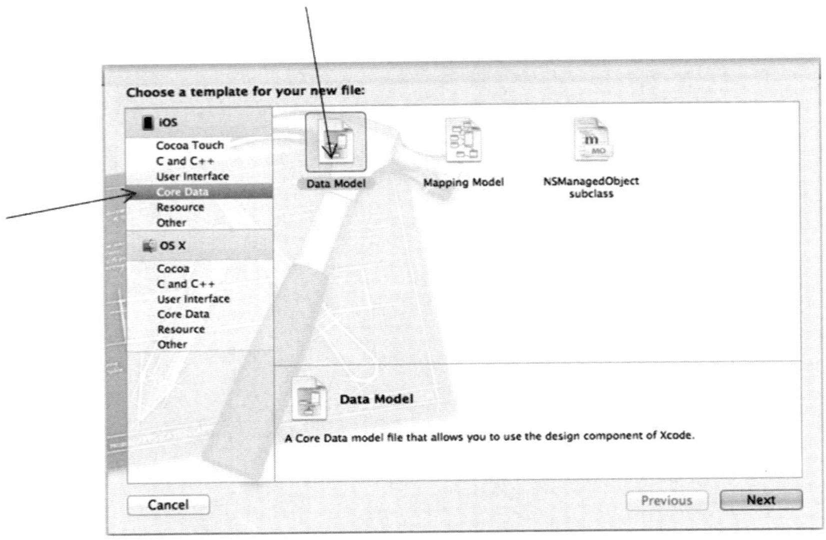

그림 7. 오브젝트 모델 파일 생성

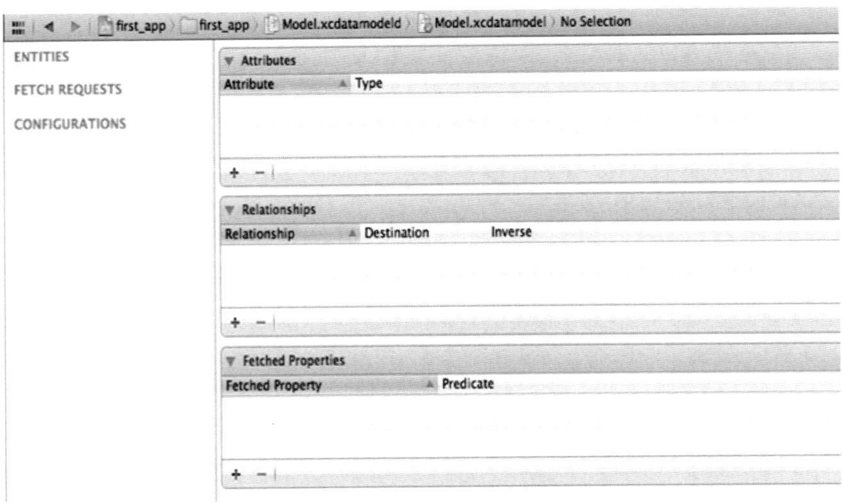

그림 8. 오브젝트 모델 작성 도구

[단계 2] [그림 8]의 오브젝트 모델 작성도구 화면에서 'ENTITIES'에 Photographer와 Photo 2개의 entity를 추가한다. 그리고 각 엔터티에 속성을 추가하고, 관계를 추가하여 [그림 9]의 형태로 오브젝트 모델을 생성한다.

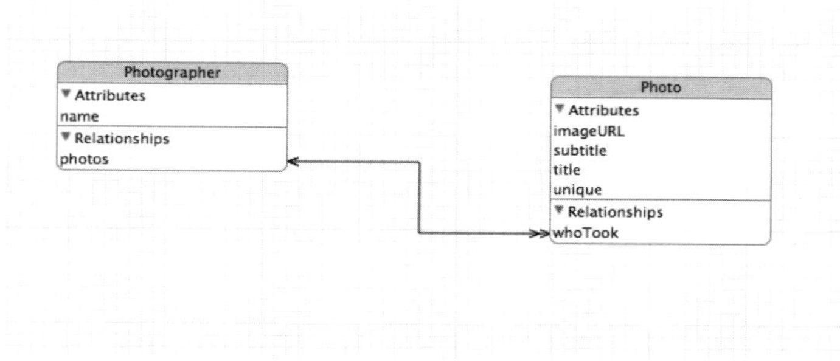

그림 9. Xcode에서 생성한 오브젝트 다이아그램

[단계 3] 프로젝트의 초기화면을 컨트롤하는 ViewController에 있는 viewWillAppear: 또는 viewDidLoad: 메소드에서 데이터베이스 위치 URL을 만들고 그 URL에 연결된 UIManagedDocument객체인 photoDatabase 프로퍼티를 생성한다. 이 과정은 1번만 실행되게 한다.

```
url = [url URLByAppendingPathComponent:@"PhotoDB"];
self.photoDatabase = [[UIManagedDocument alloc] initWithFileURL:url];
```

[단계 4] 프로퍼티 photoDatabase의 setter에서 호출한 메소드에서 URL에 실제 파일을 생성, 오픈한다.

```
if (![[NSFileManager defaultManager] fileExistsAtPath:[self.photoDatabase.fileURL path]]) {
    // 실제 데이터베이스에 해당하는 파일이 존재하지 않으면 새로 생성하고 오픈
    [self.photoDatabase saveToURL:self.photoDatabase.fileURL
              forSaveOperation:UIDocumentSaveForCreating
                     completionHandler:^(BOOL success) {
...
```

[단계 5] Photographer에 대한 결과를 보여줄 NSFetchRequest와 그것을 사용한 NSFetchedResultController (UITableViewController에서 사용)의 바인딩을 한다.

```
NSFetchRequest *request = [NSFetchRequest fetchRequestWithEntityName:@"Phot
ographer"];
request.sortDescriptors =
  [NSArray arrayWithObject:[NSSortDescriptor sortDescriptorWithKey:@"name"
                                                              ascending:YES
                          selector:@selector(localizedCaseInsensitiveCompare:)]];

// predicate을 생략 따라서 모든 Photographers를 가져온다.

self.fetchedResultsController = [[NSFetchedResultsController alloc]
initWithFetchRequest:request
                        managedObjectContext:self.photoDatabase.
                        managedObjectContext
                        sectionNameKeyPath:nil
                        cacheName:nil];
```

[단계 6] Core Data에 데이터를 입력 한다. (photo와 photographer) 사진을 입력할 때 입력하는 장소를 Photo 클래스에서 할 수도 있다. 하지만 Photo 클래스는 오브젝트 모델에서 생성된 클래스이므로 나중에 모델이 변경될 경우 Photo 클래스가 다시 만들어지게 된다. 따라서 Photo 클래스에 새로운 입력 메소드를 추가하는 것은 좋은 방법이 아니다.

2장의 오브젝티브-C의 설명에서 category에 대해서 설명하였다. category는 기존의 클래스를 변경하지 않고 클래스의 기능을 확장하는 방법이다. category 기법을 적용하여 Photo 클래스에 사진을 입력하는 메소드를 추가하면 Photo 클래스의 변경 없이 추가할 수 있는 큰 장점이 있다. 새로운 category를 Photo 클래스에 추가하기 위하여 Photo+Create를 생성하고 category의 메소드에서 다음을 사진의 개수만큼 반복하여 입력한다.

```
photo = [NSEntityDescription
          insertNewObjectForEntityForName:@"Photo" inManagedObjectContext
          :context];
```

```
// 그 다음 입력된 오브젝트에 각각의 속성 값을 지정
photo.title = ..;
photo.subtitle = ..;
```

같은 방법으로 사진사 데이터를 입력하는 category를 만들어 입력한다. Photographer는 Photographer+Create category에서 앞과 같은 방법으로 다음을 반복하여 입력한다.

```
photographer = [NSEntityDescription insertNewObjectForEntityForName:@"Photo
grapher"
                                     inManagedObjectContext:context];
```

[단계 7] UIManagedDocument가 자동으로 autosaving 하겠지만 다음의 문장을 사용하여 명확히 저장하는 것이 필요하다. (여기서 document는 UIManagedDocument)

```
[document saveToURL:document.fileURL forSaveOperation:UIDocumentSaveForO
verwriting
                                          completionHandler:NULL];
```

3.2. Core Data에서 데이터의 검색

Core data에서 데이터 검색은 predicate을 사용하여 검색한다. predicate는 제시된 조건을 사용하여 오브젝트를 검색한 후 조건에 맞는 오브젝트를 NSArray로 되돌려 준다.

predicate을 사용한 photo 검색

```
Photo *photo = nil;

NSString* search_id;

  // NSFetchRequest를 사용한 검색방법 search_id 값을 가져와서
  NSFetchRequest *request = [NSFetchRequest
            fetchRequestWithEntityName:@"Photo"];
  request.predicate = [NSPredicate predicateWithFormat:@"unique = %@",
  search_id];

  NSSortDescriptor *sortDescriptor = [NSSortDescriptor
                        sortDescriptorWithKey:@"title"
                                    ascending:YES];
  request.sortDescriptors = [NSArray arrayWithObject:sortDescriptor];

  NSError *error = nil;
  NSArray *matches = [context executeFetchRequest:request error:&error];

  // 검색 결과 , photo_id로 검색 했으므로 결과는 1개이다.
  photo = [matches lastObject];
   .....
}
```

4. 사진첩 앱의 구성

본 샘플 응용에서는 미국 스탠포드 대학 강의의 Photomania 프로그램과 유사한 앱 응용 프로그램을 작성한다. 앱 초기에 미리 준비한 사진사 정보와 그 사진사가 찍은 사진을 Core Data에 입력하고, 먼저 초기화면에서 사진사의 리스트를 출력하고, 그 다음 사진사를 선택하면 그 사진사가 찍은 사진 사진의 리스트를 보여주고, 다시 사진을 선택하면 선택된 사진의 이미지를 보여주는 다음의 [그림 10]의 "사진첩" 응용 프로그램을 작성해보자.

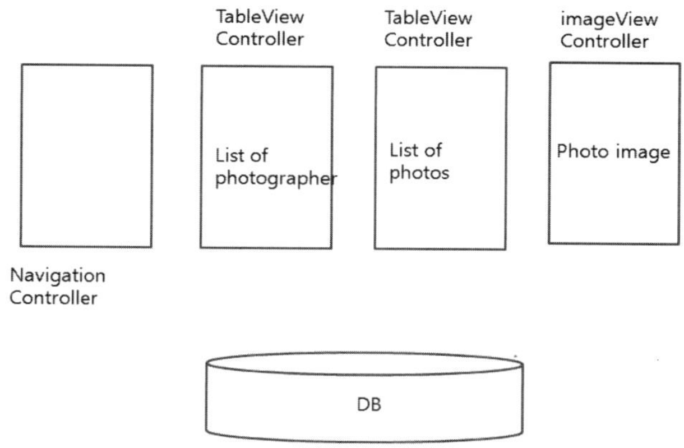

그림 10. 사진첩 응용 프로그램의 구성

사진첩 앱 프로그램은 앱에서 SQLite를 직접 사용하지 않고 객체지향 프로그래밍을 사용하기 위하여 Core Data를 사용한다. Core Data를 사용하려면 앱 프로그램 컴파일시 응용 프로그램에 CoreData framework를 추가해야 하며, Core Data의 핵심인 NSManagedObjectContext를 적절히 사용하여야 한다. UIManagedDocument를 생성하면 그 속성으로 managedObjectcontext를 쉽게 사용할 수 있다. 또 스탠포드 강의에서 제공하는 CoreDataTableViewController.[hm]를 사용하여 〈NSFetchedResultsControllerDelegate〉 프로토콜의 구현을 쉽게하여 앱 작성을 편하게 할 수 있게 한다.

사진사와 사진 정보를 Core Data에 저장할 때는 먼저 오브젝트를 저장하고, 그 다음 파일에 저장되게 하는 과정을 거친다.

사진을 DB에 저장

```
- (void)PhotoDataIntoDocument:(UIManagedDocument *)document
{
   // 사진 데이터를 입력: 이 클래스 메소드는 category로 Photo+Create.[mh]에
   있음
   // 사진 개수만큼 다음의 메소드를 호출하여 사진을 입력
   [Photo photoWithInfo:photoInfo inManagedObjectContext:document.managedO
   bjectContext];

   // 그 다음 메모리의 오브젝트들을 파일에 저장
   [document saveToURL:document.fileURL
                      forSaveOperation:UIDocumentSaveForOverwriting
                      completionHandler:NULL];
   ...
}
```

그리고 앱의 실행과정에서는 테이블 뷰를 사용하는 초기 화면에서는 데이터베이스에 있는 모든 사진사를 출력하고, 각 사진사에 대해서 그 사진사가 찍은 사진 개수를 출력하게 한다. 사진사가 소유하고 있는 사진의 개수는 어떻게 구하는가? Photographer 클래스 오브젝트에서 photos 관계를 이용하여 사진사가 소유하고 있는 사진 오브젝트의 개수를 구할 수 있다. ([photographer.photos count])

테이블 뷰에 사진사 출력

```
- (UITableViewCell *) tableView:(UITableView *)tableView
                         cellForRowAtIndexPath:(NSIndexPath
*)indexPath
{
         ...
         // ask NSFetchedResultsController for the NSMO at the row in question
         Photographer *photographer = [self.fetchedResultsController
                              objectAtIndexPath:indexPath];
         // 사진사의 이름과 사진의 개수 출력
         cell.textLabel.text = photographer.name;
         cell.detailTextLabel.text = [NSString stringWithFormat:@"%d photos",
                                    [photographer.photos count]];

         return cell;
}
```

테이블 뷰와 Core Data를 바인딩하는 오브젝트는 FetchedResultController이다. FetchedResultController 오브젝트의 바인딩 방법은 다음과 같다.

FetchedResultController 바인딩 방법

```
- (void)setupFetchedResultsController
{
        NSFetchRequest *request = [NSFetchRequest
                        fetchRequestWithEntityName:@"Photographer"];
      // 결과의 정렬은 사진사의 이름으로
        request.sortDescriptors = [NSArray arrayWithObject:[NSSortDescriptor
                                sortDescriptorWithKey:@"name"
                                ascending:YES
                                selector:@selector(localizedCaseInsensi
                                tiveCompare:)]];
        // 모든 사진사의 검색을 위하여 predicate는 생략
        self.fetchedResultsController = [[NSFetchedResultsController alloc]
                    initWithFetchRequest:request
        managedObjectContext:self.photoDatabase.managedObjectContext
                sectionNameKeyPath:nil  // 필요하면 여기서 section을 지정
                cacheName:nil];
}
```

4.1 사진첩 앱 작성 순서

앞에서 설명한 내용과 프로그램 코드를 바탕으로 실제 사진첩 앱을 작성하는 과정을 살펴보자.

4.1.1 스토리보드에서 앱 생성

다음의 과정으로 앱을 생성하자.

[단계 1] Xcode에서 [Single View Application] 생성, 1개의 generic view controller가 생성되어 있는 것은 나중에 image view를 위해 사용).

[단계 2] 2개의 generic tableViewController를 생성 (1개는 photographer, 또 다른 1개는 photo를 출력하기 위해 사용)

[단계 3] Navigation Controller에 첫 번째 tableView controller를 Embed한다. (segue 동작을 위해서는 반드시 navigaton controller에 임베드해야 한다.)

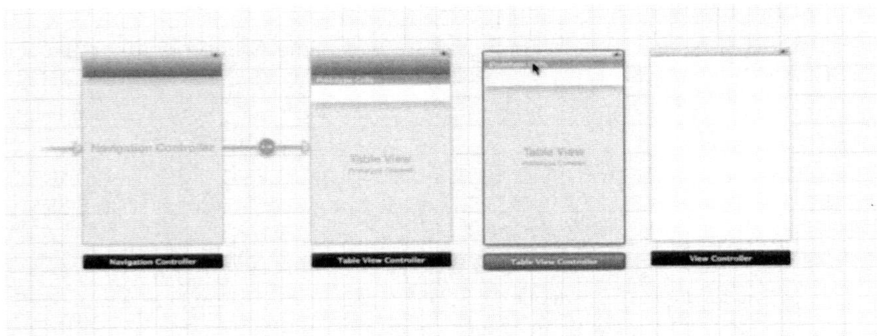

그림 11. 사진첩 화면 controller 구성

[단계 4] 미리 만들어져 있는 4개의 파일을 Xcode 프로젝트로 copy한다. (4개의 파일)

CoreDataTableViewController.[mh]

ImageViewController.[mh]

[단계 5] [그림 11]의 가장 오른쪽에 있는 ViewController에 image view (UIImageView)를 추가하고, view controller의 클래스를 ImageViewcontroller로 설정한후 Outlet을 설정한다.

[단계 6] [Core data]-[Data Model]에서 Core Data data model 생성 -> 확장자 xcdatamodeld로 생성 -> [그림 12]와 같이 ER 모델의 형태로 그래픽하게 생성 가능

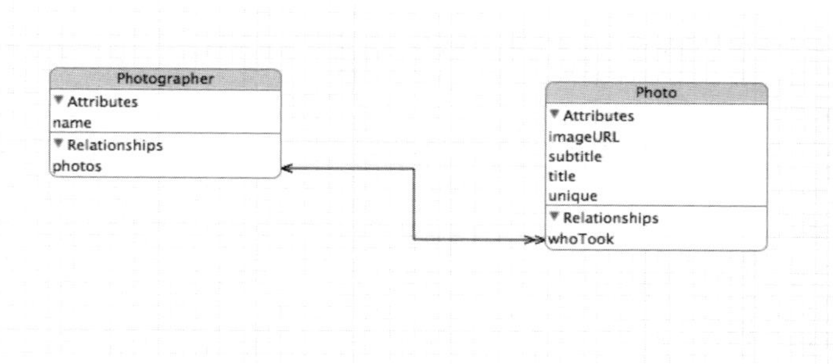

그림 12. Xcode에서 생성한 다이아그램

[단계 7] 생성된 2개의 Entity를 선택한 후 [Editor]-[Create NSManagedObject Subclass ..]를 하면 subclass 파일이 생성된다. (photo.[mh], photographer.[mh] 파일이 생성)

생성된 NSManagedObject 서브클래스 파일 중에서 photo의 내용은 다음과 같다.

Photo.h의 내용

```
#import <Foundation/Foundation.h>
#import <CoreData/CoreData.h>
@class Photographer;
@interface Photo : NSManagedObject
@property (nonatomic, retain) NSString * title;
@property (nonatomic, retain) NSString * subtitle;
@property (nonatomic, retain) NSString * unique;
@property (nonatomic, retain) NSString * imageURL;
@property (nonatomic, retain) Photographer *whoTook;
@end
```

Photo.m의 내용

```
#import "Photo.h"
#import "Photographer.h"
@implementation Photo
@dynamic title;
@dynamic subtitle;
@dynamic unique;
@dynamic imageURL;
@dynamic whoTook;
@end
```

Photo 클래스 오브젝트를 NSManagedObject로 사용하는 경우 KVC (Key Value Coding) 방식으로 setValue:forKey 메소드를 이용하여 값을 설정하고, 값을 get 하기 위해서는 valueForKey: 메소드를 이용한다.

[photo setValue:@"가을 하늘" forKey:@"title"];

하지만 오브젝트 photo가 데이터 모델에서 생성한 Photo 클래스인 경우 (NSmanagedObject의 서브클래스)에는 다음과 같이 property를 사용하여 더 쉽게 그 값을 설정할 수 있다.
photo.title = @"가을 하늘";

[단계 8] 첫 번째 Table View Controller (photographer 리스트를 보여주기 위한 것) 생성 (이름을 PhotograpersTableViewController 또는 줄여서 PhotograpersTVC)
Xcode에서 [File]-[New]-[File...]-UITableViewController subclass를 생성하고, 이름을 PhotograpersTableViewController로 지정한다.

[단계 9] 사진사를 테이블 뷰에 출력하기 위하여 다음의 메소드를 구현한다. 즉 Core Data 오브젝트들 중에서 사진사 오브젝트만 찾아서 그 내용을 NSFetchedResultController 클래스 오브젝트에 바인딩 시켰다가 다음의 〈UITableViewControllerDelegate〉 프로토콜의 메소드에서 다시 테이블 뷰와 바인딩 시키는 작업을 한다.

〈UITableViewControllerDelegate〉의 메소드

```
- (UITableViewCell *)tableView:(UITableView *)tableView
                         cellForRowAtIndexPath:(NSIndexPath *)indexPath
{
        ...

        // ask NSFetchedResultsController for the NSMO at the row in question
        Photographer *photographer = [self.fetchedResultsController
                                       objectAtIndexPath:indexPath];
        // 사진사의 이름, 사진 갯수
        cell.textLabel.text = photographer.name;
        cell.detailTextLabel.text = [NSString stringWithFormat:@"%d photos",
                                      [photographer.photos count]];

        return cell;
}
```

[단계 10] Seque 설정, 즉 첫번째 테이블 뷰에서 셀을 클릭하면 그 사진사가 찍은 사진 리스트를 보여주는 다음 테이블 뷰로 화면 전환을 위하여 설정한다.

[단계 11] 2번째 테이블 뷰 설정을 한다.
ViewController 이름은 PhotosByPhotographerTableViewController라 하고 첫 번째 테이블 뷰와 같은 방법으로 설정한다. 두 번째 테이블 뷰도 첫 번째 테이블 뷰에서 선택한 사진사로 그 사진사가 소유한 사진을 Core Data 오브젝트들을 검색하여 찾는다 (predicate 이용). 그 다음 찾은 오브젝트들을 NSFetchedResultController 오브젝트에 바인딩하고, 그것을 다시 두 번째 테이블 뷰의 화면과 바인딩 시킨다.

PhotosByPhotographerTableViewController에서

```
- (UITableViewCell *)tableView:(UITableView *)tableView
              cellForRowAtIndexPath:(NSIndexPath *)indexPath
{
        static NSString *CellIdentifier = @"Photo Cell";
      . . .
        // Configure the cell...
        Photo *photo = [self.fetchedResultsController
objectAtIndexPath:indexPath];
        cell.textLabel.text = photo.title;
        cell.detailTextLabel.text = photo.subtitle;

        return cell;
}
```

[단계 12] 다시 Segue 설정, 이번에는 사진 리스트를 선택하면 그 사진의 이미지를 보여주는 마지막 화면으로 화면 전환을 위하여 설정한다.

4.1.2 사진사 테이블 파일의 작업

초기 화면의 테이블 뷰 (PhotograpersTableViewController)에서는 사진과 사진사 데이터를 데이터베이스에 입력하고, 그 다음 사진사의 리스트를 테이블 뷰에 출력하는 과정을 수행한다. 가장 중요한 부분으로 Core Data DB를 위하여 photoDatabse 프로퍼티를 생성하였다.

PhotographersTableViewController.h의 내용

```
// .h 파일의 내용
..
@interface PhotographersTableViewController : CoreDataTableViewController
@property (nonatomic, strong) UIManagedDocument *photoDatabase; //Core Data
DB
@end
```

PhotographersTableViewController.m의 내용

```
// .m 파일의 내용
- (void)viewWillAppear:(BOOL)animated
{
        [super viewWillAppear:animated];
        if (!self.photoDatabase) { //  DB 설정은 1번만 수행
          NSURL *url = [[[NSFileManager defaultManager]
            URLsForDirectory:NSDocumentDirectory
                        inDomains:NSUserDomainMask] lastObject];

                // DB 파일 이름을 결정 여기서는 @"PhotoDB
          url = [url URLByAppendingPathComponent:@"PhotoDB"];
          // url is now "<Documents Directory>/PhotoDB"
          self.photoDatabase = [[UIManagedDocument alloc] initWithFileURL:url];
          // 의미는? -> URL에 연결된 document object를 반환한다.
          //  하지만 실제로 URL에 그 파일은 초기에는 아직 존재안함
          // 나중에 setter에서 그 URL에 실제 파일 생성
        }
}
```

photoDatabase의 setter에서 다음 메소드를 호출

```
- (void)useDocument
{
        if (![[NSFileManager defaultManager]
                fileExistsAtPath:[self.photoDatabase.fileURL path]]) {
        // 파일이 존재하지 않음, 그래서 생성 ->
        [self.photoDatabase saveToURL:self.photoDatabase.fileURL
                forSaveOperation:UIDocumentSaveForCreating
                        completionHandler:^(BOOL success) {
                        [self setupFetchedResultsController];
                        [self PhtoDataIntoDocument:self.photoDatabase]; // 사진
                        입력
                        }
        ];
        } else if (self.photoDatabase.documentState == UIDocumentStateClosed) {
            // 디스크에 파일 존재, 그 파일을 open 하면 됨
                [self.photoDatabase openWithCompletionHandler:^(BOOL
                success) {
                                [self setupFetchedResultsController];
                                }
                ];
        } else if (self.photoDatabase.documentState == UIDocumentStateNormal) {
                // 파일이 오픈 되어 있음, 사용할 준비가 됨
                [self setupFetchedResultsController];
                }
}
```

PhotograpersTVC와 PhotosByPhotographerTVC는 같은 Core Data DB를 사용하므로 2개의 테이블 뷰는 같은 managedObjectContext를 사용해야한다. 그래서 segue에서 photographer managedObject를 두 번째 화면으로 전달해주면 쉽게 같은 managedObjectContext를 사용할 수 있다.

첫 번째 테이블 뷰에서 두 번째 테이블 뷰로 segue

```
- (void)prepareForSegue:(UIStoryboardSegue *)segue sender:(id)sender
{
        NSIndexPath *indexPath = [self.tableView indexPathForCell:sender];
        Photographer *photographer =
            [self.fetchedResultsController objectAtIndexPath:indexPath];
        if ([segue.destinationViewController
              respondsToSelector:@selector(setPhotographer:)])
    {
                // 화면 전환 segue하면서 선택된 사진사 오브젝트를 전달
                [segue.destinationViewController
                 performSelector:@selector(setPhotographer:)
              withObject:photographer];
        }
}
```

4.1.3 사진사와 사진 입력

photo에 관련된 내용은 Photo 클래스에 추가하는 것이 적절한데 Photo 클래스가 모델에서 자동생성된 것이어서 (스키마가 변경되면 다시 생성하기 때문에) 클래스를 직접 변경하지 않고 그 기능을 확장하는 category 기능을 사용한다.
[File]-[New]-[New File]-[Cocoa Touch]-[ObjectC Category] 선택한 후 [Category]에 Create, [Category on]에 Photo를 선택하면 Photo+Create.[mh]가 생성된다.
그 파일의 일부분을 살펴보면 다음과 같다.

```
// Photo+Create.m
#import "Photographer+Create.h"
@implementation Photo (Create)
....
@end
```

Category에서 사진을 입력한다. 그리고 사진 정보에 그 사진의 작가 정보가 필요하다. 이 사진작가 정보를 입력하기 위한 메소드를 구현하기 위하여 Photographer에

다시 category를 생성한다. (Photograper+create)

5. Core Data NSPredicate

관계형 DBMS SQLite는 SQL SELECT-FROM-WHERE 문장을 사용하여 다양한 검색을 수행한다. 반면 Core Data에서 데이터를 검색할 때는 다양한 조건으로 검색할 수 있는 NSPredicate 클래스를 제공한다.

5.1 Core Data 검색 과정

[단계 1] NSFetchRequest 클래스 오브젝트의 생성, 이때 사용할 Entity를 지정한다.

Entity를 지정하는 2가지 방법

```
NSManagedObjectContext *moc = [self someManagedObjectContext];

// (1) 번 방법 NSFetchRequest
NSFetchRequest *request = [NSFetchRequest fetchRequestWithEntityName:@"Pho
to"];

// (2)번 방법
 NSEntityDescription *entityDescription = [NSEntityDescription
                                    entityForName:@"Photo"
                                   inManagedObjectContext:moc];
NSFetchRequest *request = [[NSFetchRequest alloc] init];
[request setEntity:entityDescription];
```

[단계 2] NSFetchRequest 클래스 오브젝트의 predicate 속성에 검색할 오브젝트의 조건을 지정한다. predicate 오브젝트는 NSPredicate 클래스 오브젝트이다.

Predicate 지정

```
// name 속성의 값이 self.name_field.text의 값과 일치하는 것을 검색
// (1) 방법
request.predicate = [NSPredicate predicateWithFormat:
                @"name = %@",  self.name_field.text];

// (2) 방법 - %K 사용
NSString *attname = @"name";
request.predicate = [NSPredicate predicateWithFormat:
                @"%K = %@",  attname, self.name_field.text];
```

[단계 3] 정렬 순서 지정 (여러 개의 정렬 필드 지정 가능)

정렬 순서 지정

```
NSSortDescriptor *sortDescriptor = [NSSortDescriptor
                    sortDescriptorWithKey:@"firstName" ascending:YES];

request.SortDescriptors = [NSArray arrayWithObject:sortDescriptor];
```

[단계 4] NSPredicate 클래스 오브젝트 request에 지정된 조건을 NSArray *array = [moc executeFetchRequest:request error:&error]; 방식으로 실행한다. 검색된 오브젝트는 NSArray로 반환된다.

request 실행

```
NSError *error;
NSArray *array = [moc executeFetchRequest:request error:&error];
if (array != nil) {
   NSUInteger count = [array count]; // 검색된 데이터의 개수
   //
}
```

5.2 Predicate 형식

데이터 검색을 위해서 NSPredicate 클래스는 다음과 같은 형식으로 사용된다.

```
NSString *attname = @"name";
 request.predicate = [NSPredicate predicateWithFormat:
                @"%K = %@",  attname, self.name_field.text];
```

이때 predicateWithFormat 메소드에서 사용하는 포맷 스트링은 SQL의 WHERE절에 해당하는 부분이다.

5.2.1 기본 비교 연산

NSPredicate에서 제공하는 기본 비교 연산은 다음과 같다.

비교 연산	연산 내용
=, ==	왼쪽, 오른쪽 연산식의 값이 같다.
>=, =>	왼쪽 연산식의 값이 오른쪽 연산식의 값보다 크거나 같다.
<=, =<	왼쪽 연산식의 값이 오른쪽 연산식의 값보다 작거나 같다.
>	왼쪽 연산식의 값이 오른쪽 연산식의 값보다 크다.
<	왼쪽 연산식의 값이 오른쪽 연산식의 값보다 작다.
!=, <>	왼쪽 연산식의 값과 오른쪽 연산식의 값이 다르다.
BETWEEN	왼쪽 연산식의 값이 오른쪽의 값 사이에 있다. 여기서 오른쪽은 범위를 나타내는 2개의 값을 가진다. (예, NSPredicate *betweenPredicate = [NSPredicate predicateWithFormat: @"myvalue BETWEEN %@", @[@1, @10]];

또 다음과 같은 특수한 Predicate도 제공한다.

TRUEPREDICATE : 그 값이 항상 TRUE가 되는 predicate
FALSEPREDICATE : 그 값이 항상 FALSE가 되는 predicate

기본 비교 연산들은 다음의 논리 연산과 결합하여 복잡한 비교 연산을 구성한다.

논리 연산	연산 내용
AND, &&	논리 AND
OR, ||	논리 OR
NOT, !	논리 NOT

5.2.2 문자열 비교

Predicate는 다음과 같은 문자열 비교 연산을 제공한다.

문자열 비교 연산	연산 내용
BEGINWITH	오른쪽 연산식으로 시작하는 문자열 (예, name BEGINWITH $first_name)
CONTAINS	오른쪽 연산식을 포함하고 있는 문자열
ENDWITH	오른쪽 연산식으로 끝나는 문자열
LIKE	문자열의 패턴 매칭 (와일드 문자로는 ?와 *를 사용한다)
MATCHES	오른쪽 문자열이 regex 형식을 가지는 것을 만족하는 문자열

문자열 비교는 디폴트로 대.소문자를 구별하여 비교한다. 대소문자 구분과 그리고 다른 방식의 표현을 (예를 들어 미국식과 영국식) 구분하지 않을 경우 각 연산자의 뒤에 [c] [d] 또는 [cd]를 사용하면 된다. (예, name BEGINWIHT[cd] $First_name)

다음은 Predicate에서 사용 가능한 예약어이다.

예약어
AND, OR, IN, NOT, ALL, ANY, SOME, NONE, LIKE, CASEINSENSITIVE, MATCHES, CONTAINS, BEGINSWITH, ENDSWITH, BETWEEN, NULL, NIL, SELF, TRUE, YES, FALSE, NO, FIRST, LAST, SIZE, ANYKEY, SUBQUERY, CAST, TRUEPREDICATE, FALSEPREDICATE

Chapter 9

Core Data를 이용한 주소록 관리 프로그램

1. 화면 구성 및 초기화
2. 데이터 입력, 검색, 삭제, 변경
3. 테이블 뷰를 사용하여 전체 출력
4. 테이블 뷰 활용

앞에서 배운 Core Data 사용 방법을 활용하여 아이폰에서 Core Data를 이용한 고객 주소록 관리 프로그램을 만들어보자. 고객 주소록 관리 프로그램은 1)고객 정보의 입력, 2) 고객 리스트 보기, 3) 고객 검색 기능으로 구성된다.

1. 화면 구성 및 초기화

[그림 1]과 같이 텍스트필드를 사용하여 주소록에 입력 및 검색 프로그램을 만든다.

그림 1. 주소록 관리 앱

주소록 프로그램 개발 순서는 다음과 같다.

[단계 1] 인터페이스 작성, [그림 1]과 같이 사용자 화면을 작성한다. 화면은 3개의 텍스트 필드, 1개의 레이블 (상태를 출력하기 위한 장소)에 대해서 Outlet 설정 및 .m 파일에서@synthesize를 추가한다. 그 다음 save, search 버튼에 Target/Action

을 설정한다.

[단계 2] 텍스트 필드의 키보드를 처리하기 위하여 delegate 설정
1) ViewController.h에 〈UITextFieldDelegate〉 추가
2) 3개의 텍스트 필드에서 dock-scene의 ViewController로
컨트롤-드래그하여 delegate 설정
3) ViewController.m에 textFieldShouldReturn delegate 메소드 추가

[단계 3] Data model 작성 (Object graph)
[File]-[[New]-[File...]- iOS의 [Core Data]-[Data Model] 선택한다. 이때 확장자가 xcdatamodeld 인 파일이 생성된다. 데이터 모델에서는 entity를 (여기서는 "Friends") 추가하고, name, address, phone의 3개의 attribute를 추가한다. (데이터 타입은 문자열로)

[단계4] entity에 대한 NSManagedObject 클래스 파일 생성
entity 선택 후 [Editor]-[Create NSManagedObject Subclass...]하여 Friends.[mh] 파일이 생성된다.

[단계 5] ViewController.h에 Core Data DB 추가
@property (nonatomic, strong) UIManagedDocument *friendDatabase;

!! 프로그램의 실행 확인을 위해서는 반드시
[Targets]-[Summary]의 "Linked Frameworks and Library"에 CoreData.framework 추가

[단계 6] ViewController.m에서 모델 프로퍼티 friendDatabase를 설정한다. 즉 데이터베이스를 만들어 연결하는 작업을 수행한다.

friendDatabase 설정

```
// view가 화면에 나타날 때마다 호출
- (void)viewWillAppear:(BOOL)animated
{
        [super viewWillAppear:animated];

        if (!self.friendDatabase) { // friendDatabase가 설정되어 있지 않으면
          NSURL *url = [[[NSFileManager defaultManager]
                        URLsForDirectory:NSDocumentDirectory
                              inDomains:NSUserDomainMask] lastObject];
         url = [url URLByAppendingPathComponent:@"friends Database"];
         // url is now "<Documents Directory>/friends Database"
         self.friendDatabase = [[UIManagedDocument alloc] initWithFileURL:url];
        }
}
```

friendDatabase 커스텀 setter

```
 // friendDatabase property의 custom setter
- (void)setFriendDatabase:(UIManagedDocument *) friendDatabase
{
        if (_friendDatabase != friendDatabase) {
          _friendDatabase = friendDatabase;
          [self useDocument]; // 다음에 설명 -->
        }
}
```

[단계 7] 데이터베이스 파일의 생성 및 오픈

- 먼저 데이터베이스 파일이 존재하는지 확인한다.
- 파일이 존재하지 않으면 파일을 새로 생성한다. 이때 파일을 생성하고 오픈하는 과정은 시간이 많이 소요되는 작업으로 비동기식으로 진행된다. 따라서 반드시 completionHandler 내부의 블록에서 파일 연산이 끝나기를 기다렸다가 다음의 파일 작업을 진행해야 한다. 파일 작업이 완전히 실행되면 label에 준비되었다는 메시지를 출력한다.

setter에서 호출한 useDocument 메소드

```
// 데이터베이스에 해당되는 파일을 생성 및 오픈

- (void)useDocument
{
        if (![[NSFileManager defaultManager]
         fileExistsAtPath:[self.friendDatabase.fileURL path]]) {
        // DB 파일이 존재하지 않으면 새로 생성 ->
      //  forSaveOperation:UIDocumentSaveForCreating
        [self.friendDatabase saveToURL:self.friendDatabase.fileURL
                forSaveOperation:UIDocumentSaveForCreating
                   completionHandler:^(BOOL success) {
                        self.msg_labe.text = @"Ready";
                }];
        } else if (self.friendDatabase.documentState == UIDocumentStateClosed) {
        // 오픈이 안된 경우 오픈해서 사용
                [self.friendDatabase openWithCompletionHandler:^(BOOL
                success) {
                        self.msg_labe.text = @"Ready";
                }];
        } else if (self.friendDatabase.documentState == UIDocumentStateNormal) {
                // 이미 오픈 되어 있으면
                self.msg_labe.text = @"Ready";
        }
}
```

2. 데이터 입력, 검색, 삭제, 변경

[그림 1]에서의 자료 입력은 각 텍스트 필드에 스트링을 입력한 후 저장 버튼을 누르면 그 내용이 입력된다. 이때 empty string에 대한 처리가 필요하다. 특히 예제에서는 name이 primary key의 역할을 하므로 empty string이 name의 값으로 저장되지 않도록 해야 한다.

2.1 저장 버튼 구현

[그림 1]의 저장 버튼 구현은 다음과 같다. Core Data DB에는 Friends 엔터티가 있으며, 엔터티에는 name, address, phone의 3개의 속성이 있다. 저장 과정은 먼저 name의 값으로 검색을 실행한 후 중복이 없으면 그 데이터를 입력한다.

저장 버튼의 구현

```
 - (IBAction) save_button:(id) sender
{
        NSManagedObjectContext *context = self.friendDatabase.managedObjectC
        ontext;
        Friends *friend = nil;

        // NSFetchRequest를사용한 검색방법
        // self.name_field.text가 empty string이 아닌 경우 다음 실행
        NSFetchRequest *request =
           [NSFetchRequest fetchRequestWithEntityName:@"Friends"];
        request.predicate = [NSPredicate
                    predicateWithFormat:@"name = %@", self.name_field.text];
        NSSortDescriptor *sortDescriptor =
                [NSSortDescriptor sortDescriptorWithKey:@"name" ascending:YES];
        request.sortDescriptors = [NSArray arrayWithObject:sortDescriptor];

        NSError *error = nil;
        NSArray *matches = [context executeFetchRequest:request error:&error];

        if (!matches || ([matches count] > 1)) {
                // name의 중복, 또는 오류 handle error
        } else if ([matches count] == 0) {
            // 정상적 -> 1개의 NSManagedObject instance를 DB에입력
                friend = [NSEntityDescription
                        insertNewObjectForEntityForName:@"Friends"
                                        inManagedObjectContext:context];
                friend.name = self.name_field.text;
                friend.address = self.addr_field.text;
                friend.phone = self.phone_field.text;
                self.msg_label.text = @"Data successfully added";
        } else { // 중복이 있으면
                friend = [matches lastObject];
                self.msg_label.text = @"Trying Duplicated insertion";
        }
}
```

2.2 검색 버튼 구현

검색 버튼은 name으로 검색하는 기능이다. 구현된 메소드는 다음과 같다. 입력 시 name의 값이 중복된 것은 입력되지 않게 하였으므로 데이터가 존재한다면 항상 1개를 검색한다.

검색 버튼의 구현

```
-(IBAction) search_button:(id) sender
{
        NSManagedObjectContext *context = self.friendDatabase.managedObjectC
        ontext;
        Friends *friend = nil;

        // NSFetchRequest를사용한 검색방법
        // name의 값이 empty string이면 검색을 진행할 필요가 없다.
        NSFetchRequest *request = [NSFetchRequest fetchRequestWithEntityName:
        @"Friends"];
        request.predicate =
          [NSPredicate predicateWithFormat:@"name = %@", self.name_field.text];
        NSSortDescriptor *sortDescriptor =
                    [NSSortDescriptor sortDescriptorWithKey:@"name"
                    ascending:YES];
        request.sortDescriptors = [NSArray arrayWithObject:sortDescriptor];

        NSError *error = nil;
        NSArray *matches = [context executeFetchRequest:request error:&error];
        // 검색실행

        if ([matches count] == 1)) {
                friend = [match lastObject];
                self.msg_label.text =
               [NSString stringWithFormat:@"%d matched found", [matches
               count]];
                self.addr_field.text = friend.address;
                self.phone.text = friend.phone;

        } else { // 없으면
                self.msg_label.text = @"No matches found";
        }
}
```

2.3 삭제 기능

삭제 기능은 삭제할 오브젝트를 명시하여야 한다. 본 예제에서는 이름으로 삭제할 오브젝트를 검색한 후 삭제하는 기능이다. 앞에서의 입력과 마찬가지로 삭제의 경우도 Core Data DB에 저장된 오브젝트 또는 삭제된 오브젝트의 상태는 자동으로 해당 파일에 저장된다. 따라서 Core Data DB의 상태와 실제 데이터를 가지고 있는 파일간의 데이터 일치성은 자동으로 유지된다.

삭제의 구현

```
-(IBAction) delete_button:(id) sender
{
        NSManagedObjectContext *context = self.friendDatabase.managedObjectC
        ontext;
        Friends *friend = nil;

        // NSFetchRequest를사용한 검색방법
        NSFetchRequest *request =
           [NSFetchRequest fetchRequestWithEntityName:@"Friends"];
        request.predicate = [NSPredicate
                 predicateWithFormat:@"name = %@", self.name_field.text];
        NSSortDescriptor *sortDescriptor = [NSSortDescriptor
                        sortDescriptorWithKey:@"name" ascending:YES];
        request.sortDescriptors = [NSArray arrayWithObject:sortDescriptor];

        NSError *error = nil;
        NSArray *matches = [context executeFetchRequest:request error:&error];

        if ([matches count] == 1)) {
                friend = [match lastObject];
                self.msg_label.text =
               [NSString stringWithFormat:@"%d matches found", [matches
               count]];

                // 삭제는
                [context deleteObject:friend];
                self.msg_label.text = @"Successfuly deleted";
        } else { // 없으면
                self.msg_label.text = @"Nothing to delete";
        }
}
```

3. 결과를 테이블 뷰를 사용하여 전체 출력

데이터베이스에 저장된 모든 데이터를 테이블 뷰를 이용하여 화면에 출력하는 방법으로 segue와 table view 방법이 필요하다. 초기화면에 "full list" 명령 버튼을 생성하여 이 버튼을 누르면 segue 화면 전환하며, 데이터베이스의 전체 리스트를 테이블 형식으로 보여준다.

3.1 테이블 뷰 생성

[단계 1] 테이블 뷰 생성 방법은 Xcode의 Utilities 영역에 있는 오브젝트 라이브러리에서 스트리보드로 [table view controller]를 드래그한다.

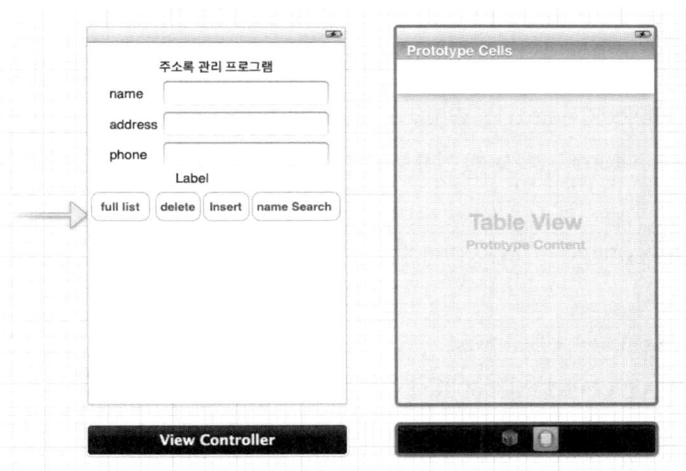

그림 2. 테이블 뷰 생성

[단계 2] 테이블 뷰와 검색 결과를 연결해주는 클래스인 NSFetchedResultController의 역할이 중요하다. 필요한 내용은 참고자료에서 CoreDataTableViewController.[hm]에 구현되어 있으니 이 파일을 복사해서 사용한다.

[단계 3] [File]-[New]-[New File ...]에서 [Cocoa Touch] - [Objective C class]에서 UITableViewController의 subclass를 1개 생성한다. (나중에 이것은 다시 복사해온 CoreDataTableViewController의 subclass로 바꾼다). 그리고 파일 이름은 FriendsTableViewController (FTVC)로 생성)

[단계 4] [그림 2]의 TVC의 Identity Inspector에서 클래스를 FTVC로 변경한다. 그 다음 TVC의 Protype Cells을 선택한 후 Attribute Inspector에서 Style과 Identifier를 결정한다. 이때 Identifier에 사용한 이름은 cellForRowAtIndexPath: 메소드의 처리 부분에 사용하는 이름과 일치해야 한다. (여기서는 "Friends Cell"로 설정)

[단계 5] 첫 번째 화면에서 사용하는 context를 2번째 테이블 뷰에서 공유해야 하므로 segue에서 두 번째 화면인 TableView로 context 정보를 넘겨준다. 이 메소드는 segue 준비과정에서 호출한다.

[단계 6] 두 번째 뷰 컨트롤러인 FTVC에 초기화면에서 사용하는 context (NSManagedObjectContext)를 받을 수 있게 프로퍼티와 setter를 만든다.

```
@property (nonatomic, strong) NSManagedObjectContext *dbcontext;

- (void) setDbcontext ( *) dbcontext
{
        _dbcontext = dbcontext;
        [self setupFetchedResultController];
}
```

테이블 뷰를 위한 setupFetchedResultController

```
- (void)setupFetchedResultsController
{
        NSFetchRequest *request = [NSFetchRequest
                fetchRequestWithEntityName:@"Friends"];
        request.sortDescriptors = [NSArray arrayWithObject:[NSSortDescriptor
                                   sortDescriptorWithKey:@"name"
                                   ascending:YES
selector:@selector(localizedCaseInsensitiveCompare:)]];
        // 모든 주소록을 출력하기 위하여 Predicate 생략
        self.fetchedResultsController = [[NSFetchedResultsController alloc]
                  initWithFetchRequest:request
                      managedObjectContext:self.dbcontext
                          sectionNameKeyPath:nil
                          cacheName:nil];
}
```

[단계 7] Core Data DB에 있는 Friends 클래스 오브젝트를 테이블 뷰에 출력하기 위한 작업으로 UITableViewControllerDelegate 메소드를 구현하여 테이블 뷰와 fetchedResultController를 서로 바인딩 시킨다.

FTVC의 cellForRowAtIndexPath 메소드 처리 방법

```
- (UITableViewCell *)tableView:(UITableView *)tableView
                   cellForRowAtIndexPath:(NSIndexPath *)indexPath
{
        static NSString *CellIdentifier = @"Friends Cell"; // 이름이 일치해야 한다.
      .....

        Friends *friend = [self.fetchedResultsController
objectAtIndexPath:indexPath];
        // Then configure the cell using it ...
        cell.textLabel.text = friend.name;

        return cell;
}
```

[단계 8] 첫 번째 화면을 Navigation Controller에 임베드 시킨다. segue를 실행하려면 반드시 Navigation Controller에 임베드 시켜야 한다. 따라서 [그림 3]과 같이 임베드 시킬 첫 번째 View를 선택한 후 [Editor[-[Embed in]-[Navigation Controller]

를 선택한다.

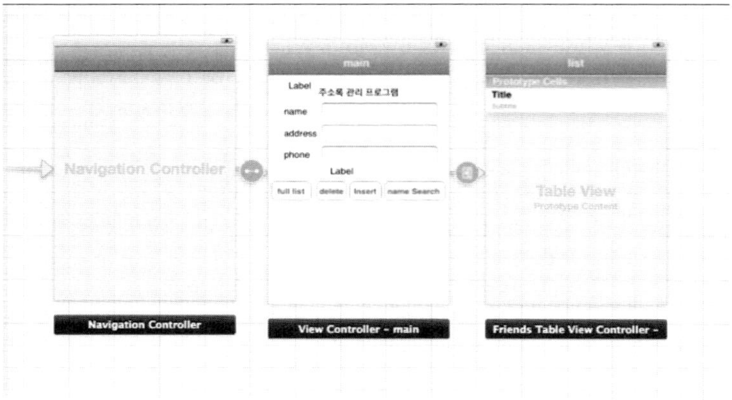

그림 3. Navigation Controller에 임베드

[단계 9] segue를 구현하기 위하여 초기 화면의 ViewController에 다음의 segue 관련 메소드를 추가한다. 이 메소드는 TVC로 NSManagedObjectContext 정보를 넘겨 같은 데이터베이스 정보를 공유하게 한다.

```
- (void)prepareForSegue:(UIStoryboardSegue *)segue sender:(id)sender
{
        if ([segue.identifier isEqualToString:@"ShowList"]) { // name of segue
                [segue.destinationViewController
              setDbcontext:self.friendDatabase.managedObjectContext];
        }
}
```

[단계 10] 명령 버튼에 다음의 메소드를 추가하여 명령버튼을 누르면 segue가 동작하게 한다. (segue 이름이 ShowList)

```
- (IBAction) ShowDbList:(id)sender {
        [self performSegueWithIdentifier:@"ShowList" sender:self];
```

}

4. 테이블 뷰 활용

[그림 3]의 테이블 뷰에서 직접 데이터를 입력, 삭제하는 방법을 추가할 수 있다.

4.1 테이블 뷰에서 삭제

1) 테이블 뷰의 Edit 버튼을 탭 했을 때
Table View에 다음의 내용을 추가하면 (view가 load될 때) 표준 Edit 버튼이 가장 오른쪽 왼쪽) 에 생성된다. 이 버튼을 탭하면 setEditng:animated 메소드를 보내도록 미리 구성되어 있으며 자동으로 "Edit", "Done"으로 바뀌게 된다.

```
self.navigationItem.rightBarButtonItem = self.editButtonItem;
(self.navigationItem.lefttBarButtonItem = self.editButtonItem;)
```

테이블 뷰가 에디팅 모드가 되면 자동으로 tableVieweditingStyleForRowAtIndexPath 메소드를 호출하여 각 열마다 deletion control을 표시하고, Delete 버튼을 선택하면 다음의 메소드를 호출하여 그 열을 뷰에서 삭제한다.

```
tableViewcommitEditingStyleforRowAtindexPath:
```

2) 셀을 swipe하면 "Delete" 버튼이 나타난다.
Delete 버튼을 탭하면 위와 같이 tableViewcommitEditingStyleforRowAtindexPath: 메소드가 호출된다.

따라서 이 메소드를 override하여 실제 모델에서 삭제하는 것을 여기에 추가한다. 즉 Core Data DB에서 삭제하는 부분을 이 메소드에 추가하면 된다.

4.2 테이블 뷰에서 입력

리스트 형식의 출력을 위한 테이블 뷰에서 직접 입력하는 것은 쉽지는 않다. 일반적으로 테이블 뷰의 출력 화면은 입력에 필요한 모든 attribute를 화면에서 제공r하지 않기 때문에 입력을 위한 새로운 화면에서 입력하는 것이 일반적인 방법이다. 입력 버튼을 선택하면 입력화면으로 segue 화면전환 한 후 데이터를 입력하고, 입력에 의해 model의 값이 변경되고, 그 다음 다시 테이블 뷰로 되돌아오면 table view를 reload 하여 입력된 리스트가 출력에 포함되도록 한다. 다음 장의 예제에서 테이블 뷰에서 입력하는 것을 설명한다.

Chapter 10

Core Data를 이용한 메모장 만들기

Core Data를 이용한 좀 더 복잡한 응용으로 아이폰에서 개인 메모장을 만들어보자. 개인 메모장은 아이폰에서 간단한 텍스트 메모를 생성하여 그 내용을 데이터베이스에 저장한 후 필요에 따라 다양한 방법으로 검색하여 그 내용을 확인할 수 있게 한다.

1. 개인 메모장 개발

개인 메모장의 요구사항과 메모를 저장하는 테이블의 구성을 알아보자.

1.1 개인 메모장의 기능 리스트

개인 메모장의 요구 사항은 다음과 같다.
1) 간단한 텍스트 메모를 생성하는 기능, 메모의 생성 시간은 자동 입력
2) 생성된 메모는 Core Data DB에 저장
3) 메모의 검색은 리스트 전체보기, 키워드, 또는 날짜 범위로 검색
4) 검색된 메모 리스트에서 메모를 선택하여 메모 내용 텍스트를 확인

1.2 메모장 저장 테이블

개인 메모를 저장하는 테이블은 최소한 다음의 내용을 저장한다. 메모에는 어떤 종류의 메모인지를 나타내는 키워드, 메모가 저장되는 시점, 메모의 내용을 저장한다. 그리고 각 메모를 서로 구분하기 위하여 고유한 식별키가 되는 m_id를 사용한다.

Memo_table (m_id, m_keyword, m_date, m_contents)

m_id는 primary key로 사용할 속성이다. 대부분의 관계형 DBMS는 primary key로 사용할 수 있게 연속적으로 증가하는 데이터 타입을 제공한다. Core Data는 관계형 DBMS가 아니므로 이런 기능은 없다. 대신 Core Data에서 사용하는 각각의 객체에는 objectID 속성이 있다. Core Data의 managed object context에서 새로운 객체를 생성할 때 temporary id가 생성되며, managed object context가 저장될 때 영구적인 id가 만들어진다. 따라서 다음과 같이 각 객체의 objectID로 m_id값을 저장하면

고유한 키 값을 생성할 수 있다.

```
NSManagedObjectID *moID = [managedObject objectID];
memo.m_id = [[moID URIRepresentation] absoluteString];
```

앱에서 메모를 저장하는 시점의 아이폰의 현재 날짜와 시간을 가져와서 저장하는 방법은 다음과 같다. NSDate 클래스의 data 메소드를 사용하여 현재의 시간을 저장할 수 있다.

```
NSDate *today = [NSDate date];
memo.m_date = today;
```

2. 메모장 앱의 구성

스토리보드에서 구성한 아이폰 앱의 구성은 다음의 [그림 1]과 같으며, 그 실행 모습은 [그림 2]와 같다. 앱 구성 과정을 살펴보자.

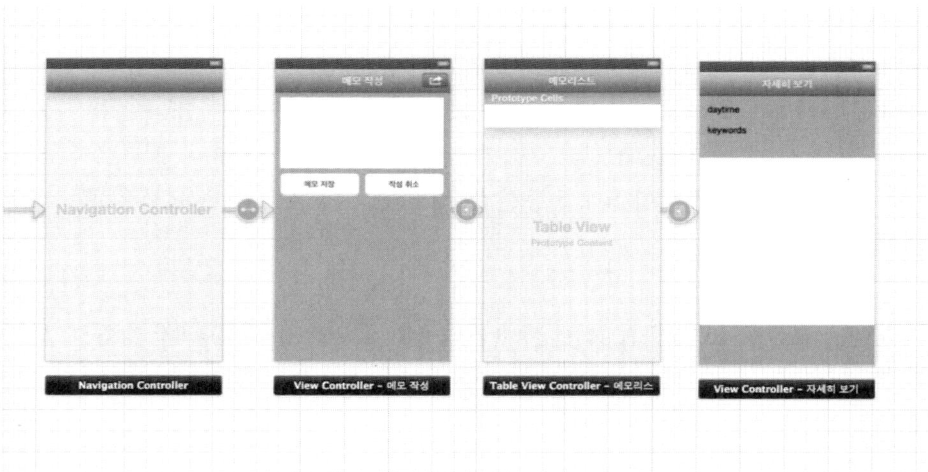

그림 1. 스토리보드에서 작성한 앱의 구성

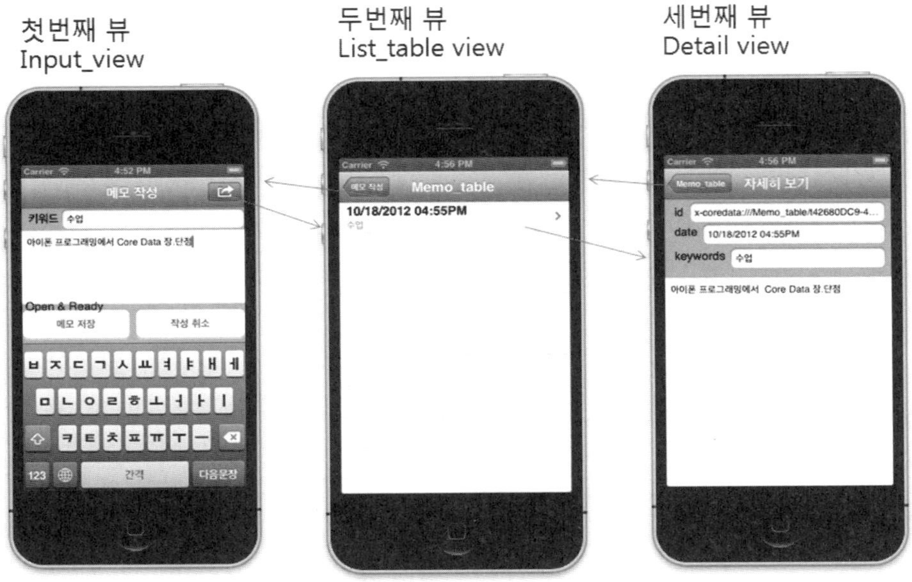

그림 2. 앱의 실행 결과

2.1 메모장을 위한 Core Data 모델 생성

개인 메모를 저장할 관계형 테이블의 모습은 다음과 같다.
Memo_table (m_id, m_keyword, m_date, m_contents)

따라서 1개의 관계형 테이블과 동등한 Core Data 오브젝트 모델을 생성하는 과정은 다음과 같다.

[단계 1] [File]-[new]-[File]에서 iOS의 [Core Data]-[Data Model]을 선택한 후 파일 이름을 선택한다. (예, 여기서는 memo_db로 지정, 그러면 memo_db.xcdatamodeld 파일이 생성)

[단계 2] Entities에서 새로운 Entity 생성 (Entity 이름을 Memo_table로 지정, 첫글자는 대문자로)

[단계 3] Entity에 다음의 4개의 속성을 생성한다.
m_id String
m_keyword String
m_date Date
m_contents String

[단계 4] entity를 선택한 상태에서 [Editor]-[Create NSManagedObject Subclass]를 선택하여 Memo_table.[hm]을 생성한다.

중간 확인: 지금까지 오류가 없는지 실행하여 확인 (이때 CoreData.framework를 반드시 포함)

2.2 Core Data DB 생성

실제 Core Data DB를 생성하는 시점은 [그림 1]의 첫 번째 뷰가 로드될 때 1번만 실행되면 된다. 그 다음부터는 존재하는 DB를 오픈하는 과정이 필요하다. 초기화면에서 Core Data 관련 프로그램은 어느 위치에 추가하는 것이 적절한가?
일반적으로 데이터가 많을 경우 그 데이터를 로드하는데 시간이 많이 소요될 수 있다. 아이폰 프로그램을 실행시켜보면 실제 아이폰 장비에서의 실행은 시뮬레이터보다 느리게 실행되는 것을 알 수 있다. 따라서 데이터를 다 로드한 후 뷰를 화면에 나타나게 하는 것 보다는 먼저 뷰를 화면에 나타나게 하고, 데이터를 가져오는 동안 기다리는 것이 더 바람직하다. 스피너 등으로 데이터를 가져오는 동안 진행 표시를 나타낼 수 도 있으므로 시간이 오래 걸리는 초기 작업은 viewWillAppear보다 viewDidAppear에 추가하는 것이 더 적합하다.

뷰 라이프 사이클 관련 메소드의 종류는 다음과 같다. 따라서 적절한 시점에 적절한 기능 구현이 필요하므로 다음의 메소드에 대한 내용을 잘 알아야 한다.
viewDidLoad 로드될 때 1번 호출
viewWillAppear 뷰가 다시 나타날 때마다 호출
viewWillDisappear
viewDidAppear
viewDidDisappear

[그림 1]에서 메모를 생성하는 첫 번째 뷰가 가장 먼저 나타나므로 데이터베이스의 존재 확인 및 오픈, 데이터베이스가 없으면 생성 후 오픈하는 것은 첫 번째 뷰의 viewDidAppear에 추가하는 것이 사용자 관점에서 더 적절하다. (뷰가 다시 나타날 때마다 데이터베이스를 확인하는 것은 큰 부담이 되지 않는다)

[단계 1] UIManagedDocument 객체의 포인터로 DB 생성

@property (nonatomic, strong) UIManagedDocument *memo_db;

[단계 2] 데이터베이스 초기화

(메소드 호출 viewDidAppear -> setMemo_db -> useDocument)

DB 파일의 URL 생성

```
    ...
    // Do any additional setup after loading the view, typically from a nib.
    if (!self.memo_db) {
            NSURL *url = [[[NSFileManager defaultManager]
                    URLsForDirectory:NSDocumentDirectory
                    inDomains:NSUserDomainMask] lastObject];
            url = [url URLByAppendingPathComponent:@"memo_database"];
            // setter 호출
            self.memo_db = [[UIManagedDocument alloc]
            initWithFileURL:url];
    }
```

memo_db의 setter

```
-(void) setMemo_db:(UIManagedDocument *)memoDatabae
{
        if (_memo_db != memoDatabae) {
                _memo_db = memoDatabae;
                [self useDocument]; // 파일 생성 및 오픈
        }
}
```

[단계 3] DB 파일 생성 및 오픈, 이 과정은 비동기화 (Asynchronous) 과정으로 진행 되므로 반드시 completionHandler에서 그 다음 과정을 진행해야 한다.

메모 데이터베이스 파일 생성 및 오픈

```
-(void) useDocument
{
        if (![[NSFileManager defaultManager] fileExistsAtPath:[self.memo_db.fileURL
        path]])        {
           [self.memo_db saveToURL:self.memo_db.fileURL
                   forSaveOperation:UIDocumentSaveForCreating
            completionHandler:^(BOOL success) {
              self.status_label.text = @"Creation & Ready";
        }];
      } else if (self.memo_db.documentState == UIDocumentStateClosed) {
          [self.memo_db openWithCompletionHandler:^(BOOL success) {
                  self.status_label.text = @"Open & Ready";
          }];
      } else if (self.memo_db.documentState == UIDocumentStateNormal) {
          self.status_label.text = @"Already Ready"; //
      }
}
```

[단계 4] 메모 내용을 Core Data에 입력

각 메모를 고유하게 식별하기 위한 방법으로 다음과 같이 오브젝트 ID를 사용하는 방법을 채택할 수 있다.

```
NSManagedObjectID *moID = [memo objectID];
memo.m_id = [[moID URIRepresentation] absoluteString];
```

또 메모의 생성 시간을 아이폰에서 자동으로 얻는 방법으로 다음의 NSDate 클래스를 이용한다.

```
NSDate *today = [NSDate date];
memo.m_date = today;
```

메모 1개를 Core Data에 입력

```
- (IBAction)save_memo:(id)sender {
    if ([self.keyword_text.text length] == 0)
    {
        // 입력 내용이 없으면 do nothing
    }
    else
    {
        NSManagedObjectContext *context = self.memo_db.managedObjectContext;
        Memo_table *memo = nil;

        // 새 메모 입력
        memo = [NSEntityDescription insertNewObjectForEntityForName:@"Memo_table"
                                              inManagedObjectContext:context];
        // 새 메모 객체에 메모 정보 입력
        memo.m_keyword  = self.keyword_text.text;
        memo.m_contents = self.contents_text.text;

        // m_id 값을 primary key로 사용하기 위하여 오브젝트 ID를 저장
        NSManagedObjectID *moID = [memo objectID];
        memo.m_id = [[moID URIRepresentation] absoluteString];

        // 메모가 저장되는 시간을 얻어서 저장
        NSDate *today = [NSDate date];
        memo.m_date = today;

        self.status_label.text = @"Data successfully added";
    }
}
```

[단계 5] 초기 화면에서 다음 화면으로 이동하기 위하여 (저장된 메모 리스트를 보기 위하여) segue를 설정한다. 다음 화면에서도 Core Data를 억세스하기 위해서는 managedObjectContext를 전달해야 한다.

segue에서 다음 뷰로 managedObjectContext 전달

```
-(void) prepareForSegue:(UIStoryboardSegue *)segue sender:(id)sender
{
    // segue 이름이 "memolist"이면 다음 화면으로 가면서
    // mamagedObjectContext를 setDbcontext: 메소드를 호출하여 전달
    if ([segue.identifier isEqualToString:@"memolist"]) {
        [segue.destinationViewController
                performSelector:@selector(setDbcontext:)
                withObject:self.memo_db.managedObjectContext];
    }
}
```

[단계 6] 키보드 처리

텍스트 필드와 텍스트 뷰에 입력할 때 나타난 키보드의 처리를 위해서 텍스트 필드와 텍스트 뷰에서 컨트롤러로 컨트롤-드래그하여 delegate를 지정하고, 컨트롤러에 관련 메소드를 구현한다.

키워드를 저장하는 텍스트 필드와 메모 내용을 저장하는 텍스트 뷰는 처리 방법이 다르다.

텍스트 필드 키보드 처리

```
- (BOOL) textFieldShouldReturn:(UITextField *)textField {
    if (textField == self.keyword_text)
        [textField resignFirstResponder];
    return YES;
}
```

텍스트 뷰 키보드 처리

```
- (BOOL) textViewShouldEndEditing:(UITextView *)textView {
      if (textView == self.contents_text)
         [textView resignFirstResponder];
      return YES;
}

-(BOOL)textView:(UITextView *)textView shouldChangeTextInRange:(NSRange)ran
ge
       replacementText:(NSString *)text
 {
    if ([text isEqualToString:@"\n"])
     [textView resignFirstResponder];
    return YES;
 }
```

2.3 메모 리스트 출력

테이블 뷰 컨트롤러 (Table View Controller)를 사용하여 Core Data에 저장된 메모 리스트를 테이블 형식으로 출력하는 방법은 다음의 과정을 거친다.

[단계 1] UITableViewController의 서브클래스를 생성한다.

[단계 2] Input_view (첫 번째 뷰)에서 사용한 NSManagedObjectContext 정보를 Input_view에서 List_Table_view (두 번째 뷰)로 segue할 때 넘겨주게 한다.

[단계 3] 두 번째 뷰에서는 Input_view에서 넘겨받은 NSManagedObjectContext를 이용하여 fetchedResultsController에 질의 결과를 바인딩 한 후 테이블 뷰에 출력한다. fetchedResultController에서는 오브젝트의 검색 결과를 m_date의 내림차순으로 정렬해서 가지고 온다. 그리고 그 내용을 테이블 뷰와 바인딩한다. 이때 저장된 내용 중에서 m_date는 NSDate 클래스이므로 그 내용을 다시 NSString으로 변환하여 출력한다.

Memo_table의 모든 내용을 읽어 fetchedResultsController 설정

```
- (void) setDbcontext:(NSManagedObjectContext *) dbcontext
{
   _dbcontext = dbcontext; //Input_view에서 전달된 ManagedObjectContext
   [self setupFetchedResultController];
}

(void) setupFetchedResultController {
    NSFetchRequest *request =
           [NSFetchRequest fetchRequestWithEntityName:@"Memo_table"];
    request.sortDescriptors = [NSArray arrayWithObject:
                [NSSortDescriptor sortDescriptorWithKey:
                      @"m_date" ascending:NO selector:nil]];

    self.fetchedResultsController = [[NSFetchedResultsController alloc]
                initWithFetchRequest:request managedObjectContext:self.dbcontext
                                              sectionNameKeyPath:nil
                                                   cacheName:nil];
}
```

테이블 뷰에 날짜와 키워드 출력 (subtitle 형식)

```
- (UITableViewCell *)tableView:(UITableView *)tableView
                        cellForRowAtIndexPath:(NSIndexPath *)indexPath
{
   static NSString *CellIdentifier = @"memo list";
   UITableViewCell *cell =
              [tableView
           dequeueReusableCellWithIdentifier:CellIdentifier
forIndexPath:indexPath];

   // Configure the cell...
   Memo_table  *memo = [self.fetchedResultsController
objectAtIndexPath:indexPath];

   // 날짜를 스트링으로 변환하여 출력
   NSDateFormatter *dateFormat =[[NSDateFormatter alloc] init];
   [dateFormat setDateFormat:@"MM/dd/yyyy hh:mma"];
   NSString *dateString = [dateFormat stringFromDate:memo.m_date];

   cell.textLabel.text = dateString;
   cell.detailTextLabel.text = memo.m_keyword;
   return cell;
}
```

[단계 4] 테이블 뷰에서 리스트를 선택하면 segue로 다음 화면으로 전환하기 위하여 다음의 메소드를 추가한다. 이때 다음 화면으로 선택된 Memo_table 객체를 다시 다음 화면으로 전달한다.

Memo_table 객체 memo를 다음 화면으로 전달

```
-(void) prepareForSegue:(UIStoryboardSegue *)segue sender:(id)sender
{
  if ([segue.identifier isEqualToString:@"detail view"]) {
     NSIndexPath *indexPath = [self.tableView indexPathForCell:sender];
     Memo_table *memo = [self.fetchedResultsController
     objectAtIndexPath:indexPath];

    if ([segue.destinationViewController respondsToSelector:@selector(setMemoC
    ontext:)])        {
                [segue.destinationViewController
                 performSelector:@selector(setMemoContext:) withObject:memo];
    }

  }
}
```

2.4 메모 자세히 보기

[그림 2]의 3번째 뷰에서는 전달된 memo 객체를 이용하여 memo 객체의 속성 정보를 화면에 표시한다.

전달된 메모 객체를 화면에 출력

```
// 메모 객체의 전달
- (void) setMemoContext:(Memo_table *)memoContext
{
    _memoContext = memoContext;
}

// 마지막 디테일 뷰 화면에서
- (void)viewDidLoad
{
    [super viewDidLoad];
    // Do any additional setup after loading the view.
    Memo_table *memo = self.memoContext; // 전달된 메모

    self.id_field.text = memo.m_id;
    // 날짜를 스트링으로 변환하여 출력
    NSDateFormatter *dateFormat =[[NSDateFormatter alloc] init];
    [dateFormat setDateFormat:@"MM/dd/yyyy hh:mma"];
    NSString *dateString = [dateFormat stringFromDate:memo.m_date];

    self.date_field.text = dateString;
    self.contents_text.text = memo.m_contents;
    self.keyword_field.text = memo.m_keyword;
}
```

Chapter 11

다중 테이블 Core Data

1. 다중 테이블 DB 모델 생성
2. 앱 사용자 인터페이스 구성
3. Core Data DB 생성

지금까지 단일 테이블을 이용한 Core Data 응용을 살펴보았다. 하지만 1개의 테이블에 너무 많은 속성 정보를 저장할 경우 관계형 모델에서 문제점으로 지적하는 비정규화가 발생할 수 있다. 따라서 관계형 모델에서는 정규화 과정을 거치며 여러 개의 테이블을 사용하게 되고, SQL에서는 조인을 사용하여 필요한 데이터를 추출한다.
Core Data도 관계형 데이터베이스의 구조를 반영하여 만들어지므로 Core Data 모델도 2개 이상의 엔터티를 사용하며 각 엔터티들 사이에는 관계가 존재하게 된다.

1. 다중 테이블 DB 모델 생성

데이터 모델이 2개 이상의 테이블로 구성된 경우 Core Data의 객체는 테이블 사이의 관계를 relationship으로 나타낸다. 다음의 학생과 지도교수로 구성된 관계형 테이블 스키마를 보자. 학생은 1명의 지도교수가 있으며, 각 교수는 여러 명의 학생을 지도할 수 있다. 관계형 모델로 표현된 테이블 모양은 다음과 같다.

〈관계형 테이블 스키마〉
Students(s_id, s_name, s_addr, s_phone, prof_id)
Profs (p_id, p_name, p_phone)

앞의 관계형 모델에서 테이블 사이의 관계는 Students 테이블의 prof_id 속성으로 나타낸다. 즉 각각의 학생에 대하여 누가 지도교수인지를 표현한다. 이는 관계형 모델의 특성이다. 테이블 사이의 관계도 테이블에 존재하는 속성으로 표시하는 것이 관계형 모델의 특성이다. 또 Students.prof_id는 테이블에서 키의 일부분이 아니고 Profs.p_id는 테이블에 키가 되게 함으로써 Students.prof_id와 Profs.p_id는 다대일의 관계를 가지게 된다.

관계형 모델이 아닌 Core Data 오브젝트 모델은 다른 방식을 사용한다. Core Data에서 생성하는 object model의 생성은 다음과 같다.

[단계 1] Xcode를 사용하여 [File]-[New]-[File..]에서 [Core Data]-[Data Model]을 선택하여 다음의 모델을 작성한다. [그림 1]의 표현에는 2개의 객체 사이의 관

계는 표현되어 있지 않다.

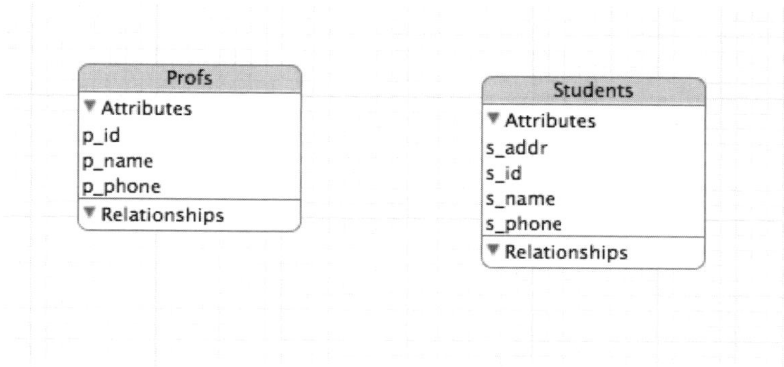

그림 1. 2개의 객체를 생성

[단계2] 객체 사이의 관계는 한쪽 객체에서 다른 쪽으로 컨트롤-드래그하여 2개의 객체 사이에 관계를 형성한다. 이때 관계에 적절한 이름을 부여하고, 다대일(many-to-one) 관계인 경우 To-Many Relationship을 체크하여 [그림 2]와 같이 이중 화살표로 그 관계를 적절히 나타내게 한다. Students 엔터티의 Relationships에 만들어진 advisor와 Profs 엔터티의 mystudents가 각 엔터티에 속한 오브젝트들간의 관계를 나타낸다. 1명의 교수가 여러 명의 학생들들 지도할 수 있으며, 각 학생은 1명의 지도교수가 있을 수 있다는 상황을 나타낸다.

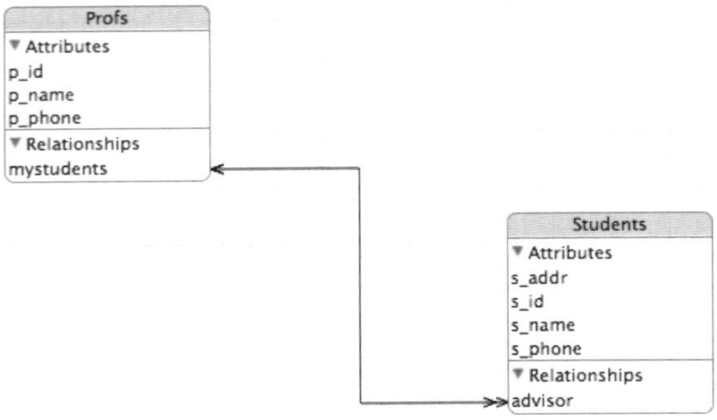

그림 2. 객체 사이의 관계 생성

[단계 3] 위의 모델 결과는 std_prof.xcdatamodeld 파일에 저장되어 있다. [그림 2]의 객체 모델을 클래스 파일로 생성하기 위해서는 std_prof.xcdatamodel에서 2개의 entity를 선택한 후 [Editor]-[Create NSManagedObject Subclass..]를 선택하여 각각의 Entity에 해당하는 클래스 파일을 생성한다. (Students.[hm]와 Profs.[hm]이 생성된다.)

2. 앱 사용자 인터페이스 구성

앞에서 생성한 오브젝트 모델을 이용하는 앱을 만들어보자. 사용자 인터페이스는 2개의 화면으로 구성해보자. 먼저 앱이 시작될 때 샘플 데이터를 입력하고, 초기화면에는 교수 리스트를 보여주고, 교수를 선택하면 다음 화면에서 그 교수가 지도하는 학생들의 리스트를 보여주게 구성한다.

[단계 1] 2개의 TVC (테이블 뷰 컨트롤러)를 스토리보드에서 생성하고, 화면 전환을 위한 segue를 위해서 Navigation Controller에 임베드 (embed) 시킨다.

[단계 2] 각각의 TVC에 필요한 기능을 추가하기 위하여 [그림 3] 과 같이 각각에 UITableViewController의 서브클래스를 생성한다. (profTVC와 stdTVC로 구성)

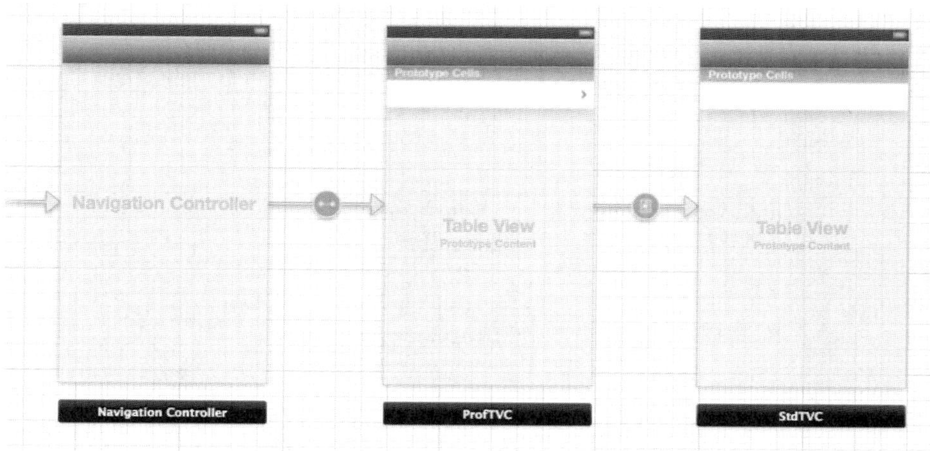

그림 3. 스토리보드에서 앱의 구성

[단계 3] CoreDataTableViewController.[hm]을 복사해온다. (TableView를 사용할 경우 UITableViewControllerDelegate를 미리 구현해 놓아서 FetchedResultController를 쉽게 사용하기 위하여) 프로그램의 개발을 쉽게 사용하도록 미리 만들어진 파일을 복사해온다.

3. Core Data DB 생성

앞의 학생-교수 예제를 위한 Core Data DB 생성과정은 다음과 같다.

[단계 1] UIManagedDocument 생성한다. (이 예제에서는 초기화면 profTVC.h 파일에 생성)

```
@property (nonatomic, strong) UIManagedDocument *stdDB;
```

[단계 2] profTVC.m에서 다음의 과정으로 Core Data DB 생성한다. 이 과정은 지금까지 앞에서 설명한 Core Data DB 생성과정과 같다.

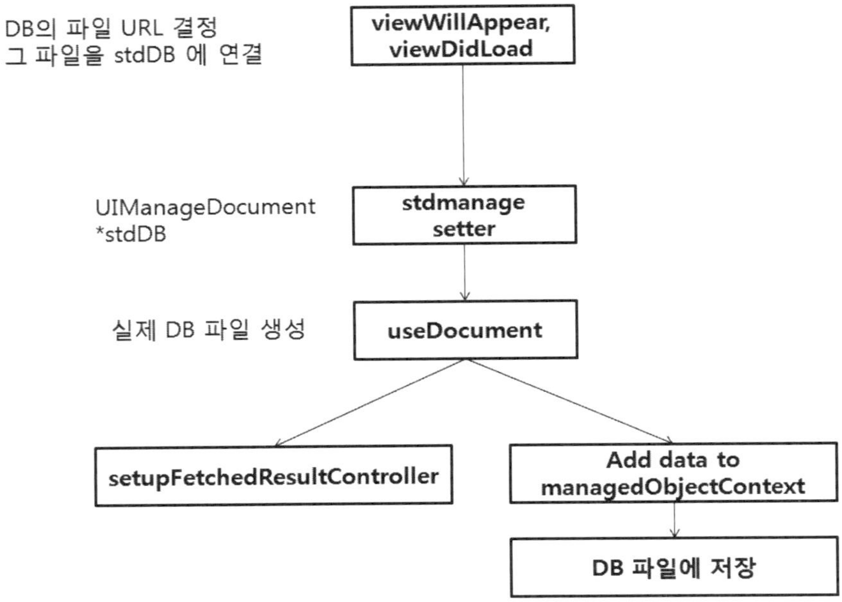

그림 4. Core Data 생성 및 데이터 입력 과정

[단계 3] 데이터의 입력 및 관계 입력

2명의 학생과 지도교수 1명이 있는 상황을 입력해보자. 먼저 각각의 객체를 입력하고, 객체 사이의 관계를 입력한다. 지도교수 객체 prof와 학생 객체 std1, std2가 있을 때 이들 사이의 관계는 객체의 relationship을 사용하여 추가한다. [그림 2]의 relationship을 이용하여 다음과 같이 입력한다.

```
std1.advisor = prof;
std2.advisor = prof;
```

또는 다른 방법으로 다음과 같이 입력한다. (addMyStudentsObject는 Profs.h에 정의)

```
[prof addMystudentsObject:std1];
[prof addMystudentsObject:std2];
```

2가지 방법 중 1가지만 사용하면 relationship은 양쪽으로 모두 연결된다.

초기 데이터 입력

```
#import "Students.h"
#import "Profs.h"

-(void) add_initial_data
{
    Profs *prof = nil;
    Students *std1 = nil;
    Students *std2 = nil;

    // 지도교수 입력
    prof = [insertProf:@"1000" who"dkhong" tel:@"234-56678"];

    //  학생 입력
    std1 = [insertStd:@"4001" who"sdkim" tel:@"543-1345"];
    std2 = [insertStd:@"4002" who"tjlee" tel:@"582-5112"];

    // relationship 관계 추가
    std1.advisor = prof;  // 다른 방법으로 [prof addMystudentsObject:std1];
    std2.advisor = prof;  //  [prof addMystudentsObject:std2];

}
 // 교수 입력 메소드
- (Profs *) insertProf:(NSString *)pid who:(NSString *)pname tel:(NSString *)phone
{
    Profs *prof = nil;
    prof = [NSEntityDescription insertNewObjectForEntityForName:@"Profs"
                 inManagedObjectContext:self.stdDB.managedObjectContext];
    prof.p_id = pid;
    prof.p_name = pname;
    prof.p_phone = phone;

    return prof;
}

 // 학생 입력 메소드
- (Profs *) insertStd:(NSString *)sid who:(NSString *)sname tel:(NSString *)phone
{
    Students *std = nil;
    prof = [NSEntityDescription insertNewObjectForEntityForName:@"Students"
                 inManagedObjectContext:self.stdDB.managedObjectContext];
    stdf.s_id = sid;
    std.s_name = sname;
    std.s_phone = phone;

    return std;
}
```

4. 테이블 뷰 및 segue 처리

초기화면에 데이터베이스에 입력되어 있는 지도교수의 리스트를 보여주기 위해서 fetchedResultsController를 이용하여 Profs의 검색 결과를 테이블 뷰에 출력한다. 테이블 뷰에 출력된 지도교수의 리스트에서 1명을 선택하면 그 교수가 지도하는 학생의 리스트를 다음 화면의 테이블 뷰에서 보여주게 한다.

학생 리스트로 segue 준비

```
// 선택된 셀의 prof 객체를 다음 화면으로 전달
 - (void)prepareForSegue:(UIStoryboardSegue *)segue sender:(id)sender
 {
    NSIndexPath *indexPath = [self.tableView indexPathForCell:sender];
    Profs *prof = [self.fetchedResultsController objectAtIndexPath:indexPath];

    if ([segue.destinationViewController respondsToSelector:@selector(setProf:)]) {
        [segue.destinationViewController
            performSelector:@selector(setProf:) withObject:prof];
    }
 }
```

지도교수가 선택된 후 그 지도교수가 지도하는 학생을 구하기 위한 NSPredicate은 다음과 같다.

```
request.predicate = [NSPredicate predicateWithFormat:
        @"advisor.p_name = %@", self.prof.p_name];
```

학생을 나타내는 Students 엔터티의 관계를 나타내는 advisor를 사용하여 학생들의 오브젝트를 검색하여 그 지도교수가 지도하는 모든 학생을 검색한다.

학생 리스트 검색

```
// 선택된 셀의 prof이 지도하는 학생들을 검색
- (void)setupFetchedResultsController
{
    NSFetchRequest *request =
                [NSFetchRequest fetchRequestWithEntityName:@"Students"];
    request.sortDescriptors =
      [ NSArray arrayWithObject:[NSSortDescriptor sortDescriptorWithKey:@"s_id"
                                        ascending:YES selector:nil]];
    request.predicate = [NSPredicate predicateWithFormat:
         @"advisor.p_name = %@", self.prof.p_name];

    self.fetchedResultsController =
            [[NSFetchedResultsController alloc] initWithFetchRequest:request
                managedObjectContext:self.prof.managedObjectContext
                                      sectionNameKeyPath:nil
                                            cacheName:nil];
}
```

그 실행 결과는 다음의 [그림 5]와 같다. 왼쪽 화면에서 지도교수를 선택하면, 오른쪽 화면으로 전환하면서 그 지도교수가 지도하는 학생들의 리스트를 보여준다.

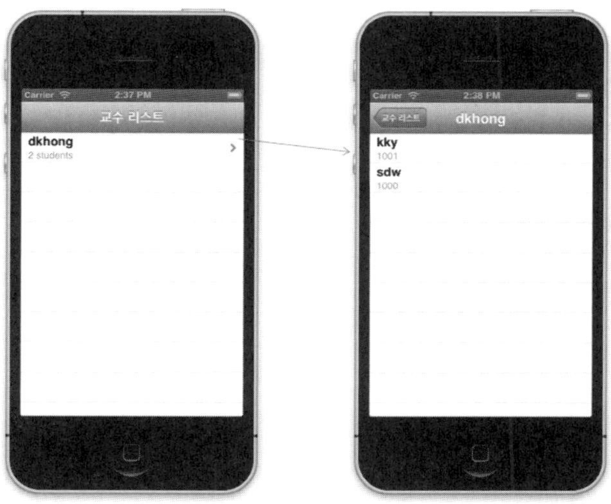

그림 5. 실행 결과 화면

Chapter 12

아이패드에서 Core Data

1. 아이패드 사용자 인터페이스
2. Split view 아이패드 앱
3. 아이패드에서 마스터-디테일 템플릿을 이용한 앱

아이패드와 아이폰은 화면 크기가 서로 다르므로 사용자 인터페이스의 설계가 달라진다. 아이패드는 약 10인치, 아이패드 미니는 7.85인치, 그리고 아이폰과 아이팟 터치는 약 4인치의 크기를 가진다. 아이폰은 작은 화면으로 인하여 화면 분할이 어려우므로 segue 기법을 사용해서 다른 화면으로 화면 전환이 이루어진다. 하지만 상대적으로 큰 화면을 가진 아이패드는 아이폰과는 달리 화면 분할을 사용하여 다른 화면으로의 화면 전환을 최소화 할 수 있는 장점이 있다.

1. 아이패드 사용자 인터페이스

아이패드만을 위한 기능으로 화면을 분할해서 사용하는 SplitViewController 기능이 있다. 이 기능은 아이패드 장비만을 위해서 만들어진 기능이다. 아이패드의 landscape 모드 (아이패드를 옆으로 눕혔을 때)에서는 기본적으로 화면이 분할되어 마스터, 디테일 2개의 화면이 모두 나타나지만 portrait 모드 (화면을 세웠을 때)에서는 분할이 사라져서 마스터 화면이 보이지 않고 디테일 화면만 보이게 된다. 대신 마스터는 버튼에서 popover 기능을 이용하여 그 기능을 수행한다.

1.1 Split View controller의 기능

아이패드 화면이 portrait 모드로 바뀌면 split view controller는 자신의 delegate에게 마스터 화면을 없애고 대신 화면 위에 버튼을 보여주라는 매우 긴 이름을 가진 다음의 delegate method를 호출한다.

```
- (void)splitViewController:(UISplitViewController *)svc
                willHideViewController:(UIViewController *)aViewController
                    withBarButtonItem:(UIBarButtonItem *)barButtonItem
                        forPopoverController:(UIPopoverController *)pc
```

3번째 인수로 전달된 버튼은 눌렀을 때 popover 형태로 마스터를 보여주게 하기 위하여 생성되는 버튼이다. 이때 화면에 버튼을 나타나게 해주는 것도 delegate의 역할이다. 다시 landscape 모드로 바뀌면 split view controller는 다음의 delegate method를 호출한다. 화면에서 버튼을 삭제하는 것도 delegate의 역할이다.

```
- (void)splitViewController:(UISplitViewController *)svc
                    willShowViewController:(UIViewController *)aViewController
                         invalidatingBarButtonItem:(UIBarButtonItem *)butto
```

delegate 메소드에 대한 자세한 설명은 〈UISplitViewControllerDelegate〉 프로토콜에 나타나 있다.

1.2 Split View Controller 생성

아이패드의 Split View Controller는 다음의 과정으로 생성된다.

[단계 1] 스토리보드에 [그림 1]의 Split View Controller를 드래그해서 가져온다. (오브젝트 라이브러리에서 Split View Controller는 프로젝트 생성 시 개발 장비를 아이패드로 설정 했을 때만 보인다. 만약 오브젝트 라이브러리에서 Split View Controller가 보이지 않으면 개발 장비가 아이패드인지를 꼭 확인하여야 한다)

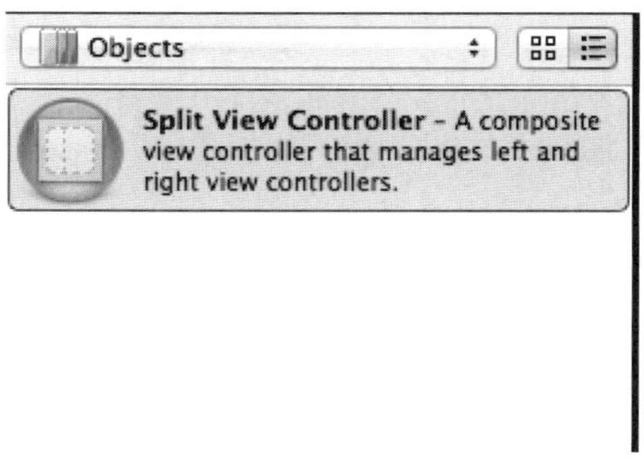

그림 1. 스토리보드에 Controller 추가

[단계 2] Split View Controller를 스토리보드로 드래그해서 가져오면 생성된 내용은 다음의 [그림 2]와 같다. 가장 왼쪽에는 portraint 모드 상태의 UISplitViewController가 있고 있고 마스터와 디테일은 각각 UITableViewController와 UITViewController

의 서브클래스로 만들어 필요한 기능을 추가할 수 있게 한다.

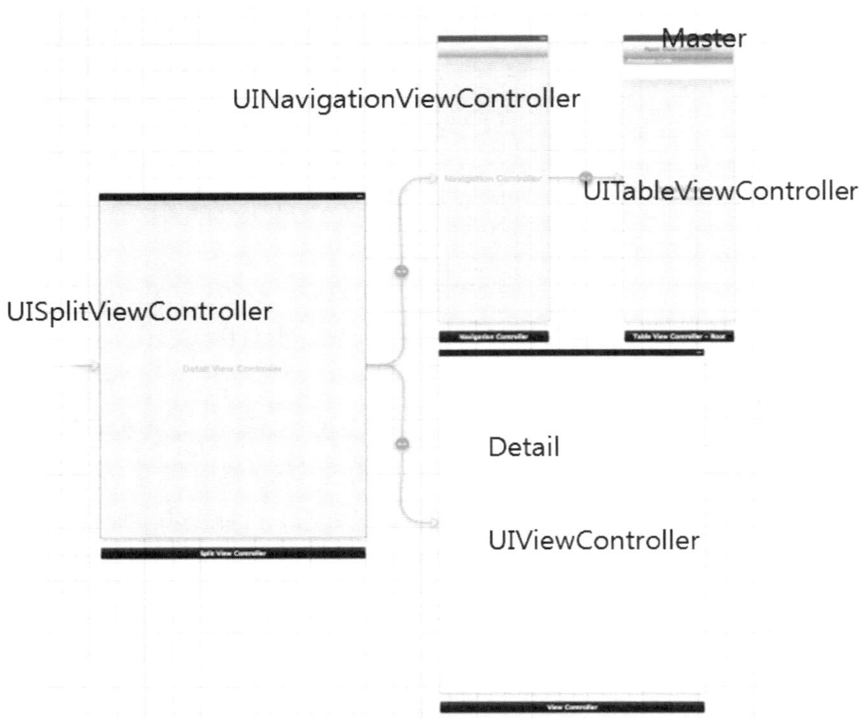

그림 2. 스토리보드에서 생성한 Split View Controller

생성된 마스터와 디테일의 클래스는 다음과 같다. 디테일 클래스가 delegate가 되는 경우 <UISplitViewControllerDelegate>를 포함한다.

마스터 - MasterViewController

@interface MasterViewController : UITableViewController
{
...
}

디테일 - DetailViewController

```
@interface DetailViewController : UIViewcontroller <UISplitViewControllerDelegate>
{
...
}
```

아이패드의 회전에 따라 화면을 적절히 조정하는 UISplitViewControllerDelegate 프로토콜에는 다음의 중요한 4개의 메소드가 있다.

splitViewController:popoverController:willPresentViewController:

```
// popover 버튼을 탭하여 그 곳에 새로운 view controller가 나타나기 전에
// 호출되는 메소드로 이때 필요한 부가 작업이 있을 경우 사용
- (void)splitViewController:(UISplitViewController *)svc
                  popoverController:(UIPopoverController *)pc
                  willPresentViewController:(UIViewController *)aViewController
{
}
```

파라미터 설명
svc : The split view controller that owns the hidden view controller.
pc : The popover controller that is about to display the view controller.
aViewController : The view controller to be displayed in the popover.

splitViewController:shouldHideViewController:inOrientation:

```
// 어떤 화면 모드에서 마스터 화면을 숨겨야 하는지 결정
  - (BOOL)splitViewController:(UISplitViewController *)svc
                  shouldHideViewController:(UIViewController *)vc
                  inOrientation:(UIInterfaceOrientation)orientation
  {
  }
```

파라미터 설명
svc : 메스터 뷰 컨트롤러를 소유하고 있는 split view controller
vc : 메스터 뷰 컨트롤러
orientation : 화면을 숨겨야 하는 모드 지정

Return 값
어떤 모드에서 뷰를 숨겨야한다면 YES 그렇지 않으면 NO. I
이 메소드를 구현하지 않으면 기본적으로 portrait 모드에서는 YES,
landscape 모드에서는 NO

splitViewController:willHideViewController:withBarButtonItem:forPopoverController:

```
- (void)splitViewController:(UISplitViewController *)svc
              willHideViewController:(UIViewController *)aViewController
                  withBarButtonItem:(UIBarButtonItem *)barButtonItem
                     forPopoverController:(UIPopoverController *)pc
{
}
```

파라미터 설명
svc : The split view controller that owns the specified view controller.
aViewController : The view controller being hidden.
barButtonItem : A button you can add to your toolbar.
pc : The popover controller that uses taps in barButtonItem
to display the specified view controller.

splitViewController:willShowViewController:invalidatingBarButtonItem:

```
   // landscape 모드로 다시 되면서 숨겨졌던 컨트롤러가 다시 나타날 때
   // barbuttonitem은 portrait 모드에서 사용한 버튼
- (void)splitViewController:(UISplitViewController *)svc
              willShowViewController:(UIViewController *)aViewController
                  invalidatingBarButtonItem:(UIBarButtonItem *)button
{
}
```

파리미터 설명
svc : The split view controller that owns the specified view controller.
aViewController : The view controller being hidden.
button : The button used to display the view controller while it was hidden.

마스터와 디테일 컨트롤러 중에서 누가 UISplitViewControllerDelegate의 프로토콜을 구현한 delegate가 되는게 좋은가? 그리고 delegate 지정을 어디서 하는가?
마스터 또는 디테일 중에서 1개는 UISplitViewControllerDelegate 프로토콜을 구현해야 한다. 아이패드의 portrait 모드에서 나타나는 디테일 화면이 1개인 경우 그 디테일 화면은 landscape, portrait 모드에 상관없이 항상 나타나므로 디테일 컨트롤러를 UISplitViewControllerDelegate의 delegate로 지정하는 것이 일반적으로 더 편리한 방법이 된다.

만약 마스터를 delegate로 지정하는 경우 처음 portrait 모드에서 마스터가 화면에 나타나지 않으므로 마스터 자신이 delegate가 되도록 설정하려면 awakeFromNib에 다음의 내용을 입력하여야 한다.

```
- (void) awakeFromNib
{
   [super awakeFromNib];
   self.splitViewController.delegate = self;
}
```

앱에서 뷰 라이프 사이클과 awakeFromNib은 다음의 순서로 이벤트가 발생한다.
awakeFromNib: -> viewDidLoad: -> viewWillAppear: -> viewDidAppear:

따라서 마스터가 화면에 나타나지 않으면 view 관련 이벤트가 발생하지 않으므로 가장 먼저 발생하는 이벤트인 awakeFromNib에 delegate 설정을 추가한다.

2. Split view 아이패드 앱

Core Data와 아이패드의 Split View 기능을 이용하는 응용 프로그램을 만들어보자. 앞에서 사용한 다음의 학생과 지도교수로 구성된 관계형 데이터베이스 스키마를 보자. 각 학생은 1명의 지도교수가 있으며, 각 교수는 여러 명의 학생을 지도할 수 있다. 이런 상황을 관계형 모델로 표현할 경우 그 관계형 테이블 모양은 다음과 같다.

〈관계형 테이블 스키마〉
Students(s_id, s_name, s_addr, s_phone, prof_id)
Profs (p_id, p_name, p_phone)

관계형 테이블의 스키마를 바탕으로 Core Data 오브젝트 모델을 구성하고, 아이패드의 분할 화면 앱은 다음의 과정으로 만들 수 있다.

2.1 Split View 생성 및 데이터베이스 초기화

앞의 관계형 테이블 스키마와 같은 기능을 하는 Core Data 데이터 모델을 생성해 보자.

[단계 1] Core Data 데이터 모델의 생성 및 클래스 생성
Xcode에서 다음의 [그림 3]과 같이 2개의 Entity와 속성, 그리고 Entity 사이의 관계를 만든다. 그리고 생성된 모델을 클래스로 변환한다. (Profs.[hm], Students.[hm])

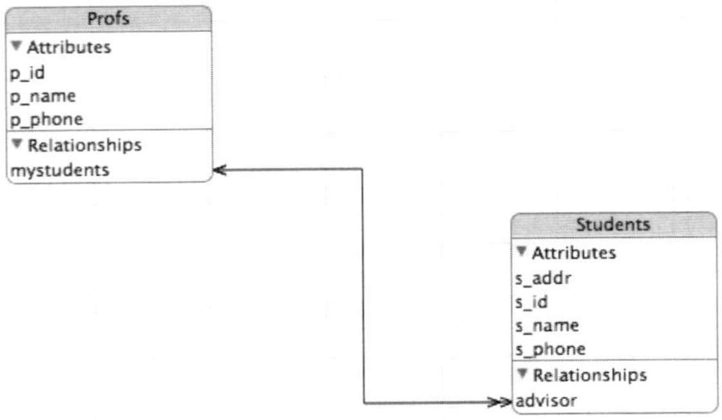

그림 3. 객체 사이의 관계 생성

[단계 2] 스토리보드에서 Split View Controller 생성 후 [그림 4]와 같이 마스터와 디테일모두에 테이블 형식의 뷰를 사용하므로 모두 table view controller를 생성 후 각각 profTVC와 stdTVC 클래스로 만든다.

[단계 3] Core Data 데이터베이스 생성 및 초기 데이터의 입력
아이폰 화면의 구성에서는 항상 마스터 화면이 먼저 나타나고, 디테일은 segue에 의해서 화면 전환이 되어야 나타난다. 따라서 아이폰에서는 당연히 먼저 나타나는 profTVC에 데이터베이스에 관련된 초기화 코드를 입력한다.
하지만 아이패드의 경우에는 아이폰과는 다르게 동작한다. 초기 화면이 portrait 모드로 시작하는 경우 디테일 화면과 popover 버튼이 나타난다. 즉 디테일 화면이 먼저 나타나게 된다. 이와는 다르게 초기 화면이 landscape로 시작하는 경우 마스터와 디테일이 같이 나타나게 된다. 따라서 아이패드의 응용에서는 항상 나타나는 stdTVC에서 Core Data 데이터베이스 관련 코드를 처리하는 경우 더 편할 수 있다. 따라서 데이터베이스 관련 설정은 응용의 성격에 따라 마스터 또는 디테일에서 할 수 있다.

본 예제의 응용은 교수를 선택해야만 지도학생의 리스트가 나타나므로 Core Data 데이터베이스 설정은 profTVC에서 구현하는 것이 적합하다.

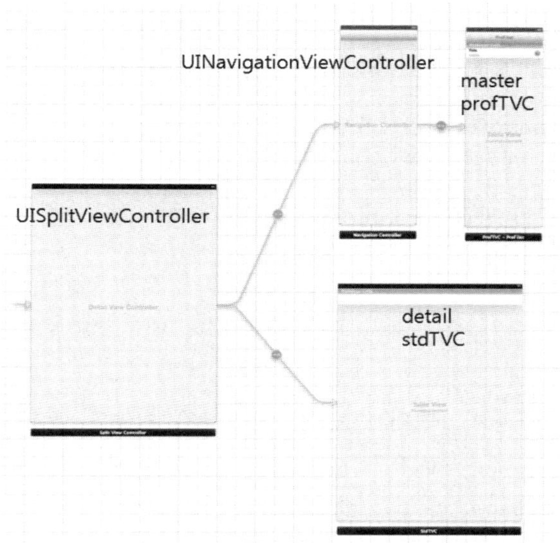

그림 4. 스토리보드에서 Split View 생성

[단계 4] Core Data 관련 설정으로 UIManagedDocument를 이용한 방식은 Chapter 8에서 설명한 방식을 사용한다.

[단계 5] 마스터 (profTVC)에서 셀을 선택했을 때 디테일 (stdTVC)에서 해당하는 내용을 셀에 보여주기 위하여 디테일의 property를 설정하는 내용을 추가한다. 아이폰에서는 segue를 사용하여 구현하지만 아이패드의 split view에서는 디테일 뷰의 프로퍼티값을 설정하는 것으로 구현 가능하다.

마스터의 셀을 선택 했을 때

```
   #pragma mark - Table view delegate
-(void) tableView:(UITableView *)tableView
           didSelectRowAtIndexPath:(NSIndexPath *)indexPath
{
   // master에서 선택한 셀의 정보를 가져온다
   Profs *prof = [self.fetchedResultsController objectAtIndexPath:indexPath];

   // detail view controller를 찾아와서
   stdTVC *dvc = [self.splitViewController.viewControllers lastObject];

  // detail view controller의 prof property를 설정해준다.
  dvc.prof = prof;
}
```

[단계 5] [그림 5]와 같이 1명의 지도교수와 2명의 학생을 샘플 데이터로 입력한 후 실행해보자. 왼쪽 마스터에서 지도교수를 선택하면 오른쪽의 디테일 화면에서 지도 학생의 리스트를 확인할 수 있다.

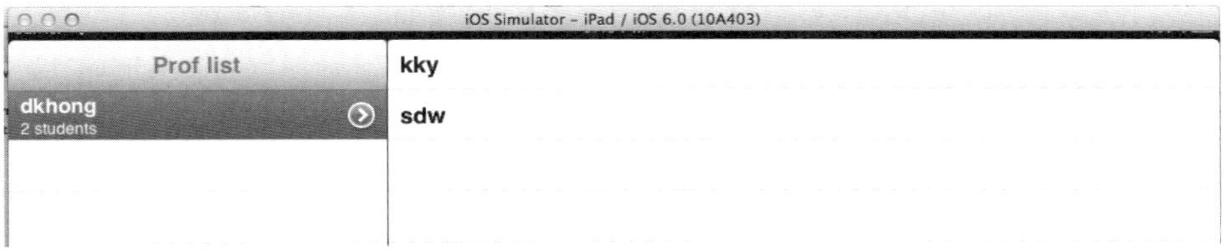

그림 5. 아이패드에서 실행 결과 (landscape 모드)

2.2 popover controller 생성

portrait 모드에서는 왼쪽의 마스터 뷰가 보이지 않는다. 대신 popover 버튼이 나타나며, 버튼을 눌러 popover 메뉴가 보이게 하여야 한다.

[단계 1] 누가 (마스터와 디테일 중에서) UISplitViewControllerDelegate가 되어 아이패드의 회전에 따라 화면의 구성에 따른 화면 처리를 할 것인가를 결정한다. 만약 stdTVC가 UISplitViewControllerDelegate가 될 경우 다음의 코드를 입력한다.

```
@interface stdTVC : CoreDataTableViewController 〈UISplitViewControllerDelegate〉
```

```
// 툴바와 버튼
@property (nonatomic, strong) UIBarButtonItem *splitViewBarButtonItem;
@property (weak, nonatomic) IBOutlet UIToolbar *toolbar;
```

그림 6. 테이블 뷰 위쪽에 툴바 추가

```
// viewDidLoad에 다음의 코드를 넣어 stdTVC가 delegate가 되게 한다.
self.splitViewController.delegate = self;
```

[단계 2] UISplitViewControllerDelegate 프로토콜의 구현

UISplitViewControllerDelegate 프로토콜의 구현

```
-(stdTVC *)splitViewBarButtonItemPresenter
{
   stdTVC *detailVC = [self.splitViewController.viewControllers lastObject];
   return detailVC;
}

// UISplitViewControllerDelegate 프로토콜의 3개의 메소드 구현
- (BOOL)splitViewController:(UISplitViewController *)svc
                shouldHideViewController:(UIViewController *)vc
                          inOrientation:(UIInterfaceOrientation)orientation
{
        return [self splitViewBarButtonItemPresenter] ?
                          UIInterfaceOrientationIsPortrait(orientation) : NO;
}

- (void)splitViewController:(UISplitViewController *)svc
              willHideViewController:(UIViewController *)aViewController
                 withBarButtonItem:(UIBarButtonItem *)barButtonItem
                   forPopoverController:(UIPopoverController *)pc
{
     barButtonItem.title = @"prof_list";
     [self splitViewBarButtonItemPresenter].splitViewBarButtonItem =
                                               barButtonItem;
}

- (void)splitViewController:(UISplitViewController *)svc
              willShowViewController:(UIViewController *)aViewController
              invalidatingBarButtonItem:(UIBarButtonItem *)barButtonItem
{
        [self splitViewBarButtonItemPresenter].splitViewBarButtonItem = nil;
}
```

BarbuttonItem 처리 부분

```
// splitViewBarButtonItem의 setter
-(void)setSplitViewBarButtonItem:(UIBarButtonItem *)splitViewBarButtonItem
{
  if (splitViewBarButtonItem != _splitViewBarButtonItem) {
    [self handleSplitViewBarButtonItem:splitViewBarButtonItem];
}

-(void)handleSplitViewBarButtonItem:(UIBarButtonItem *)splitViewBarButtonItem
{
  NSMutableArray *toolbarItems = [self.toolbar.items mutableCopy];
  if (__splitViewBarButtonItem) [toolbarItems removeObject:_splitViewBarButtonIt
  em];
  if (splitViewBarButtonItem) [toolbarItems insertObject:splitViewBarButtonItem
  atIndex:0];
  self.toolbar.items = toolbarItems;
 _splitViewBarButtonItem = splitViewBarButtonItem;
}
```

[단계 3] 샘플 데이터를 사용하여 실행

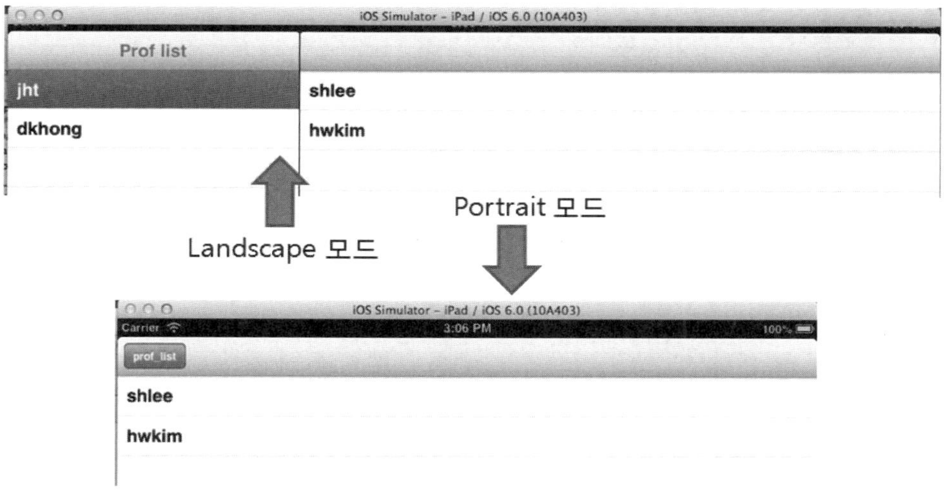

그림 7. 아이패드 landscape 모드와 portrait 모드에서의 화면 변경

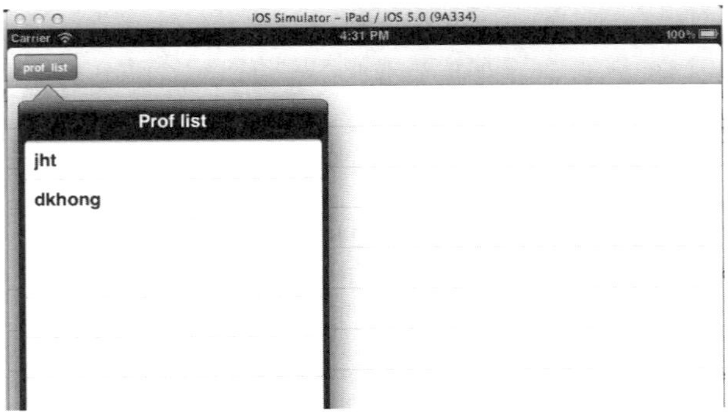

그림 8. portrait 모드에서 popover 메뉴의 동작

3. 아이패드에서 마스터-디테일 템플릿을 이용한 앱

지금까지 Core Data를 위해서 UIManagedDocument를 사용하는 방식을 사용하였다. 하지만 Xcode에서 앱의 형식을 Master-Detail 형식을 선택하면 쉽게 Core Data를 사용할 수 있게 템플릿을 제공한다. 아이패드는 화면 크기의 특성상 많은 경우 마스터-디테일 방식을 사용하므로 템플릿을 사용하여 쉽게 Core Data를 사용할 수 있다.

3.1.템플릿을 사용한 작성과정

다음의 [그림 9]와 같이 OS 어플리케이션의 템플릿에서 [Master-Detail Application]을 선택한다.

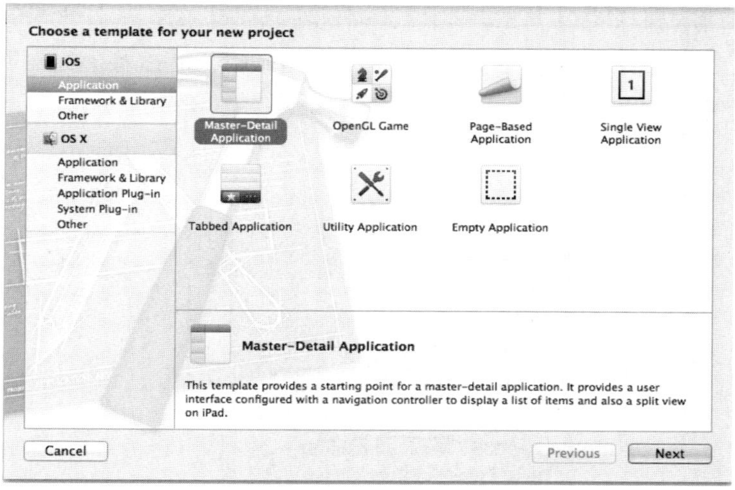

그림 9. Master-Detail 템플릿 선택

[그림 10]에서 개발하는 앱의 이름을 결정하고, Devices에는 iPad를 선택한다. 그리고 "Use Storyboards", "Use Core Data", "Use Automatic Reference Counting"을 선택한다.

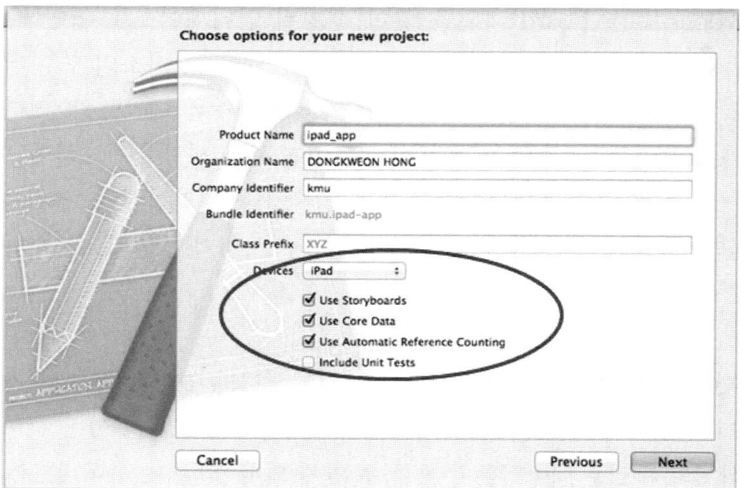

그림 10. 옵션 항목 선택

다음의 [그림 11]과 같이 마스터-디테일 파일과 데이터 모델을 위한 파일이 생성되었으며, core data를 사용하기 위한 CoreData.framework도 자동으로 추가된 것을 확인할 수 있다.

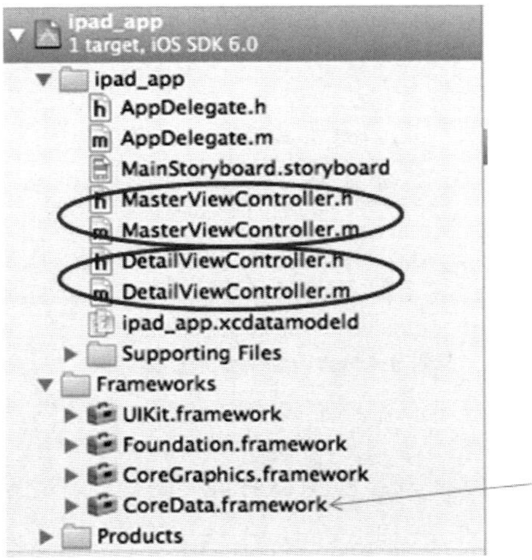

그림 11. 자동 생성된 파일들

MainStoryboard.storyboard 파일을 열어 생성된 인터페이스를 확인해보면 [그림 12]와 같이 split view controller가 생성되어 있으며, 마스터와 디테일 모드 Navigation Controller에 포함되어 (임베드) 되어있는 것을 확인할 수 있다. (그 이유는 – 마스터의 경우 Edit와 '+' 버튼이 만들어질 툴바 생성이 필요하며, 디테일의 경우에도 popover 버튼이 만들어질 툴바가 필요하다. 따라서 따로 툴바를 생성할 수도 있지만 navigation controller에 임베드 시키면 툴바가 생성되므로 툴바 관리가 따로 필요하지 않다)

생성된 프로젝트를 ipad에서 실행해 보면 [그림 13]과 같이 실행되는 것을 확인할 수 있다. 마스터 화면에는 "Edit"버튼과 "+" 버튼이 만들어져 있어 테이블 뷰에서 셀의 삭제와 새로운 데이터를 추가할 수 있게 되어 있다. 또 아이패드를 portrait, landscape 모드로 회전을 하면 화면이 적절히 잘 동작하는 것을 확인할 수 있다.

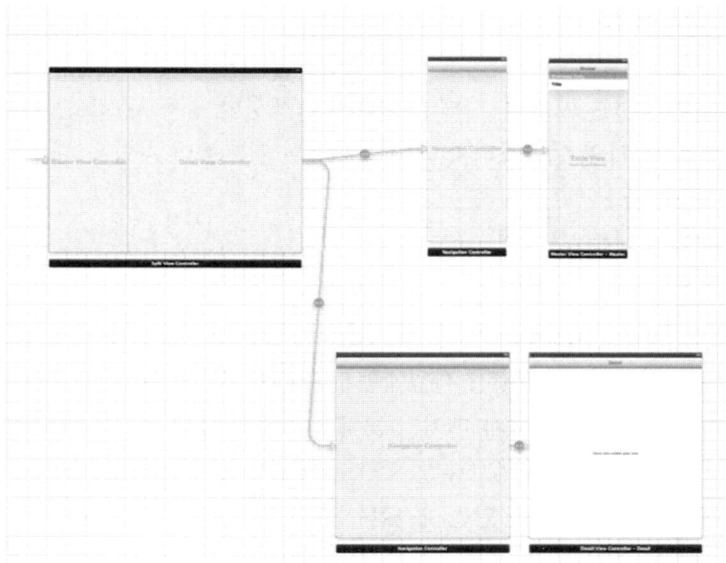

그림 12. 스토리보드에 생성된 split view 컨트롤러

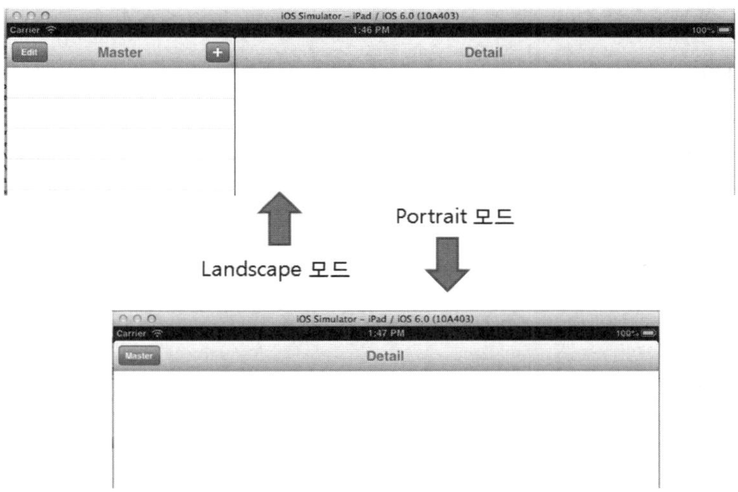

그림 13. 마스터-디테일 템플릿 실행 결과

3.2. 템플릿에서 생성된 파일 내용

Core data를 사용하는 마스터-디테일 템플릿을 생성할 경우 Xcode는 데이터 오브젝트를 위한 모델 파일과 마스터와 디테일을 위한 컨트롤러 파일을 자동 생성한다.

3.2.1 Core Data 생성

프로젝트 이름을 ipad_app이라 할 때 데이터 모델을 위해서 ipad_app.xcdatamodeld 파일이 생성된다. 파일에는 Event 엔티티가 이미 만들어져 있으며 프로그래머는 응용에 적합하게 데이터 모델을 변경해서 사용하면 된다. 만들어진 모델 파일은 클래스로 변환되지 않았으므로 필요할 경우 프로그래머는 클래스로 변환하여 더 쉽게 프로그램을 만들 수 있다.

3.2.2 앱 시작 파일 (AppDelegate)

AppDelegate 파일에는 core data의 사용을 위해서 NSManagedObjectContext, NSManagedObjectModel, NSPersistentStoreCoordinator 3개의 property를 만들어 사용하며, core data를 사용할 수 있게 managedObjectContext 값을 설정한다. (NSManagedDocument를 사용하는 방식에 비하면 매우 복잡하게 되어있음)
그리고 MasterViewController에게 managedObjectContext를 전달해주고, DetailViewController를 UISplitViewController의 delegate로 지정한다.

AppDelegate에서 설정

```
- (BOOL)application:(UIApplication *)application
  didFinishLaunchingWithOptions:(NSDictionary *)launchOptions
{
  // Override point for customization after application launch.
  UISplitViewController *splitViewController =
              (UISplitViewController *)self.window.rootViewController;
  UINavigationController *navigationController =
              [splitViewController.viewControllers lastObject]; // detail 뷰

  // 디테일 뷰 컨트롤러를 delegate로 지정
  splitViewController.delegate = (id)navigationController.topViewController;

  UINavigationController *masterNavigationController =
                              splitViewController.viewControllers[0]; // 마스터
  MasterViewController *controller =
              (MasterViewController *)masterNavigationController.topViewController;

   // 마스터의 managedObjectContext값을 설정
   controller.managedObjectContext = self.managedObjectContext;
   return YES;
}
```

3.2.3 마스터 뷰 컨트롤러

마스터 뷰는 테이블 뷰의 형식이므로 UITableViewController의 서브클래스로 만들어지며, 마스터 뷰 자체는 Navigation view에 포함되어 있다. 다음은 MasterViewController.h 파일이다. Core Data의 내용을 테이블 뷰에 출력하기 위하여 NSFetchedResultsController를 사용하게 <NSFetchedResultsControllerDelegate> 프로토콜 메소드의 구현도 이루어져 있다.

마스터 뷰의 모습은 다음 그림 [그림 14]의 왼쪽에 해당한다. [Edit] 버튼과 [+] 버튼으로 구성되어 있으며 Core Data에 저장되어 있는 데이터를 테이블 형식으로 출력한다.

MasterViewController.h 파일

```
#import 〈UIKit/UIKit.h〉
@class DetailViewController;
#import 〈CoreData/CoreData.h〉

// 마스터 뷰는 테이블 뷰로 만들어지며 Core Data의 데이터를 출력하기 위해서
// NSFetchedResultsControllerDelegate 프로토콜을 구현한다.
@interface MasterViewController :
                    UITableViewController 〈NSFetchedResultsControllerDelegate〉
@property (strong, nonatomic) DetailViewController *detailViewController;
@property (strong, nonatomic) NSFetchedResultsController
*fetchedResultsController;
@property (strong, nonatomic) NSManagedObjectContext *managedObjectContext;
@end
```

그림 14. 마스터 뷰(왼쪽)의 모습

위 뷰의 모양을 구현하는데 필요한 메소드의 구현은 다음의 MasterViewController.m 파일에서 이루어진다.

MasterViewController.m 파일의 중요 메소드

```
- (void)viewDidLoad
{
   [super viewDidLoad];
   // Do any additional setup after loading the view, typically from a nib.
   //  왼쪽에 Edit 버튼 추가, 삭제 기능
   self.navigationItem.leftBarButtonItem = self.editButtonItem;

   UIBarButtonItem *addButton =
     [[UIBarButtonItem alloc] initWithBarButtonSystemItem:UIBarButtonSystemItemA
     dd
          target:self action:@selector(insertNewObject:)];
   // 오른쪽에는 add 버튼 추가
   self.navigationItem.rightBarButtonItem = addButton;
   self.detailViewController =
      (DetailViewController *)[[self.splitViewController.viewControllers lastObject]
      topViewController];
}
// 셀을 클릭하면
- (void)tableView:(UITableView *)tableView didSelectRowAtIndexPath:
                                          (NSIndexPath *)indexPath
{
   NSManagedObject *object = [[self fetchedResultsController]
objectAtIndexPath:indexPath];
   self.detailViewController.detailItem = object;
}
```

MasterViewController.m 파일에서 입력, 삭제 Naviation item 처리

```
// edit 버튼의 처리 - edit 버튼을 누르거나 셀에서 swipe해서 삭제하는 경우
// 다음의 메소드를 구현해야 한다.
- (void)tableView:(UITableView *)tableView
          commitEditingStyle:(UITableViewCellEditingStyle)editingStyle
          forRowAtIndexPath:(NSIndexPath *)indexPath
{
    if (editingStyle == UITableViewCellEditingStyleDelete) {
        NSManagedObjectContext *context = [self.fetchedResultsController
                                           managedObjectContext];
        // managed object를 삭제
        [context deleteObject:[self.fetchedResultsController
        objectAtIndexPath:indexPath]];

        NSError *error = nil;
        if (![context save:&error]) { // 삭제의 저장에서 오류가 발생하면
            NSLog(@"Unresolved error %@, %@", error, [error userInfo]);
            abort();
        }
    }
}
// 입력 버튼을 누르면
- (void)insertNewObject:(id)sender
{
  NSManagedObjectContext *context = [self.fetchedResultsController
  managedObjectContext];
  NSEntityDescription *entity = [[self.fetchedResultsController fetchRequest]
  entity];

  NSManagedObject *newManagedObject =
          [NSEntityDescription insertNewObjectForEntityForName:[entity name]
           inManagedObjectContext:context];

  // 데이터 모델의 커스텀 클래스를 만들어 사용하는 경우
  // 그 컬럼을 직접 억세스 하게 할 수 있다.
  //
  [newManagedObject setValue:[NSDate date] forKey:@"timeStamp"];

  // Save the context.
  NSError *error = nil;
  if (![context save:&error]) {
     // insert에서 오류가 발생하면 오류 처리 방법을 여기 구현
     NSLog(@"Unresolved error %@, %@", error, [error userInfo]);
     abort();
  }
}
```

3.2.4 디테일 뷰 컨트롤러

디테일 뷰는 아이패드의 UISplitViewController의 delegate 역할과 일반 UIViewController의 서브클래스로 마스터에서 전달된 NSManagedObject의 내용을 레이블에 출력하는 역할을 한다. UISplitViewControllerDelegate 프로토콜의 다음의 메소드를 구현해 아이패드를 회전할 때 처리할 기능을 구현한다.

DetailViewController.m 파일의 중요 메소드

```
// 마스터에서 셀을 선택하면 detailItem 속성 값을 set 한다.
// 이때 디테일에서 호출되는 detailItem의 setter 메소드
- (void)setDetailItem:(id)newDetailItem
{
    if (_detailItem != newDetailItem) {
        _detailItem = newDetailItem;
 ...
    if (self.masterPopoverController != nil) {
        [self.masterPopoverController dismissPopoverAnimated:YES];
        // popover에서 날짜를 클릭하여
        // detail의 detailItem 값이 set 되면 popover가 dismiss되면서 디테일에 날짜
        표시
    }
}
```

DetailViewController.m 파일의 회전 기능 메소드

```
@property (strong, nonatomic) UIPopoverController *masterPopoverController;
...
#pragma mark - Split view
// landscape 모드에서 portrait모드로 회전할 때
- (void)splitViewController:(UISplitViewController *)splitController
      willHideViewController:(UIViewController *)viewController
      withBarButtonItem:(UIBarButtonItem *)barButtonItem
      forPopoverController:(UIPopoverController *)popoverController
{
   barButtonItem.title = NSLocalizedString(@"Master", @"Master");
   // 디테일도 Navigation controller에  임베드되어 있다.
   [self.navigationItem setLeftBarButtonItem:barButtonItem animated:YES];
   // 왜 필요한가? - 회전, detail 화면의 클릭 이외의 조건으로 popover를 dismiss 할
   때 필요
   self.masterPopoverController = popoverController;
}
// portrait 모드에서 landscape 모드로 회전할 때
- (void)splitViewController:(UISplitViewController *)splitController
           willShowViewController:(UIViewController *)viewController
           invalidatingBarButtonItem:(UIBarButtonItem *)barButtonItem
{
    // 버튼을 제거한다.
    [self.navigationItem setLeftBarButtonItem:nil animated:YES];
    self.masterPopoverController = nil;
}
```

3.3 템플릿의 변경 내용

AppDelegate에서 사용한 엔터티 이름과 속성의 이름을 다음의 모델 변경에 맞게 변경한다. 또 마스터의 fetchedResultController에서도 출력되는 내용에 맞게 엔터티 이름과 컬럼의 이름을 변경한다. 그와 함께 마스터 테이블 뷰의 출력 부분에서 cell의 text 속성을 내용에 맞게 변경한다.

3.3.1 모델의 변경

다음의 [그림 15]와 같이 2개의 객체를 생성하고, 엔터티 이름 및 관련 속성 이름을 결정한다. 마스터-디테일 템플릿에서는 NSManagedObject의 서브클래스를 만들지

않고 NSManagedObject 클래스 오브젝트에 대해서 KVC 방식을 사용한다.

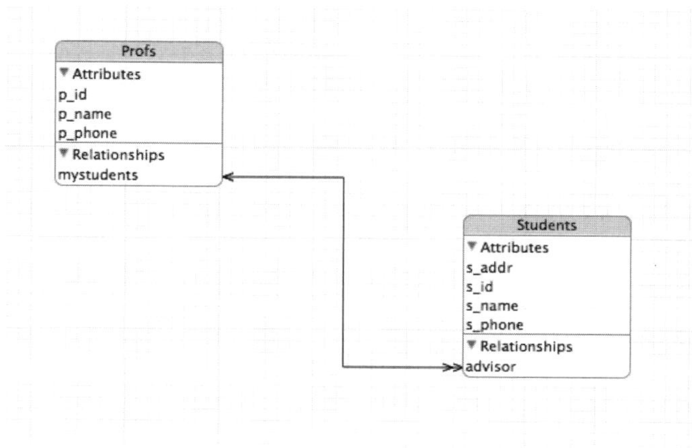

그림 15. 객체 사이의 관계 생성

3.3.2 데이터 입력 부분 변경

데이터의 입력은 NSManagedObject 클래스 오브젝트를 사용하여 입력한다.

```
-(void) add_initial_data
{
   NSManagedObject* prof = nil;
   NSManagedObject* std = nil;

  // 교수 1명과 학생 2명
  prof = [self insertProf:@"1000" who:@"dkhong" tel:@"1234"];

  std = [self insertStd:@"1000" who:@"sdw" tel:@"1234"];
  [std setValue:prof forKey:@"advisor"];
  std = [self insertStd:@"1001" who:@"kky" tel:@"1234"];
  [std setValue:prof forKey:@"advisor"];
```

```
// 새로운 교수 1명과 학생 2명 입력
// 위와 같은 방식으로
}

-(Profs *) insertProf:(NSString *)pid who:(NSString *)pname tel:(NSString *)phone
{
    NSManagedObject* prof = nil;

    prof = [NSEntityDescription
            insertNewObjectForEntityForName:@"Profs"
            inManagedObjectContext:self.stdDB.managedObjectContext];
  [std setValue:pid forKey:@"p_id"];
  [std setValue:pname forKey:@"p_name"];
  [std setValue:phone forKey:@"p_phone"];
   return prof;
}
```

Chapter 13

Core Data 이미지 데이터베이스

1. 아이폰, 아이패드에서 이미지 얻기
2. UIImagePickerController 응용 작성
3. 아이폰의 얼굴 인식 (Face Detection) 기능
4. 파일을 사용한 Core Data 이미지 데이터베이스 앱
5. Transformable 타입을 사용한 Core Data 이미지 데이터베이스 앱
6. 아이패드에서 Core Data 이미지 데이터베이스

최신 모바일 단말기들은 거의 전부 카메라를 포함하고 있어 쉽게 사진 또는 동영상을 찍을 수 있다. 아이폰과 아이패드도 마찬가지로 카메라가 부착되어 있어 쉽게 사진과 동영상을 찍을 수 있다. 뿐만 아니라 Core Graphics를 이용하여 다양한 종류의 이미지를 쉽게 제작할 수도 있다. 카메라 또는 Core Graphics로 생성된 이미지를 효과적으로 관리하기 위하여 이미지 데이터베이스를 활용하는 방법을 알아보자.

1. 아이폰, 아이패드에서 이미지 얻기

먼저 아이폰과 아이패드에서 사진 이미지를 얻는 방법을 알아보자. 아이폰과 아이패드에서 사진찍기, 동영상 촬영, 포토 라이브러리 억세스 등의 간단한 작업을 수행하는 앱을 구현하기 위해서는 UIImagePickerController를 사용한다. 아이폰 앱은 샌드박스를 사용하므로 UIImagePickerController를 사용하지 않으면 포토 라이브러리를 억세스할 수 없다. 그리고 만약 간단한 이미지가 아니라 복잡한 실시간 처리가 필요한 경우 AVFoundation을 사용하여 앱을 구현할 수 있다.

1.1 UIImagePickerController 클래스

아이폰의 UIImagePickerController 클래스는 자체적으로 시스템 인터페이스를 제공하여 카메라가 지원되는 장비에서 사진과 동영상을 찍을 수 있게 해준다. 그리고 사진 또는 동영상을 찍은 후에는 UIImagePickerControllerDelegate 프로토콜을 이용하여 나머지 동작을 구현하게 한다. image picker controller에 제공되는 소스 타입 (sourceType)은 다음과 같다. 어느 곳에서 이미지를 가지고 오는지를 결정한다.

UIImagePickerControllerSourceTypeCamera : 카메라에서
UIImagePickerControllerSourceTypePhotoLibrary : 시스템 포토 라이브러리에서
UIImagePickerControllerSourceTypeSavedPhotosAlbum : 개인이 저장한 장소에서

1.2 UIImagePickerController를 사용하는 기본 절차

UIImagePickerController를 사용하는 기본 절차는 다음과 같다.

[단계 1] isSourceTypeAvailable: 클래스 메소드를 호출하여 사용가능한 소스타입을 확인한다. 카메라가 사용 가능한지, 아니면 시스템 포토 라이브러리만 사용 가능한지를 확인한다.

[단계2] availableMediaTypesForSourceType: 클래스 메소드를 사용하여 어떤 media type이 사용가능한지 확인한다. (비록 카메라가 있다고 해도 정지 이미지만 가능한지 아니면 동영상도 가능한지 확인한다)

[단계 3] mediaTypes 속성을 설정하여 적절한 UI가 보이게 한다. (정지 이미지만 가져오는 경우와 정지 이미지, 동영상을 같이 가져올 수 있게 하는 경우 시스템에서 기본적으로 제공하는 인터페이스가 달라진다)

[단계4] 사용자 인터페이스를 결정한다.
아이폰과 아이팟 터치에서는 presentViewController:animated:completion: 메소드를 사용하여 modal (full-screen) 인터페이스를 사용한다. iPad에서는 UIImagePickerController가 다음과 같은 인터페이스 형식을 사용한다. 즉 카메라를 사용하는 경우 풀 스크린으로 나타나게 되며, 포토 라이브러리를 억세스하는 경우 popover형식으로 나타난다.

표 1. 아이패드의 UIImagePickerController 인터페이스 형식

카메라	포토 라이브러리	저장된 포토 앨범
Full Screen	Popover	Popover

2. UIImagePickerController 응용 작성

카메라 동작은 아이폰 시뮬레이터와 아이패드 시뮬레이터에서는 확인되지 않으므로 직접 iOS 장비로 프로그램을 로드하여 확인하여야 한다. 따라서 카메라 동작을 확인할 수 있는 장비와 앱을 다운로드할 수 있는 환경 (개발자로 등록)을 먼저 갖추어야 한다.

[단계 1] [그림 1]과 같이 사용자 인터페이스를 만든다. 화면에는 명령버튼 1개와 사진 또는 포토 라이브러리에서 가져온 이미지를 출력할 이미지 뷰를 만든다.

그림 1. 스토리보드 화면

[단계 2] 생성된 프로젝트에 다음과 같이 추가할 프로토콜과 프로퍼티를 설정한다.

Viewcontroller.h

```
#import <UIKit/UIKit.h>

@interface ViewController : UIViewController <UINavigationControllerDelegate,
 UIImagePickerControllerDelegate, UIActionSheetDelegate>

@property (nonatomic, retain) UIImagePickerController *imgPicker;

- (IBAction)action_sheet:(id)sender; // 명령 버튼 실행 메소드

@property (weak, nonatomic) IBOutlet UIImageView *image_view;

@end
```

[그림 2]와 같이 이미지를 카메라에서 사진을 찍어 가져올 것인지, 아니면 기존의 포토 라이브러리에서 가져올 것인지를 위하여 사용자 UI로 가장 적절한

ActionSheet 기능을 사용하였다.

Viewcontroller.m의 ActionSheet 화면

```
- (IBAction)action_sheet:(id)sender {
   UIActionSheet *actionsheet = [[UIActionSheet alloc]
                              initWithTitle:nil
                              delegate: self
                              cancelButtonTitle:@"취소"
                              destructiveButtonTitle:nil
                       otherButtonTitles:@"사진촬영", @"앨범에서 가져오기", nil];
   [actionsheet showInView:self.image_view];
}
```

그림 2. ActionSheet의 동작

[그림 2]의 ActionSheet에서 각각의 버튼 인덱스에 동작하기 위해서는 UIActionSheetDelegate 프로토콜의 메소드를 구현하여야 한다. ActionSheet 화면의 첫 번째 버튼이 인덱스 0, 그 다음이 인덱스 1, 그 다음이 인덱스 2로 인덱스 번호가 결정된다.

UIActionSheet Delegate 구현

```
#pragma mark UIActionSheet Delegate
- (void) actionSheet:(UIActionSheet *)actionSheet
              clickedButtonAtIndex:(NSInteger)buttonIndex
{
     self.imgPicker = [[UIImagePickerController alloc] init];
     self.imgPicker.delegate = self;
     self.imgPicker.allowsEditing = YES;

     if (buttonIndex == 0) { // 사진 촬영
        if ([UIImagePickerController
          isSourceTypeAvailable:UIImagePickerControllerSourceTypeCamera]) {
          /* 시스템 화면에서 정지 영상과 동영상을 미리 결정하는 경우
           NSArray *mediaTypes = [UIImagePickerController
                              availableMediaTypesForSourceType:
                               UIImagePickerControllerSourceTypeCamera];
             if ([mediaTypes containsObject:(NSString *) kUTTypeImage]) {
               self.imgPicker.sourceType =
               UIImagePickerControllerSourceTypeCamera;
               self.imgPicker.mediaTypes =
                         [NSArray arrayWithObject:(NSString *) kUTTypeImage];
                [self presentViewController:self.imgPicker animated:YES
                completion:nil];
             }
             else if([mediaTypes containsObject:(NSString *) kUTTypeMovie]) {
                self.imgPicker.sourceType =
                UIImagePickerControllerSourceTypeCamera;
                self.imgPicker.mediaTypes =
                         [NSArray arrayWithObject:(NSString *) kUTTypeMovie];
                [self presentViewController:self.imgPicker animated:YES
                completion:nil];

             }
        */

            // 다음과 같이 하면 이미지와 동영상 버튼이 선택 가능하게 나타난다.
             self.imgPicker.sourceType =
             UIImagePickerControllerSourceTypeCamera;
             self.imgPicker.mediaTypes = [UIImagePickerController
                             availableMediaTypesForSourceType:
                              UIImagePickerControllerSourceTypeCamera];
            [self presentViewController:self.imgPicker animated:YES completion:nil];
        }
     }
     elseif (buttonIndex == 1) { // 포토 라이브러리에서
          self.imgPicker.sourceType =
          UIImagePickerControllerSourceTypePhotoLibrary;
          [self presentViewController:self.imgPicker animated:YES completion:nil];
     }
}
```

UIImagePickerController에서 사진을 찍고, 또는 포토 라이브러리에서 가져온 이미지의 편집 및 확대 등의 조작이 끝난 후 그 이미지를 처리하는 기능과 UIImagePickerControlle를 해제하는 기능은 다음의 UIImagePickerControllerDelegate 프로토콜의 메소드에 의해 실행된다.

UIImagePickerController Delegate

```
#pragma mark UIImagePickerController Delegate
-(void) imagePickerController:(UIImagePickerController *)picker
            didFinishPickingMediaWithInfo:(NSDictionary *)info
{
  // 가져온 이미지를 조정한 후 "use" 버튼을 누르면
  self.image_view.image   = [info
                objectForKey:UIImagePickerControllerEditedImage];

  // 만약 이미지를 저장하고 싶다면 ??? - 사진의 카메라롤에 저장
   UIImageWriteToSavedPhotosAlbum(self.image_view.image, nil, nil, nil);

  // 이미지를 뷰에 가져온 후 PickerView를 dismiss
   [self dismissViewControllerAnimated:YES completion:nil];
}

-(void) imagePickerControllerDidCancel:(UIImagePickerController *)picker
{
   [self dismissViewControllerAnimated:YES completion:nil];
}
```

카메라 기능은 iOS 장치에서만 동작을 확인할 수 있다. 따라서 시뮬레이터에서는 "앨범에서 가져오기" 기능만 확인 가능하다.

3. 아이폰의 얼굴 인식 (Face Detection) 기능

아이폰에서 가져온 이미지로 다양한 형태의 이미지 변경 작업을 할 수 있다. 특히 최신의 iOS의 영상처리 기능에는 얼굴 인식 (face detection) 기능이 포함되어 있다. 얼굴 인식 기능은 Core Image 프레임워크에 포함되어 있는 기능으로 다양한 앱의 작성에 적용될 수 있다.

3.1 Core Image의 얼굴 인식 기능

얼굴 인식 기능은 오직 Core Image에서만 가능하다. 따라서 카메라 또는 사진의 이미지를 처리하기 위해서는 먼저 Core Image로 변환하는 과정이 필요하다. CIImage 클래스(Core Image)는 이미지를 생성할 수 있는 모든 정보를 가지고 있으며, 그 자체는 이미지가 아니다. 하지만 Core Image는 아이폰 4S, 아이패드2, 아이폰5 등의 프로세서에 포함되어 있는 GPU (Graphic Processing Unit)의 도움으로 빠른 영상처리가 가능하게 한다. 아이폰에서 얼굴 인식은 다음의 과정으로 실행된다.

[단계 1] jpg, png 등의 이미지와 다음의 메소드를 이용하여 CIImage 오브젝트 생성

```
CIImage *image = [[CIImage alloc] initWithImage:[FACE_IMAGES
                                    objectAtIndex:self.currentIndex]];
```

[단계 2] 얼굴 인식

얼굴 인식은 다음의 과정으로 이루어진다.

```
CIDetector *facedetector =
        [CIDetector detectionOfType:CIDetectorTypeFace context:nil options:.... ];

// 모든 얼굴을 다 찾는다
NSArray features = [facedetector featuresInImage:ciImage];

// 각각의 찾은 얼굴에 대해서
for (CIFaceFeature *face in features) {
 // CGPoint로 되어 있는 face.leftEyePosition, face.rightEyePosition, face.mouthPosition
 // 등의 정보를 이용하여 처리
}
```

[단계 3] 이미지가 변경되었으면 변경된 CIImage 오브젝트 (여기서는 result)는 다음의 메소드로 CGImage (bitmap 이미지)로 다시 표현한다. CIContext 클래스 오브젝트의 createCGImage:fromRect 메소드를 사용하여 Quartz2D 이미지를 생성한다(rendering).

```
CGImageRef ref = [self.context createCGImage:result fromRect:ciImage.extent];
```

[단계 4] CGImage를 이용하여 UIImage 생성

```
self.imgView.image = [UIImage imageWithCGImage:ref scale:1.0
                                   orientation:UIImageOrientationRight];
```

** iOS6부터는 CIImage에서 다음과 같이 UIImage를 생성하는 방법을 제공

```
self.imageView.image = [UIImage imageWithCIImage:outputImage scale:1.0
                                     orientation:UIImageOrientationRight];
```

3.2 Core Image의 좌표 표현

Core Image와 UIKit의 좌표 표현 방법 (Coordinate system)이 서로 다르게 되어 있다. Core Image의 (0,0)는 왼쪽 하단부이며, 이와는 달리 UIKit에서 사용하는 (0,0)는 왼쪽 상단부이다. 따라서 Core Image의 영상 처리 과정에서 얻은 좌표 (눈 또는 입의 위치 등등)를 UIKit에서 사용하여 화면에 나타내면 의도했던 위치와는 다르게 표현된다.

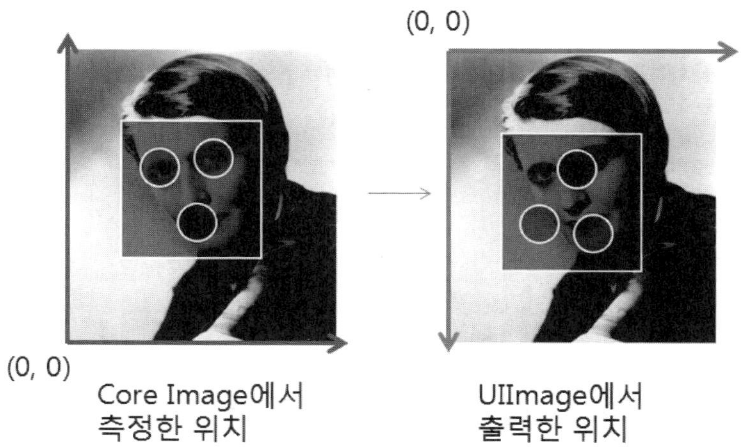

그림 3. Core Image와 UIKit의 좌표 차이점

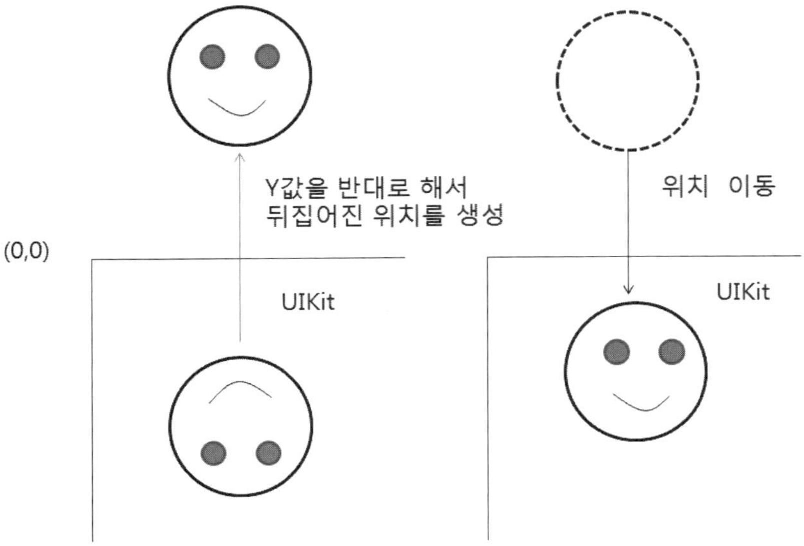

그림 4. UIKit에서 올바른 출력 위치 설정 방법

UIKit에서 좌표 조정

```
...
// Get image context reference
CGContextRef context = UIGraphicsGetCurrentContext();

// 컨텍스트의 좌표 스케일을 변경 — 다음의 경우는 y 좌표의 방향이 반대
CGContextScaleCTM(context, 1.0f, -1.0f);

// 컨텍스트의 좌표 원점을 이동
CGContextTranslateCTM(context, 0, self.activeImageView.bounds.size.height);
...
```

4. 파일을 사용한 Core Data 이미지 데이터베이스 앱

앞에서 설명한 UIImagePickerController와 Core Image의 기능을 이용하여 아이폰에서 이미지 데이터베이스를 만들어보자. Core Data 데이터베이스를 구축하는 방법으로는 다음의 2가지 방법이 있다.

1) NSManagedDocument를 사용하는 방법
2) Xcode에서 제공하는 마스터-디테일 템플릿을 사용하는 방법

NSManagedDocument를 사용하는 방법은 NSManagedOBject에 대한 자세한 부분을 프로그래머가 고려할 필요 없이 잘 숨겨주고 있어 iOS5부터 널리 사용되는 방법이다. 하지만 또 다른 템플릿을 이용한 방법도 복잡한 부분을 템플릿이 이미 생성해주므로 프로그래머에게는 좋은 선택 방법이 될 수 있다.

이미지 데이터베이스에서는 아이폰에서 제공하는 마스터-디테일 템플릿을 이용하여 Core Data 이미지 데이터베이스를 만들어보자. 기본적으로 생성된 마스터-디테일 템플릿 앱의 실행은 "+" 버튼을 누를 때 마다 core data 데이터베이스에 시간을 저장하고, 그 내용을 테이블 뷰에 출력한다. 템플릿을 변경하여 다음의 [그림 5]와 같이 Core Data 이미지 데이터베이스는 카메라로 찍은 사진 또는 포토 라이브러리의 이미지를 Documents 폴더에 저장하고, 그 사진에 대한 파일 경로와 이미지 정보를 Core Data 데이터베이스에 저장하게 해보자. 저장된 이미지는 데이터베이스의 경로 저장 정보를 이용하여 다시 Documents 폴더에서 찾아서 화면에 출력하게 된다.

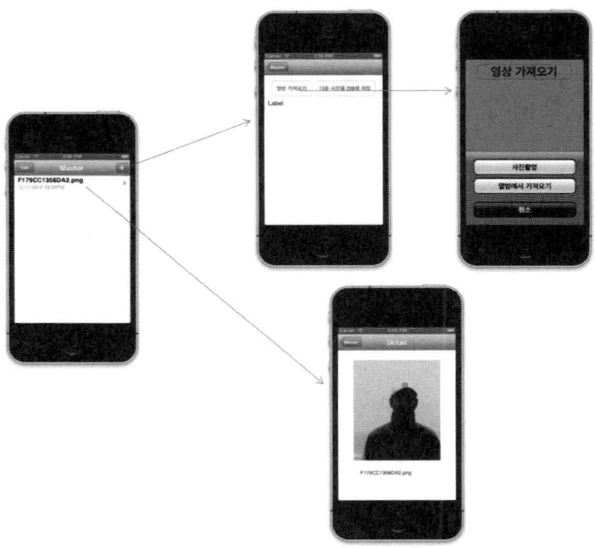

그림 5. 이미지 데이터베이스 앱 동작 형태

4.1 이미지 데이터베이스 앱 구조

프로젝트 생성시 아이폰 마스터-디테일 템플릿을 선택한 후 이미지 입력과 이미지 출력을 위하여 다음의 [그림 6]과 같이 템플릿을 변경한다. 기존의 디테일 뷰에는 이미지 뷰를 추가하여 테이블 뷰에서 선택한 이미지를 출력할 수 있게 하고, 새로 뷰를 추가하여 카메라 또는 포토 라이브러리에서 이미지를 가져와서 데이터베이스에 추가할 수 있게 한다.

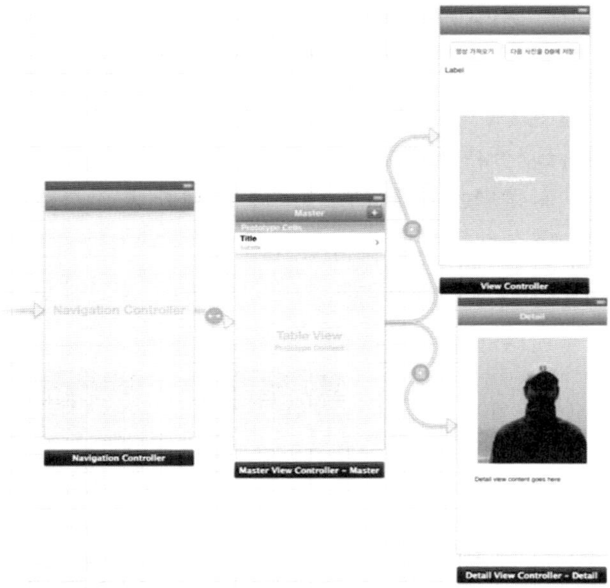

그림 6. 스토리보드의 앱 모양

4.2 오브젝트 그래프 모델의 변경

이미지 데이터베이스에 저장할 이미지 정보는 1) 이미지에 대한 설명, 2) 이미지 파일 이름 (나중에 다시 Documents 폴더에서 이미지를 찾을 수 있게 고유한 이름 부여), 3) 이미지 생성 날짜 등이 필요하다. 필요에 따라 다양한 속성을 더 추가할 수 있다. 본 예제에서는 다음의 엔터티와 속성을 사용하였다.

엔터티 이름 : MyImage
속성 (img_desc, file_path, m_date)

4.3 이미지 저장 기능 구현

이미지를 데이터베이스에 저자하는 방법은 1) 이미지를 데이터베이스 내부에 BLOB 타입으로 저장하는 방법과 2) 이미지를 파일로 저장하고 데이터베이스에는 파일의 경로를 저장하는 방법의 2가지 있다. 먼저 2)번 방법으로 이미지를 Documens 폴더에 저장하고 데이터베이스에는 파일 이름만 저장하는 방법을 사용한다.

먼저 입력 부분은 테이블 뷰에서 "+"버튼을 선택하면 [그림 7]의 2번째 화면에서 새로운 ActionSheet를 구동하기 위한 버튼이 존재한다. 이 버튼을 선택하면 ActionSheet가 동작하여 카메라 또는 포토 라이브러리에서의 입력을 선택하게 한다.

그림 7. 이미지 DB 앱 데이터 입력 부분

이미지를 입력하기 위하여 앞에서 배운 UIImagePickerController를 사용하여 카메라 또는 포토 라이브러리에서 이미지를 가져올 수 있게 한다. 카메라 또는 포토라이브러리에서 가져온 이미지를 뷰에 보여준 후 데이터베이스에 저장할 것인지를 결정한다. DB에 저장을 선택할 경우 뷰에 보여준 UIImage의 이미지를 읽기와 쓰기가 동시에 가능한 Documents 폴더에 고유한 이름의 png 파일로 저장한다. (앱의 샌드박스 구조는 Chap 8의 설명을 참조) 그리고 이미지 정보를 Core Data에 저장한다. (카메라로 사진을 찍은 후 저장하는 것은 실제 iOS 장비에서만 가능하다)

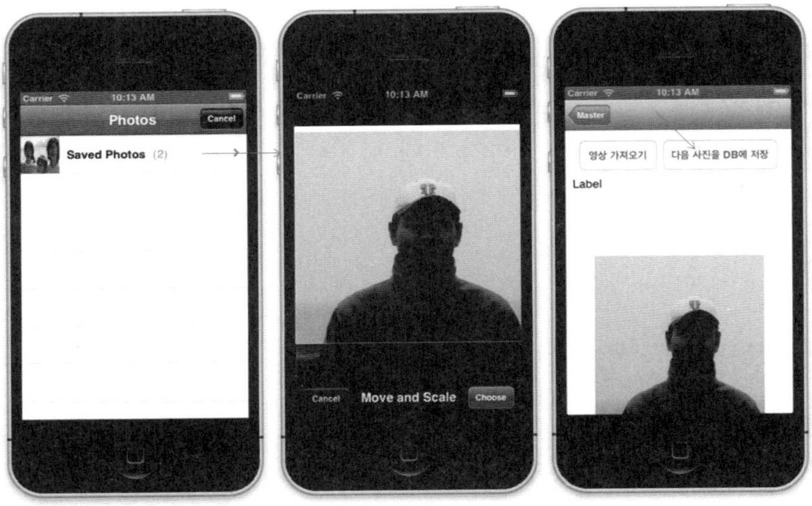

그림 8. 포토라이브러리에서 이미지 가져와서 Core Data에 저장

"다음 사진을 DB에 저장" 버튼

```
- (IBAction) save_imagepath_to_db:(id)sender
{
    // 최기화면에서 segue될 때 건네받은 mymanagedobjectcontext를 이용하여
    // 새로운 managed object 추가
    NSManagedObject *newManagedObject = [NSEntityDescription
            insertNewObjectForEntityForName:@"MyImage"
            inManagedObjectContext:self.mymanagedobjectcontext];

    // 이미지를 저장할 Document 폴더의 경로를 가져온다.
    NSArray *paths =
        NSSearchPathForDirectoriesInDomains(NSDocumentDirectory,
                                    NSUserDomainMask, YES);
    NSString *documentdDirectory = [paths objectAtIndex:0];

    // 파일에 고유한 이름을 부여
    NSManagedObjectID* moID = [newManagedObject objectID];
    NSString *filename = [[[moID URIRepresentation] lastPathComponent]
                            stringByAppendingString:@".png"];

    // core data string에 저장할때 스트링 길이의 제한이 있는 것인지 아니면
    // 특수 문자가 있어서 그런건지 너무 긴 파일 이름을 사용할 경우 잘려서
    // [[[moID URIRepresentation] absoluteString] 으로 했을때
    // 정보를 잃어버리는 경우가 발생함
    // 그래서 마지막 부분의 길이가 13이어서 길이에 맞게 잘라서 사용
    NSString *short_filename = [filename substringFromIndex:[filename length]-17];
    NSString* path =
        [documentdDirectory stringByAppendingPathComponent:short_filename];

    // UIImage의 png 데이터를 NSData로 변환
    NSData* data =
        [NSData dataWithData:UIImagePNGRepresentation(self.img_view.image)];
    // 이미지 파일을 Document 폴더에 저장
    if ([data writeToFile:path atomically:YES])
    {
      // 그리고 추가된 managed object에 파일 이름과 설명(image_description)을 저장
      [newManagedObject setValue:image_description forKey:@"img_desc"];
      [newManagedObject setValue:short_filename forKey:@"file_path"];
      // 이미지 생성 날짜 저장
      NSDate *today = [NSDate date];
      [newManagedObject setValue:today forKey:@"m_date"];
    }
    else // 저장이 안되면 적절한 오류 처리
}
```

4.4 이미지 출력 기능 구현

Core Data 데이터베이스에 저장된 이미지의 파일 이름은 메인 화면인 테이블 뷰에 출력된다. 테이블 뷰에서 셀을 선택하면 선택된 파일의 이미지를 다음 화면에서 보여주는 방식을 사용한다. 각 이미지 파일에는 [그림 9]에 나타난 것과 같이 고유한 이름이 부여되어 있으므로 Documents 폴더에서 해당 파일을 찾을 수 있다.

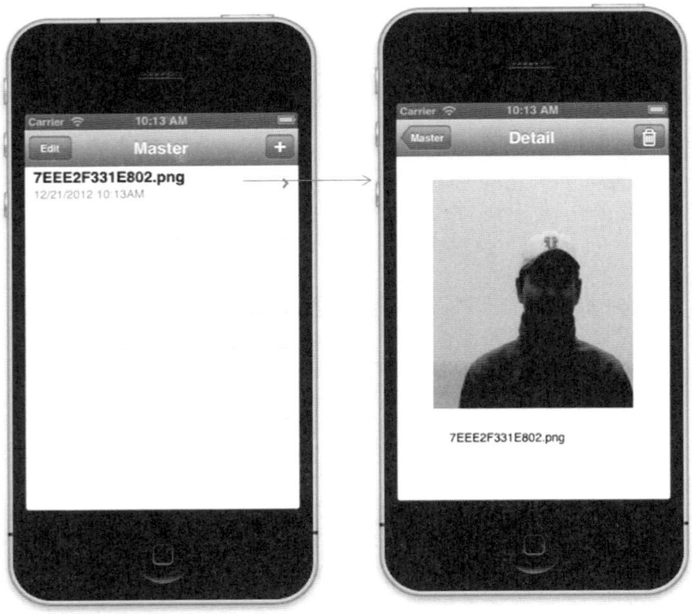

그림 9. 파일 이름으로 이미지 검색

마스터의 테이블 뷰의 셀에 정보를 출력하는 기능은 다음과 같다.

테이블 뷰에 이미지 이름 리스트 출력

```
- (void)configureCell:(UITableViewCell *)cell atIndexPath:(NSIndexPath *)indexPath
{
    NSManagedObject *object = [self.fetchedResultsController
                                   objectAtIndexPath:indexPath];
    ....
    // 저장된 파일 이름 출력
    cell.textLabel.text = [object valueForKey:@"file_path"];

    // 저장된 날짜 출력
    NSDateFormatter *dateFormat =[[NSDateFormatter alloc] init];
    [dateFormat setDateFormat:@"MM/dd/yyyy hh:mma"];
    NSString *today = [dateFormat stringFromDate:[object
    valueForKey:@"m_date"]];
    cell.detailTextLabel.text = today;
}
```

다음 메소드는 셀에서 선택한 이미지 파일을 Documents 폴더에서 찾아서 UIImage로 반환하는 과정이다.

저장된 이미지 파일을 찾아서 출력

```
- (void)configureView
{
    // 저장된 이미지 파일 이름을 가져 와서 출력
    NSString *filename = [self.detailItem valueForKey:@"file_path"];
    NSArray *paths =  NSSearchPathForDirectoriesInDomains(NSDocumentDirectory,
                                    NSUserDomainMask, YES);
    NSString* documentDirectory = [paths objectAtIndex:0];
    NSString* path =[documentDirectory stringByAppendingPathComponent:filena
    me];

    // 파일이 존재하는지 확인
    if ([[NSFileManager defaultManager] fileExistsAtPath:path])
    {
        // path에 있는 이미지 파일을 UIImage로 읽어온다.
        UIImage *myimage = [UIImage imageWithContentsOfFile:path];
        if (myimage != nil) self.my_image.image = myimage;
    }
    else  // 오류 처리
        self.detailDescriptionLabel.text = @"File not exist";
}
```

4.5 이미지 삭제

이미지 삭제는 테이블 뷰의 리스트에서 삭제할 수도 있으며, 아니면 디테일 뷰에서 이미지를 확인하면서 삭제할 수도 있다. 이미지 삭제는 이미지 파일 삭제와 Core Data에서 이미지 정보 삭제를 포함한다.

4.5.1 테이블 뷰에서 이미지 삭제

"Edit"버튼을 누르면 테이블 뷰가 에디팅 모드가 되면서 자동으로 삭제 메소드 (tableViewcommitEditingStyleforRowAtindexPath:)를 호출하여 각 열마다 deletion control을 표시하고, Delete 버튼을 선택하면 삭제 메소드를 호출하여 그 열을 테이블 뷰에서 삭제한다. 따라서 삭제 메소드를 override하여 그 셀에서 나타내는 실제 데이터를 삭제하는 것을 여기에 추가한다. 또 다른 방법으로 지우려고 하는 셀을 테이블 뷰에서 직접 swipe하면 "Delete" 버튼이 나타난다. Delete 버튼을 탭하면 삭제 메소드가 호출된다. 따라서 삭제 메소드 tableViewcommitEditingStyleforRowAtindexPath:에 다음의 내용을 추가하여야 한다.

1) Documents 폴더에서 이미지 파일 삭제
2) Core Data에서 이미지 관련 정보 삭제

테이블 뷰에서 이미지 삭제

```
- (void)tableView:(UITableView *)tableView
        commitEditingStyle:(UITableViewCellEditingStyle)editingStyle
                forRowAtIndexPath:(NSIndexPath *)indexPath
{
   if (editingStyle == UITableViewCellEditingStyleDelete) {
      NSManagedObjectContext *context = [self.fetchedResultsController
                                    managedObjectContext];
      NSManagedObject *object = [self.fetchedResultsController
                                 objectAtIndexPath:indexPath];
      // 파일 이름을 구해놓고
      NSString *file_name = [object valueForKey:@"file_path"];
      // Core data에서 오브젝트는 삭제
      [context deleteObject:object];

      NSArray *paths = NSSearchPathForDirectoriesInDomains(
                  NSDocumentDirectory, NSUserDomainMask, YES);
      NSString* documentDirectory = [paths objectAtIndex:0];
      NSString* path =[documentDirectory
                  stringByAppendingPathComponent:file_name];

     // 파일이 존재하는지 확인
     if ([[NSFileManager defaultManager] fileExistsAtPath:path])
     {
        // 파일이 존재하면 Documents 폴더에서 이미지 파일 삭제
        NSFileManager *fileManager = [NSFileManager defaultManager];
        [fileManager removeItemAtPath:path error:NULL];
     }
     else // 오류 처리
   }
}
```

4.5.2 디테일 뷰에서 이미지 삭제

이미지 삭제는 이미지를 확인한 후 삭제하는 것이 테이블 뷰에서 삭제하는 것보다 더 적절한 방법이다. 이미지를 확인한 후 삭제하기 위해서는 마스터의 셀을 선택해서 디테일로 segue 될 때 전달된 NSManagedObject 오브젝트를 detailItem이라 할 때 다음과 같은 방법으로 오브젝트를 삭제할 수 있다. 이 기능은 [그림 10]의 쓰레기통 버튼에 다음과 같이 구현되었다.

```
- (IBAction) delete_image:(id)sender
{

    NSManagedObjectContext *context = self.detailitem.managedObejctContext;
    // 이미지 파일 삭제를 위해서 미리 파일 이름을 가져온다.
    NSString *filename = [self.detailItem valueForKey:@"file_path"];
    // 그 이미지 정보를 Core Data에서 삭제
    [context deleteObject:self.detailItem];
    // Documents 폴더에서 이미지 파일 삭제는 앞의 설명과 같다.
    ...
}
```

그림 10. 이미지 삭제 화면

4.6 이미지 정보 추가

데이터베이스에 저장되는 이미지 관련 정보에는 날짜, 파일 이름 외에 이미지의 설명이 추가될 수 있다. 이미지에 대한 관련 정보의 입력은 응용 분야에 따라 다양한 형태로 구성된다. UIImagePickerController에서 가져온 이미지를 저장할 때 텍스트 필드를 추가하여 필요한 정보를 입력하는 것이 가장 적절한 방법이다.

5. Transformable 타입을 사용한 Core Data 이미지 데이터베이스 앱

이미지 데이터베이스 구축 방법은 앞에서 사용한 것과 같이 이미지를 파일로 저장하고 데이터베이스 내부에는 그 파일의 경로를 저장하는 것이 많이 사용되는 일반적인 방법이다. 이미지 데이터를 저장하는 또 다른 방법으로는 이미지 자체를 데이터베이스 내부에 저장하는 방법이 있다. 앞의 예제를 변경하여 이미지를 데이터베이스 내부에 저장하는 방식으로 변경하여 보자.

5.1 데이터 입력 부분

먼저 이미지 데이터 입력 부분은 테이블 뷰에서 "+"버튼을 선택하면 [그림 11]의 2번째 화면에서 새로운 ActionSheet를 구동하기 위한 버튼이 존재한다. 이 버튼을 선택하면 ActionSheet가 동작하여 카메라 또는 포토 라이브러리에서의 입력을 선택하게 한다.

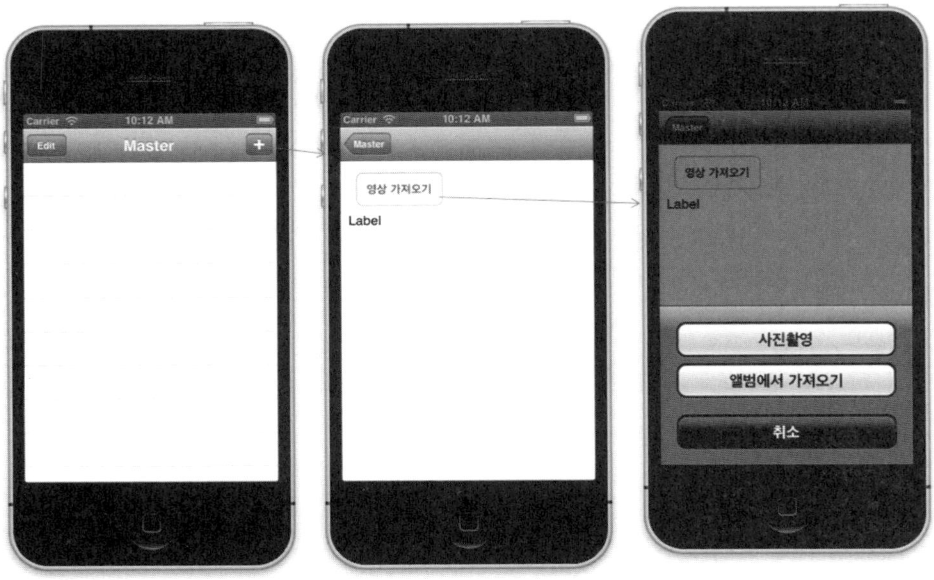

그림 11. 이미지 DB 앱 데이터 입력 부분

이미지 입력은 앞에서 배운 UIImagePickerController를 사용하여 카메라 또는 포토 라이브러리에서 이미지를 가져올 수 있게 한다. 카메라 또는 포토 라이브러리에서 가져온 이미지를 뷰에 보여준 후 데이터베이스에 저장할 것인지를 결정한다. DB에 저장을 선택할 경우 뷰에 보여준 UIImage 형식의 이미지와 각 이미지를 고유하게 식별하기 위한 식별자를 같이 저장한다. 식별자는 각 이미지마다 오브젝트 ID를 이용하여 생성한 이미지 ID로 고유한 값을 갖는다.

5.2 오브젝트 모델의 변경

오브젝트 모델을 변경하여 다음과 같이 파일의 경로 대신에 이미지를 직접 저장하게 한다. 이미지를 저장하는 방법으로는 attribute 속성을 transformable로 선택하면 된다.

엔터티 이름 : MyImage
속성 (img_id, image_itself)

img_id String : 이미지를 식별하기 위한 ID로 사용
image_itself Transformable : 저장 이미지

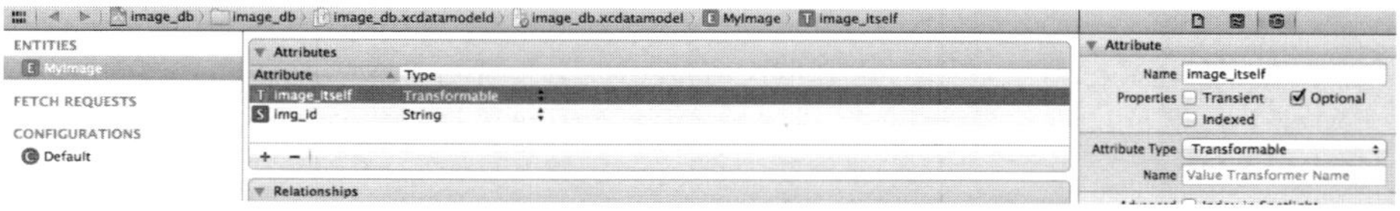

그림 12. 오브젝트 모델의 설정

iOS5부터는 UIImage도 NSCoding 프로토콜을 준수한다. UIImage, UIColor, UIBezierPath, MKPlaceMark, NSDate 등의 NSCoding 프로토콜을 준수하는 UIKit 오브젝트는 Transformable 형식의 Core Data 속성에 직접 저장이 가능하다. 따라서 Core Data 오브젝트 모델을 생성할 때 그 타입을 Transformable 로 설정하면 NSData로의 변환 과정이나 다른 코딩을 하지 않고 직접 저장 가능하다. (그리고 그 속성의 transformable name은 NSUnarchiveFromDataTransformerName 으로 지정한다. 특별히 지정하지 않으면 디폴트 값이다)

5.3 이미지 입력, 검색, 삭제 프로그램

앞에서 만든 앱은 포토 라이브러리 또는 카메라에서 가져온 이미지를 먼저 화면에 보여준 후 사용자에게 데이터베이스에 저장을 할 것인지 확인 과정을 거친다. 같은 방법을 사용할 경우 transformable 타입으로 되어 있는 속성에는 화면의 UIImage를 NSManagedObject 클래스 오브젝트에 쉽게 저장할 수 있다. 다음의 이미지 입력, 검색, 삭제 프로그램을 살펴보면 이미지를 transformable 속성에 직접 저장하는 방법이 이미지를 파일에 저장하는 방법에 비해서 프로그램을 매우 간단하게 구현할 수 있음을 알 수 있다. 앱에서 이미지를 저장하는 부분과, 데이터베이스에서 이미지를 읽어 와서 화면에 출력하는 부분, 그리고 이미지를 데이터베이스에서 삭제 부분을 자세히 살펴보자.

데이터베이스에 이미지 저장하기

```
// self.img_view에 보여준 이미지를 데이터베이스에 저장
- (IBAction)save_image_to_db:(id)sender {
    // 새로운 오브젝트 입력
    NSManagedObject *newManagedObject = [NSEntityDescription
                    insertNewObjectForEntityForName:@"MyImage"
                        inManagedObjectContext:self.mymanagedobject];

   NSManagedObjectID* moID = [newManagedObject objectID];
   NSString *filename = [[moID URIRepresentation] lastPathComponent];

   // file name을 ID로 사용, OID의 13자리만 사용
   NSString *short_filename = [filename substringFromIndex:[filename length]-13];

   // 그리고 오브젝트의 속성으로 저장
   [newManagedObject setValue:short_filename forKey:@"img_id"];
   // UIImage 자체를 데이터베이스에 직접 저장
   [newManagedObject setValue:self.img_view.image forKey:@"image_itself"];
   // 오브젝트는 자동으로 DB에 저장
}
```

데이터베이스에서 이미지 가져와서 출력하기

```
- (void)configureView
{
   // detailItem은 검색 결과 managed 오브젝트
    if (self.detailItem) {
        self.detailDescriptionLabel.text = [self.detailItem valueForKey:@"img_id"];
        // 이미지를 가져와서 image view에 출력
        self.myimage.image = [self.detailItem valueForKey:@"image_itself"];
    }
}
```

그림 13. Core data에 이미지 저장 및 읽어오기

테이블 뷰에서 이미지 삭제

```
- (void)tableView:(UITableView *)tableView
        commitEditingStyle:(UITableViewCellEditingStyle)editingStyle
                     forRowAtIndexPath:(NSIndexPath *)indexPath
{
    if (editingStyle == UITableViewCellEditingStyleDelete) {
       NSManagedObjectContext *context = [self.fetchedResultsController
                                           managedObjectContext];
       NSManagedObject *object = [self.fetchedResultsController
                                           objectAtIndexPath:indexPath];
       // Core data에서 오브젝트 삭제 (이미지와 이미지 ID가 같이 삭제)
       [context deleteObject:object];
}
```

5.4 이미지 저장 방법의 선택

이미지를 데이터베이스에 저장하는 방법으로 1) 이미지 정보는 Core Data에 저장하고 이미지 자체는 파일로 저장, 2) 이미지 정보와 이미지 자체를 같이 Core Data 내부에 저장하는 방법이 사용된다. 2가지 방법에 대한 여러 가지 장.단점들이 많이 토의되고 있으나 일반적인 결론을 이야기 하면 이미지의 크기가 크지 않고 저장되는 이미지가 많지 않을 경우 2번 방법이 적절한 방법이다. 아이폰과 같은 스마트폰의 제한적인 하드웨어 구성을 고려한다면 많은 데이터를 저장하지 않는 것이 일반적이므로 2번 방법의 선택은 프로그램을 간단히 할 수 있으며 프로그램의 성능과 데이터의 안정성을 위해서는 큰 장점이 된다.

6. 아이패드에서 Core Data 이미지 데이터베이스

아이패드에서 마스터-디테일 템플릿을 이용하여 Core Data 이미지 데이터베이스 앱을 만들어 보자. 이미지는 직접 Core Data의 transformable 타입의 attribute에 저장하고, 이미지를 가져오기 위해서는 앞에서 설명한 UIImagePickerController를 사용하여 카메라 또는 포토 라이브러리에서 사진을 가져오게 한다.

6.1 아이패드 마스터-디테일 템플릿 생성

마스터-디테일 템플릿에서 'Use Core Data', 'Use Storyboards', 'Use ARC'를 선택한 후 Devices를 'iPad'로 선택하고 프로젝트를 생성한다. 생성된 프로젝트는 아이패드에서 마스터-디테일 템플릿을 사용하므로 UISplitViewController를 사용하여 landscape 모드에서는 분할된 화면을 보여주고, portrait 모드에서는 버튼에서 popover controller를 사용하여 마스터를 보여준다.

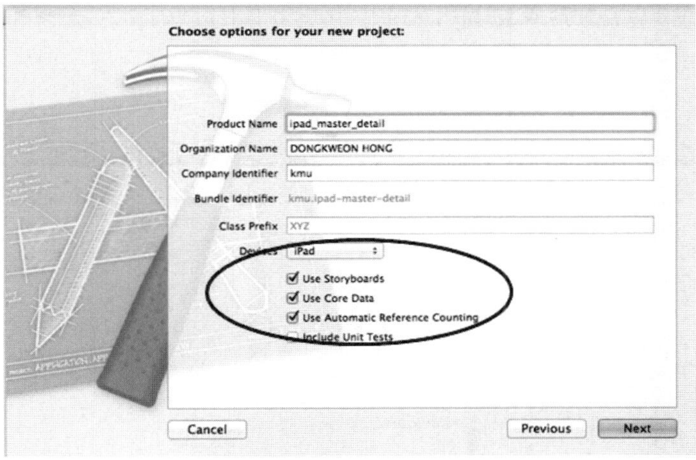

그림 14. iPad Core Data 앱 템플릿 설정

6.2 오브젝트 모델 변경

템플릿에 만들어진 오브젝트 모델을 변경하여 다음과 같이 이미지를 저장하기 위한 엔터티와 속성을 만든다. 이미지를 저장하는 방법으로는 attribute 속성을 transformable로 선택하여 이미지 자체를 Core Data에 직접 저장하는 방법을 사용한다. 본 예제에서는 Core Data의 모델로 다음의 MyImage 엔터티를 사용한다.

엔터티 : MyImage
속성 (img_id, image_itself, save_date)

img_id : String 이미지를 식별하기 위한 ID로 사용
image_itself : Transformable 저장 이미지
save_date : Date 이미지 저장 날짜

마스터 화면에서 이미지 입력을 위하여 '+' 버튼을 누르면 이미지를 입력하기 위한 화면으로 segue 전환해서 [그림 15]의 왼쪽 마스터 화면으로 전환된다. '영상 가져오기' 버튼을 누르면 ActionSheet을 실행하고, 선택에 따라 적절한 화면의 ImagePickerController를 사용하여 이미지를 가져올 수 있게 한다. 시뮬레이터는 카메

라를 지원하지 않으므로 포토 라이브러리에서 이미지를 가져오는 것을 만들어보자.

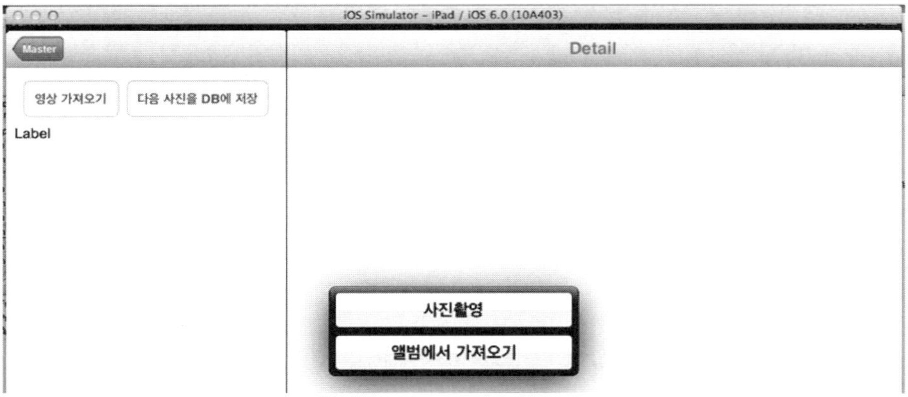

그림 15. ActionSheet의 실행 (landscape모드에서)

포토 라이브러리에서 이미지를 가져올 경우 본 챕터의 맨 첫 부분에 있는 [표 1]에서 설명한 것처럼 iPad는 항상 popover controller를 사용하여야 한다. 따라서 다음의 코드를 이용한다.

ActionSheet에서 앨범에서 가져오기 선택

```
...
if (buttonIndex == 1) { // iPad에서 포토 라이브러리 억세스 경우
    self.imgPicker.sourceType = UIImagePickerControllerSourceTypePhotoLibrary;
    UIPopoverController *popover = [[UIPopoverController alloc]
                            initWithContentViewController:self.imgPicker];
    self.popOverController = popover;

   [popover presentPopoverFromRect:self.img_view.bounds
                                   inView:self.img_view
            permittedArrowDirections:UIPopoverArrowDirectionAny
                                         animated:YES];
}
```

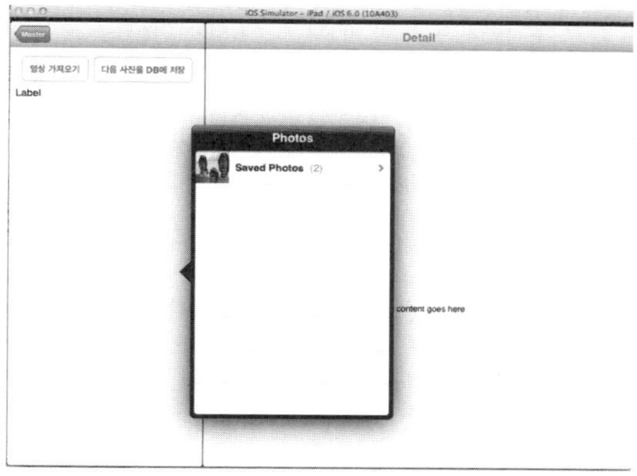

그림 16. 아이패드 popover controller에서 UIImagePicker의 실행

UIImagePicker에서 사진을 선택하고, 사진을 DB에 저장한 후 마스터의 첫 번째 뷰로 되돌아오면 저장된 사진의 ID가 테이블 뷰로 나타나게 된다.

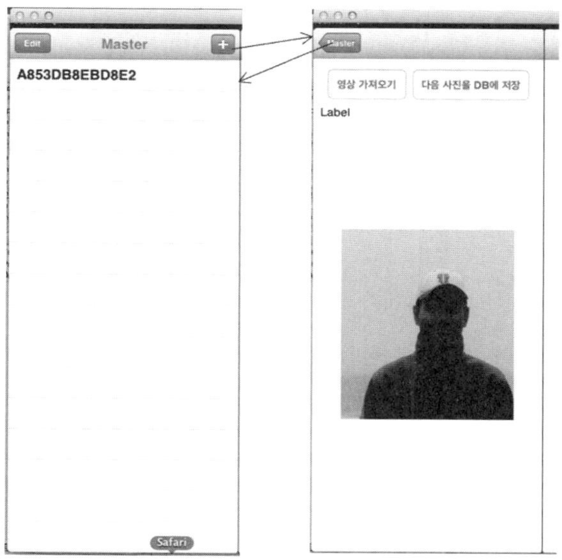

그림 17. 마스터 화면의 전환

마스터에서 셀을 선택하면 그 셀에 나타난 이미지 ID값을 이용하여 Core Data에서 그 이미지 ID값을 가진 오브젝트를 검색하여 디테일 뷰로 전달한다. 아이폰의 경우 마스터에서 디테일로의 전환은 segue를 사용하지만 아이패드는 화면이 분할되어 있으므로 디테일의 속성값을 설정해주는 것으로 그 값이 전달된다. 디테일 뷰는 전달된 오브젝트에서 이미지를 추출하여 뷰에 출력한다.

마스터에서 셀을 선택

```
- (void)tableView:(UITableView *)tableView didSelectRowAtIndexPath:
                                    (NSIndexPath *)indexPath
{
    NSManagedObject *object = [[self fetchedResultsController]
                                    objectAtIndexPath:indexPath];
    // 디테일의 detailItem 속성에 마스터에서 선택된 오브젝트를 전달
    // 아이패드이므로 segue가 필요 없다.
    self.detailViewController.detailItem = object;
}
```

디테일에서 내용 출력

```
- (void)configureView
{
  // 디테일 화면에서는 전달받은 detailItem (object)을 사용하여 그 내용 출력
  if (self.detailItem) {
      self.detailDescriptionLabel.text = [self.detailItem valueForKey:@"img_id"];
      self.my_view.image = [self.detailItem valueForKey:@"image_itself"];
  }
}
```

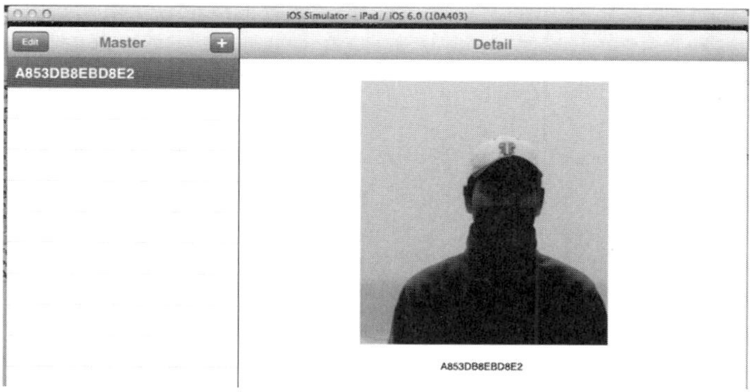

그림 18. landscape 모드에서 cell 선택 실행

부 록

부록 A. Foundation 클래스 계층 구조

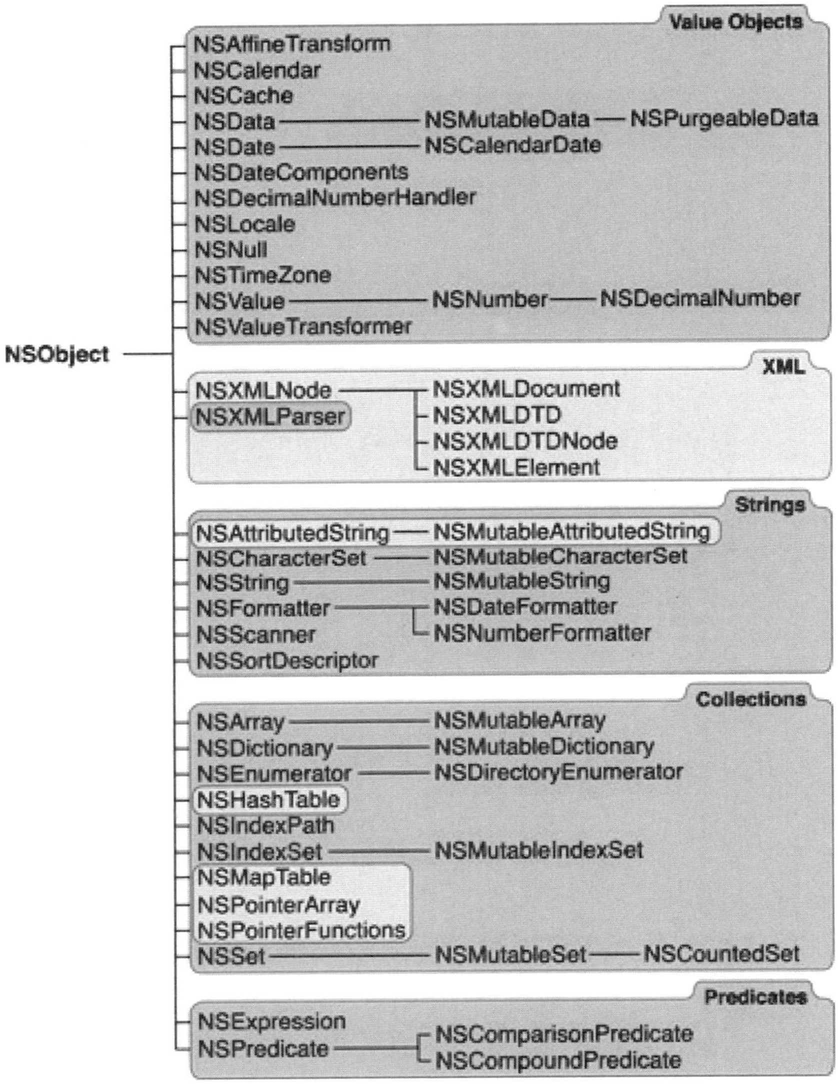

Foundation 프레임워크 계층(1) (출처: iOS Developer library)

Objective-C Foundation Continued

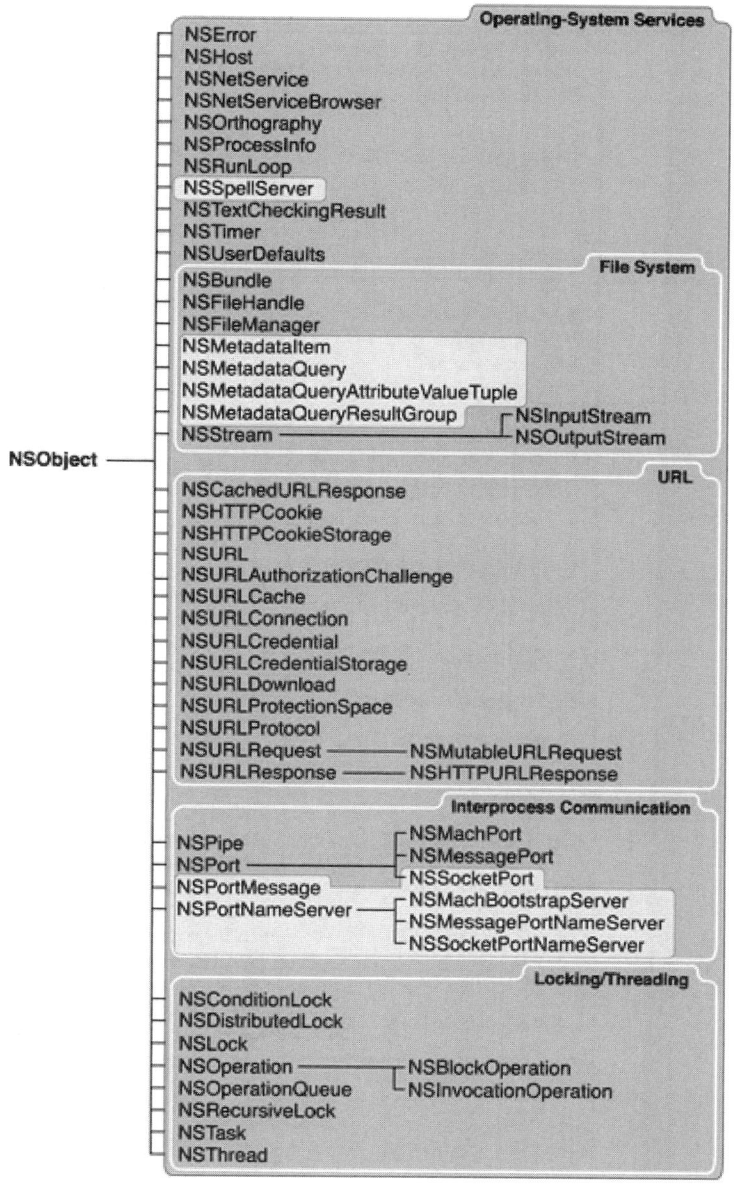

Foundation 프레임워크 계층(2) (출처: iOS Developer library)

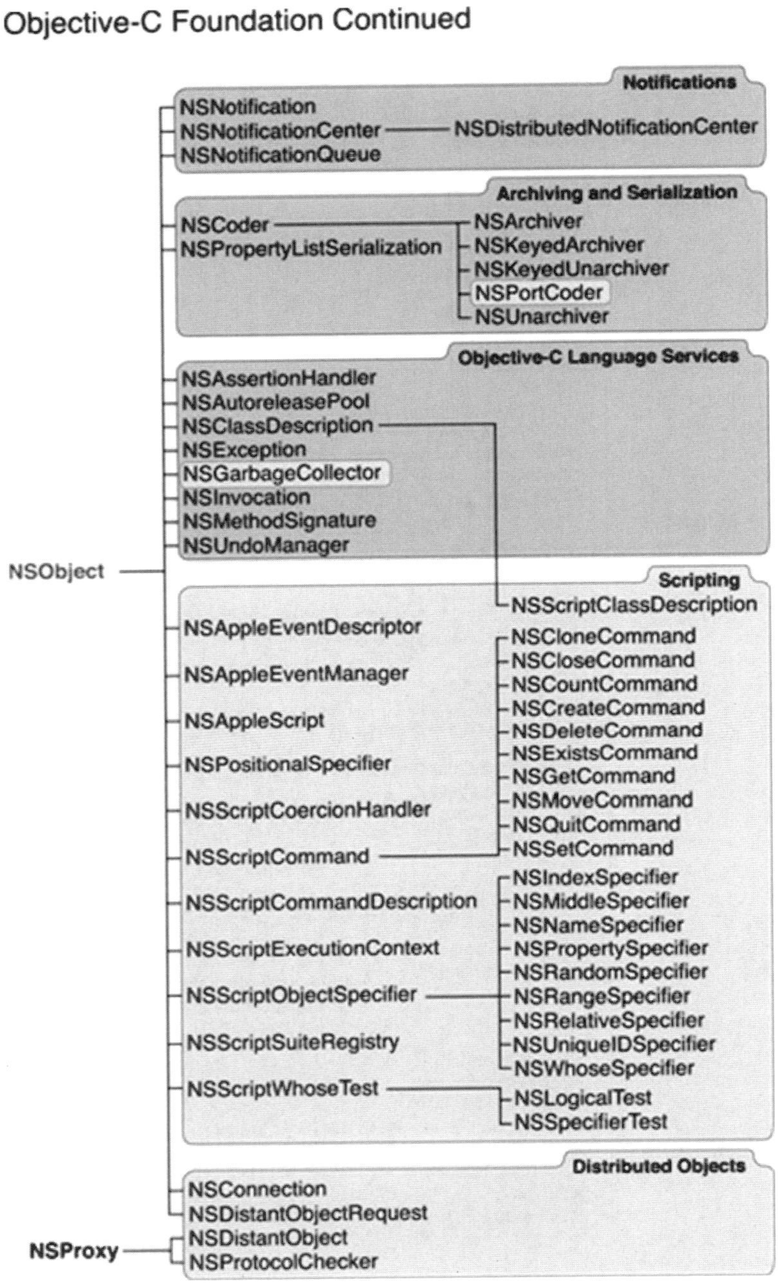

Foundation 프레임워크 계층(3) (출처: iOS Developer library)

부록 B. UIKit 프레임워크 계층 구조

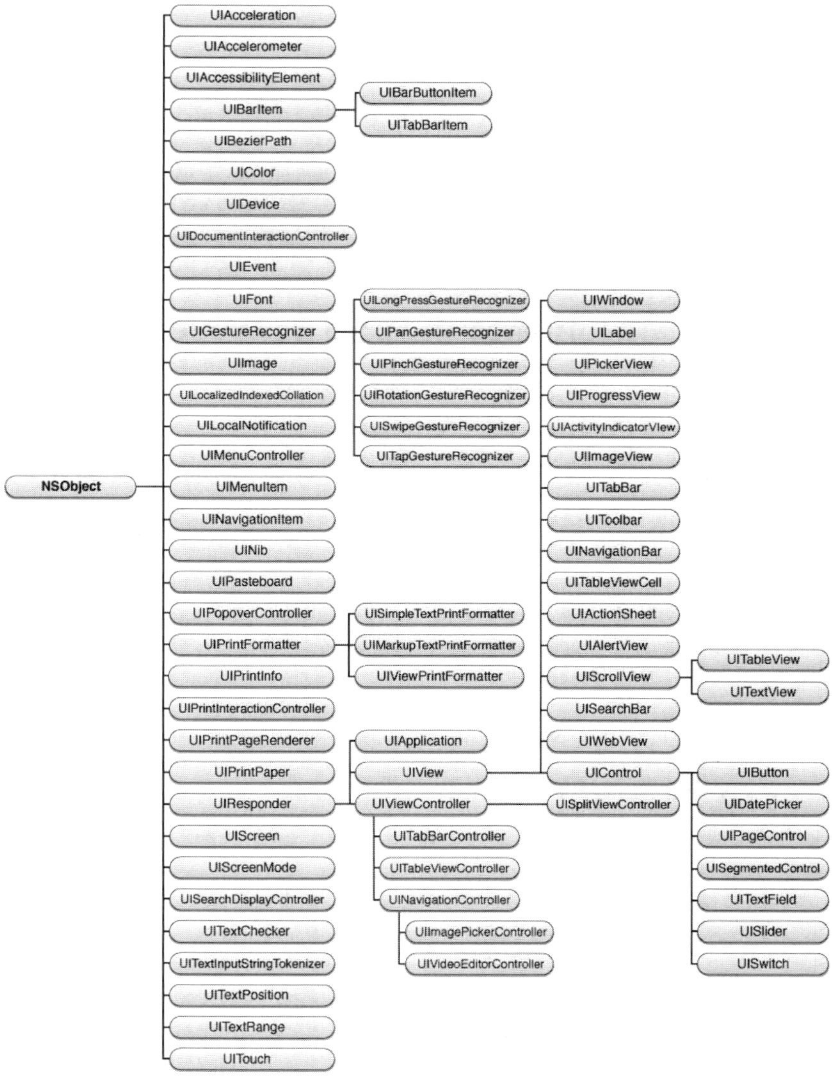

UIKit 프레임워크 계층 구조 (출처: iOS Developer library)

부록 C. 개발자 등록

1. iOS에서 개발자 등록을 원하는 경우 연회비를 지불하고 개발자로 등록한다. 아이폰 개발자 등록은 다음에서 가능하다.

http://developer.apple.com/programs/register/

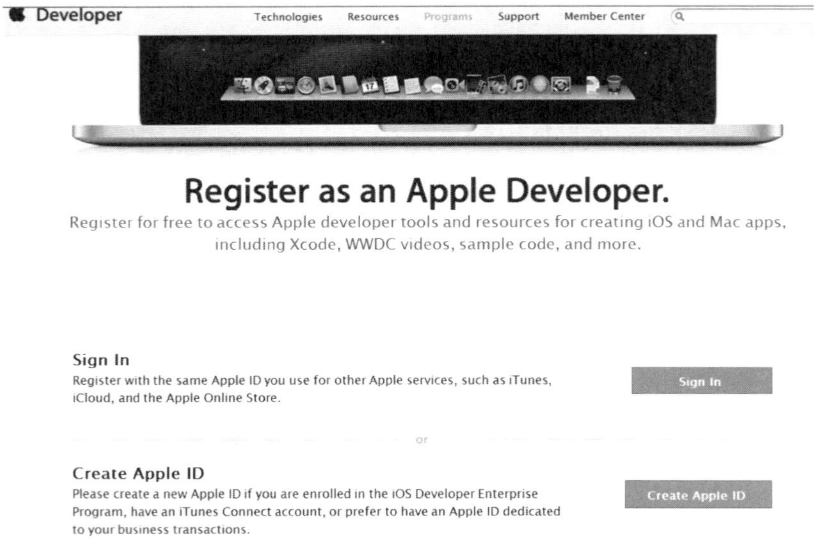

다음 사이트는 한글로 되어 있는 개발자 등록 사이트이다.
http://www.apple.com/kr/developer/iphone/program/

2. 앞에서 가입하기를 선택한 후 Continue를 선택한다.

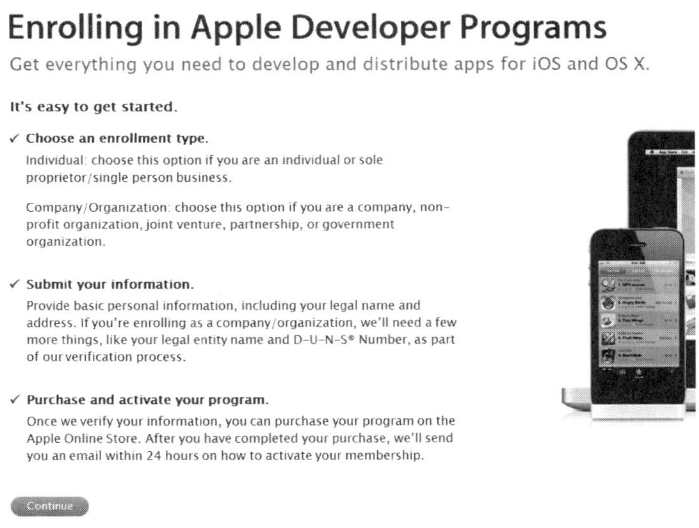

3. Apple ID로 접속한다.

4. 개인으로 등록할 것인지 아니면 회사로 등록할 것인지 결정한다.

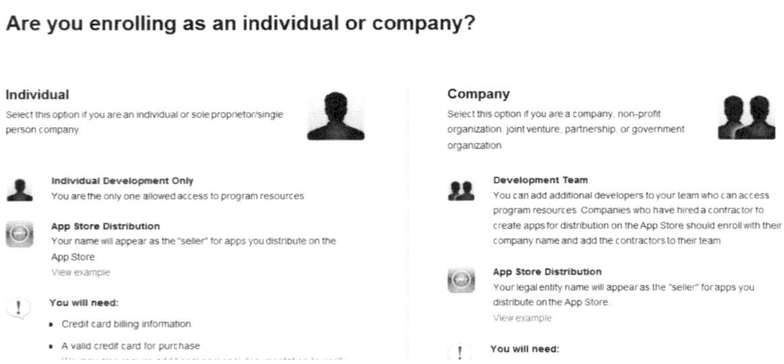

(Individual 버튼을 선택하면 개인 개발자로 등록)

5. Apple ID로 접속

6. 등록할 프로그램을 선택한다.

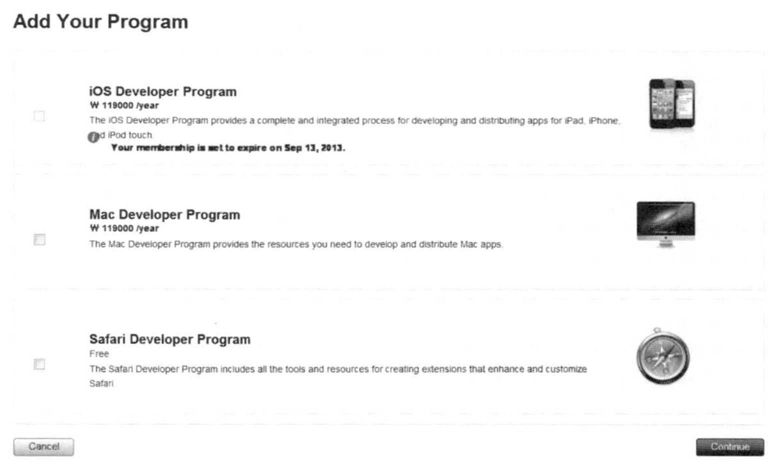

돈을 지불하면 개발자 등록 요청이 완성된다.
(이미 이전에 iOS Developer Program에 가입되어 있는 정보를 확인할 수 있다.)

7. 개발자 등록이 끝난 후 개발용 맥 컴퓨터에서 Keychain Access 프로그램을 실행하여 인증서를 신청하고, 인증서를 받는다.

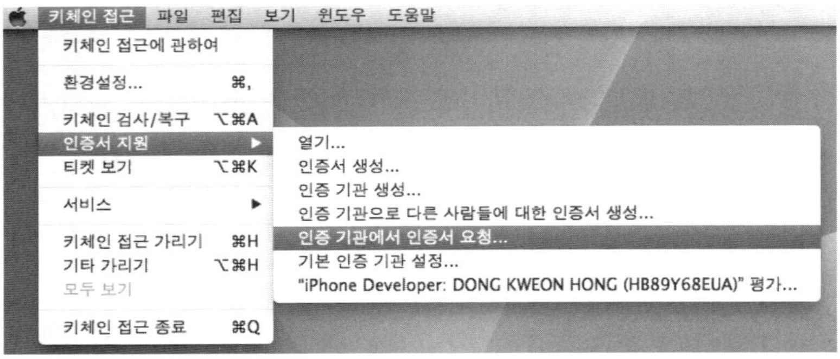

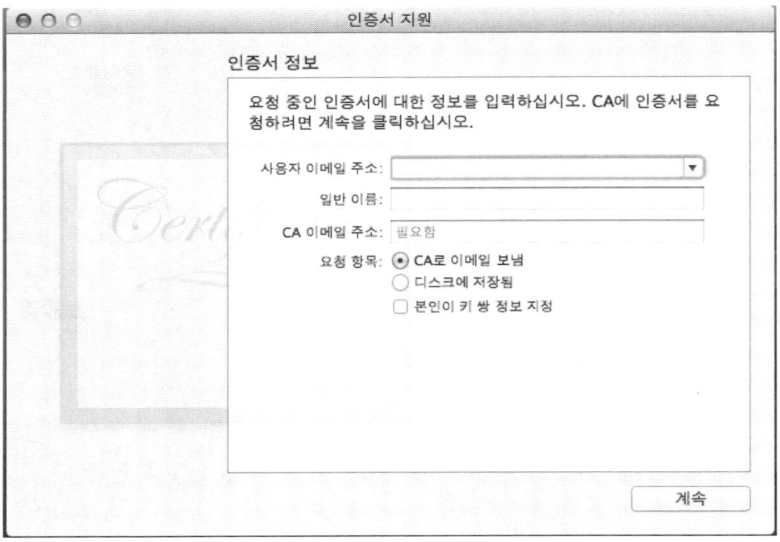

8. 승인된 인증서를 컴퓨터에 저장

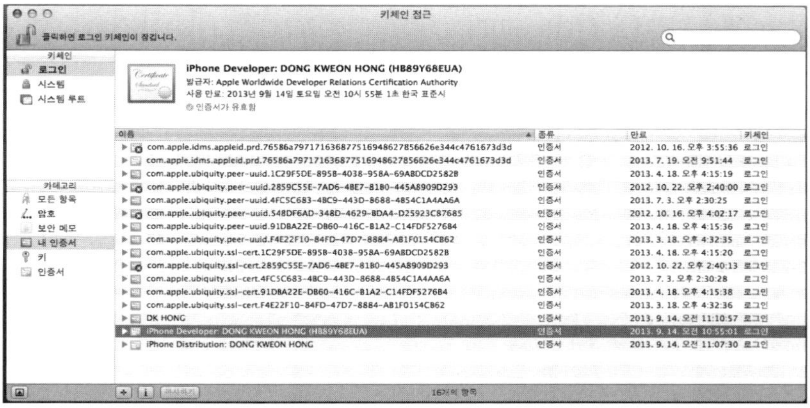

9. 인증서가 저장된 컴퓨터에 iOS 장비를 연결하여 확인 (iPod touch)

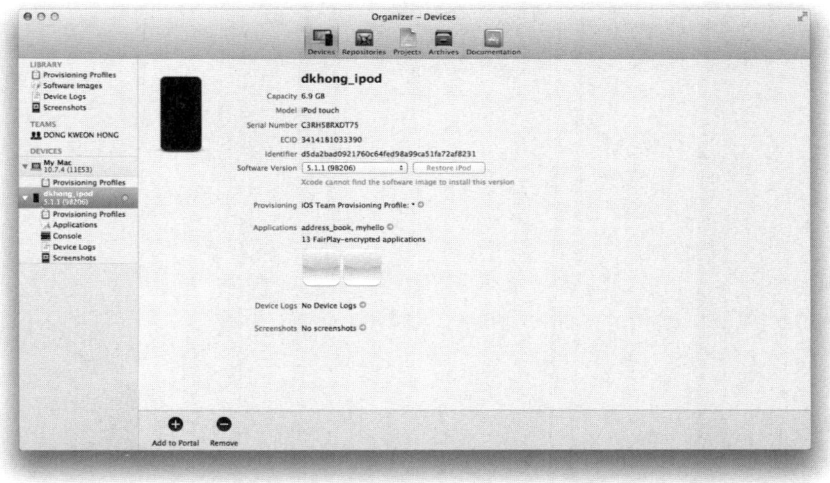

10. iOS 장비에서 개발된 앱의 실행